地方公共서비스의 成果評價

－ 地方公共醫療機關의 組織運營形態別 成果分析 －

地方公共서비스의 成果評價

— 地方公共醫療機關의 組織運營形態別 成果分析 —

이 상 수 著

序 文

오늘날 공공서비스는 신공공관리(new public management)로 대변되는 시장경제 논리의 도입과 결과중심관리체제(result-oriented management system)의 중시, 정부책임성 강조, 시민의 서비스 질에 대한 만족도 중시, 그리고 제3섹터 등 서비스 공급방식상의 다원화 및 서비스공급 조직형태의 다양성에 의해 매우 다양한 편차를 보이고 있는 실정이다.

이와 같은 변화의 양상은 결국 성과평가에 대한 요구를 증대시키고 있으며, 국민의 '삶의 질'이 중요하게 부각되면서 공급되는 서비스의 질적인 측면을 강조하게 되었다. 요컨대, 서비스수요자인 시민들의 만족도가 서비스 공급기관의 효율성 정도와 지속적인 역할 수행, 그리고 存立의 정당성을 좌우하는 핵심요소로 자리하고 있다. 더불어 재정적자를 극복하고 지방정부의 경쟁력을 강화하기 위해 공공서비스 성과와 質의 향상을 경주하고자 하는 노력이 중요하게 부각되면서 공공서비스의 성과평가가 활발하게 진행 중에 있다.

이 책은 이러한 맥락을 바탕으로 지방공공서비스 공급주체의 조직운영형태별로 성과차이가 발생하는 원인이 무엇인지를 도출하고, 어떤 조직운영형태가 가장 효율적인 성과를 가져오는지 검증하고 있다. 동시에, 서비스 이용자인 일반시민의 반응과 만족도가 어떻게 차이가 발생하는지를 밝힘으로써 현행 서비스 성과평가성의 개선방인 도출과, 서비스공급주체의 성과 향상방안 제시, 그리고 지방공공의료원의 바람직한 조직운영형태의 개선방향을 제시하는 데 연구목적을 두고 집필되었다.

이상의 연구목적 달성을 위해 연구의 焦點(focus)을 공공의료서비스 성과평가에 두고 동일한 행정권역내의 동일 소유구조하에서 서비스 공급방식과 조직운영형태만을 달리하는 공공서비스의 비교·분석을 통해 성과차이의 원인분석과 성과향상방안을 제시하는 동시에 기존 성과평가상의 개선방안을 모색하였다.

연구의 대상단위(object unit)는 서울시에서 운영하고 있는 지방의료기관을 對象(locus)으로 조직운영형태에 따라서 공공의료서비스의 경영성과가 어떻게 달라지는지를 검토한다. 서울시는 전국에서 유일하게 일반병원 기능을 수행하고 있는 공공병원조직 중 조직형태를 달리하여 운영되고 있는 지방공사강남병원, 서울시 직영사업소형태로 운영되는 시립동부병원, 그리고 계약을 통한 委託經營형태로 서울대병원에서 운영하고 있는 시립보라매병원이 있다.

본 연구는 비교대상사례 3개 병원에 대한 성과측정을 위해 계량지표를 통한 객관적 평가와 함께 이용환자들의 서비스만족도 조사를 통한 주관적 평가를 함께 실시하였다. 또한 각 평가지표별로 추세분석을 통해 경영실적의 효율성을 분석하는 데 있어 나타나는 한계를 극복하기 위하여 비영리조직의 조직효율성을 다투입-다산출이라는 생산구조하에서 공공서비스의 상대적 효율성을 측정하는 기법인 자료포락분석(Data Envelopment Analysis) 모형을 적용하여 다시 병원의 효율성평가를 시도함으로써 평가의 타당성을 높였다.

실증분석을 통해 직접운영형태인 동부병원은 강남병원 및 보라매병원과 비교해, 각종 관련지표에서 최하위의 실적을 보이고 있으며, 특히 성장성, 생산성, 인력관리상의 효율성 측면에서 직접운영체제는 간접운영체제보다 대단히 비효율적임이 입증되었다. 간접운영체제인 강남병원과 보라매병원의 경우 강남병원이 공익진료기능에 있어 크게 앞서고 있을 뿐만 아니라 각종 경영관리 지표에서도 대등하거나 우월한 성과를 거두고 있음을 확인할 수 있었다. 지방공사 강남병원의 경영성과가 양호한 가장 큰 이유는 경영실적평가를 매년 받음으로써 평가결과를 자체 경영개선노력으로 이어가고 있기 때문이다. 한편 고객만족도 평가에 있어서는 대조적으로 동부병원이 가장 높게 나오고 보라매병원과 강남병원은 비슷한 수준을 보였다.

　이상의 조직운영형태별로 객관적인 경영성과평가와 주관적 만족도 평가 결과를 통해 발견할 수 있는 흥미로운 사실은 경영성과의 차이가 조직의 운영형태에 기인한다기보다는 조직의 경영합리화 노력과 이의 제도적 여건 조성에 있다는 점이다. 이러한 분석결과가 의미하는 바는 기존의 일방적인 민간위탁경영방식 또는 민영화 논리의 우월성을 한 번쯤 돌아보게 한다.

　본 연구 결과가 시사하는 바는 첫째, 공공부문 성과차이의 발생원인이 서비스공급기관의 조직운영형태의 제도적 우월성에 의해 결정되기도 하지만 公社體制라 할지라도 오히려 내부 경영진의 경영관리능력과 경영개선노력 여하에 따라 얼마든지 우수한 성과를 낼 수 있다는 점이다.

　이는 기존의 공공서비스민영화 또는 민간위탁 논의와 대조적인 결과를 보이는 것이다. 사실 기존의 보편적 인식은 전체성과에 있어서 민간부문이 공공부문보다 서비스전달상의 효율성뿐만 아니라 서비스 질과 고객서비스에 걸쳐서 상당히 우월할 것이라는 성과인식의 간격이 존재했다. 그러나 본 연구결과 지방공사 체제라 할지라도 경영관리능력 여하에 따라서 더 우수한 성과를 올릴 수 있음을 보여 주고 있다. 요컨대 병원의 경영성과의 효율성을 확보하기 위해서는 조직운영체제상의 제도적 우월성뿐만 아니라, 특정 조직 운영형태 하에서 어떻게 조직을 효과적으로 관리하느냐하는 경영관리에 의해 좌우되기도 한다는 것이다.

　요컨대, 본 연구결과는 지방공공서비스 성과 및 만족도 결정요인이 공급주체의 조직형태에 그 주된 원인이 있다기보다는 공급시스템의 경영합리화 노력과 경영진의 관리능력에 따라 성과 차이가 발생한다는 것을 경험적으로 입증하고 있다.

　또한 민간위탁방식의 서비스공급이 더 높은 서비스비용 지불과, 취약계층의 서비스이용의 접근성과 형평성을 가로막고 있음도 증명하고 있다. 특히 이 점에서 위탁경영체제가 공공서비스의 본질적인 목적을 소홀히 하거나 도외시된 채 공급되고 있음을 경험적으로 보이고 있다. 이러한 연구결과는 전국에 포진해 있는 지방의료원의 경우 조직 비효율성을 방지하기 위한 대안으로 민간위탁이나 조직의 법적 지위 변경이 활발하게 진행되고 있는 상황에서, 본 연구결과가 조직운영형태 전환에 시사하는 바가 클 것이다.

둘째, 외부의 적절한 통제장치와 내부 유인체계의 활성화가 연계될 때 좀 더 조직효율성을 배가시킬 수 있다. 즉, 지속적인 경영효율을 기하고 경쟁력을 확보하기 위한 중요한 動因 중의 하나인 경영실적평가와 인센티브 제도가 효과적으로 連動되어야 한다. 이를 효과적으로 활용해 準競爭體制를 조성함으로써 부족한 시장노출을 보완하고 경영진의 자발적 의지를 끌어낼 필요가 있다.

셋째, 공공서비스 공급주체의 조직구조와 관리운영형태를 반영한 평가가 이루어질 때 좀 더 的確한 성과평가가 가능하며, 동시에 서비스 수혜자인 일반시민들의 서비스만족도 측정에 있어서도 온전히 반영되어야 한다. 이는 성과평가 지표선정에 있어서 평가대상 기관의 조직특성을 반영한 설립목적수행 정도에 대한 평가가 이루어져야 한다는 것이다. 이를테면 단순히 겉으로 드러난 경영실적만을 가지고 성과를 측정하는 것이 아닌 공공서비스 공급기관의 설립목적과 역할수행에 얼마나 합치했는지 여부를 꼼꼼히 따지는 것이 중요하고 이것이 평가지표에서 중요한 비중으로 들어가야 한다는 점이다.

넷째, 좀 더 실효성있는 서비스 성과평가를 위해 서비스공급자중심의 객관적 평가와 수요자특성을 고려한 주관적 성과평가를 함께 고려한 '종합적 성과평가'가 대상기관 또는 특정 공공서비스의 성과측정을 보다 정확하게 반영한다는 점에서 이론적으로 유용성을 갖는다.

다섯째, 공공서비스의 민간위탁을 통한 서비스 생산이 더 비용효과적이라는 점을 부인하려고 하는 것은 아니나 그것이 만병통치약이 될 수는 없다는 것이다. 민간위탁이 효과적이기 위해서는 일정정도의 규모의 경제와 범위의 경제, 조직구조의 개혁, 적절한 경쟁, 그리고 위탁경영을 효과적으로 관리하는 것이 필요하다. 특히 위탁경영으로 운영되고 있는 지방의료원의 경우 委·受託契約의 의무이행 요건을 보다 엄격히 적용하고, 受託業體의 이행정도를 주기적으로 진단하고 감독·평가하는 기능이 강화되어야 한다. 이를 위한 가장 합리적인 방법이 만족도 평가를 포함한 경영실적평가를 실시하여 수탁자의 책임을 묻는 것이다.

여섯째, 주관적 평가방법에 있어 과학적인 성과척도의 개발과 종합평가를 위한 加重値의 설정이 긴요하다는 점과, 정량적인 성과척도 外에, 장기적으로는 공공서비스에 대한 주민 만족도 등 定性的인 요소도 척도로 도입해야 한다는 점이다. 따라서 안정된 평가모형 정립과 보다 정교한 가중치 산정방법을 지속적으로 고안할 필요가 있다.

이 책은 지난 2000년에 쓰여진 필자의 박사학위 논문을 수정보완한 것이다. 그런 이유로 실증조사와 분석이 이루어진 이후 시간적으로 약 5년여의 시차가 있다. 이 기간 중 강남병원은 2004년 11월 5일 서울의료원 설립인가 및 조례와 정관 승인이 나면서 지방공사 서울의료원으로 명칭이 바뀌었고, 서울시 직영사업소형태로 운영되던 동부병원은 2003년 10월 '서울시립동부병원운영관리 위·수탁 운영협약' 체결에 의해 2004년 1월부터 강남병원에 의해 수탁·운영되고 있다.

이후 강남병원은 지난 2005년 7월 13일자로 제정된 '지방의료원의 설립 및 운영에 관한 법률'에 의해 기존의 지방공사에서 법인으로 전환되었다. 이에 따라 기존 지방공기업법에 의해 행정자치부의 지도·감독을 받던 것으로부터 동법 제정 이후 2개월간의 공포기간이 경과한 2005년 9월 13일부터는 보건복지부의 지도·감독 체제로 전환되어 운영되고 있다.

결국, 그간 이 책의 분석대상 병원의 조직운영형태가 강남병원은 지방공사에서 지방의료원으로 전환되었고, 동부병원은 지방의료원인 서울의료원에 의해 위탁·운영되고 있어 결과적으로 동부병원과 보라매병원은 위탁운영의 간접경영방식을 취하게 되었다.

그럼에도 불구하고 이 책이 갖는 연구목적의 의의는 그대로 남는다. 단지 이 책이 다루었던 연구대상 병원의 조직형태와 운영방식이 시간의 흐름에 따라 변화되었을 뿐, 서비스 공급주체의 조직운영형태별 성과분석을 통해 공공서비스 공급의 효율성 제고방안을 제시하고 있는 이 책의 정책적 함의와 학술적 가치는 여전히 유효한 것이다. 아무쪼록 이 책이 이 분야의 연구자와 실무자에게 작은 도움이라도 줄 수 있기를 바라며, 기꺼이 출판을 제의해 준 한국학술정보(주) 관계자 여러분께 깊은 감사를 드린다.

끝으로 평생 한없는 희생과 사랑을 보여주고 계시는 어머니께 말로 표현하지 못할 감사를 드리며, 언제나 든든한 후원자이자 평생지기인 사랑하는 아내 김진희와 어여쁜 유민, 시원 두 아들딸에게 이 자리를 빌려 따뜻한 감사의 마음을 전하고자 한다.

2005년 10월

저　자

목 차

표 목 차

그 림 목 차

第1章 序　論

第1節 硏究의 目的

　　현대사회에서 사회경제발전에 따른 국민의 다양한 행정수요에 대응하기 위해 제공되는 정부부문의 공공서비스(public services)는 과거와는 비교할 수 없을 정도로 그 수와 종류, 내용 등 양적·질적 측면에서 심화·확대를 거듭하고 있다. 특히 1990년대 이후 주목할 만한 행정변화를 보면 작은 정부 구축과 정부 생산성제고 및 경쟁력 향상, 그리고 고객지향적인 서비스 제공과 연계되어 民營化(privatization)와 민간위탁(contracting out)의 흐름이 거세게 불어 닥치면서 정부개혁의 일환으로 폭넓게 확산되고 있다 (Johnston and Romzek, 1999: 383). 이와 같은 현상은 민영화와 민간위탁을 통해 시장의 효율성을 공공부문의 개혁에 포획(capturing)하기 위한 것으로, 현실적으로 공공서비스 공급방식의 다양화, 성과중심관리체제의 중시 등으로 구체화되고 있다.

　　미국의 경우 지방정부를 중심으로 성과측정이 부분적으로 이루어지다가 효과적 성과측정과 성과관리체계를 발전시키기 위해 1993년 「정부성과와 결과법(Government Performance and Result Act; GPRA)」을 통과시키는 등 점차적으로 전체 정부(연방, 주정부, 지방정부)차원으로 폭넓게 대상범위와 대상서비스의 폭을 넓혀 가고 있는 실정이다.

　　국내적 배경 또한 국제통화기금(IMF)관리체제를 거치면서 중앙정부 차원에서 행정의 비효율성과 군살을 제거하기 위해 대대적인 공공부문 구조조정을 추진하여 왔으며 그 일환으로 조직통폐합 및 인력감축, 민영화 및 민간위탁, 규제완화, 행정서비스 평가 등 정부생산성 제고를 위한 행정개혁의 몸부림을 거듭하고 있다. 또한 2002년 6월 제3기 民選地方自治團體長의 출범으로 地方化가 좀 더 가속화하고 있는 현실이고, 이러한 양상은 지방 차원에서도 구현되어 주민의 요구와 지역경쟁력 강화에 대한 지방정부의 대응이 이전보다 더 다양하게 도모되고 있다.

이와 같은 변화의 양상을 간략히 살펴보면 첫째, 국민을 더 이상 支配나 規制의 대상이 아니라 주인으로 섬기는 행정이념의 변화이다. 이는 궁극적으로 고객으로서의 국민을 만족시키는 행정서비스를 제공하는 체제를 구축함에 목적이 있다. 이러한 목적을 충족시키기 위한 가장 기본적인 요건은 바로 고객인 국민의 입장에서 행정서비스에 대한 만족수준을 객관적이고도 타당하게 평가하는 작업이다. 이와 함께 정부는 그 조사결과를 효과적으로 활용하는 체제를 구축함으로써 행정서비스의 질은 물론 정부의 경쟁력을 제고시키고자 하는 변화가 활발하게 일고 있다는 점이다.

둘째, 결과중심관리체제(result-oriented management system) 重視현상의 대두다(Callahan and Holzer, 1999: 51-64)[1]. 公私부문을 막론하고 市場 失敗(market failure)와 政府失敗(government failure)로 인해 집행의 결과를 평가하고 반영하려는 움직임은 정부책임성 확보의 일환이자 공직사회의 경쟁력 제고라는 측면에서 결과중심 관리체제를 강조하고 있고 구체적으로

---

1) Callahan and Holzer(1999: 51-64)가 이에 대해 자세히 정리하고 있으므로 이를 참고 바람. Rutgers대학 부설 국가생산성센터(National Center for Public Productivity)는 성과측정 체계를 아래와 같은 7단계로 발전시켰다. ① 측정할 프로그램의 명확화 ② 목적을 진술하고 원하는 산출을 명확화 ③ 측정지표의 선택 ④ 성취하고자 하는 목표 성과와 산출을 위한 기준 정립 ⑤ 결과의 진단 ⑥ 성과보고 ⑦ 분석과 실행에 있어 산출결과와 성과정보의 활용.

　이외에 성과관리(performance management)는 성과측정보다 광의의 개념으로 성과측정의 결과들을 합쳐놓은 것으로 구별해서 사용해야 하고, 성과측정은 관리과정의 본질적이고 필수불가결한 부분으로 고려되어 한다고 주장하고 있다. 본 연구는 성과측정을 성과평가의 수단으로 보고자 한다. 그러나 기술과정에서 성과평가와 성과측정을 혼용해서 유사한 개념으로 사용하였다.

成果測定(performance measurement)과 成果給의 형태로 나타나고 있는 실정이다. 이미 앞서 지적한 바와 같이 성과측정은 투입에 대한 산출의 크기만이 아닌 서비스 질을 보다 책임지기 위해 시민들의 만족도를 중시하여 측정에 반영하고 있다.

셋째, 政府責任性(governmental accountability)이 강조되면서 국민의 '삶의 질(quality of life)'이 중요하게 부각되고 동시에 공급되는 서비스의 질적인 측면이 '고객중심의 정부'지향 추구와 맞아떨어지며 행정관리와 서비스 전달에서 중요한 이념이 되었다. 정부책임성 확보를 위해 재무회계상의 효율성뿐만 아니라 고객인 시민의 서비스 평가가 공공서비스의 가치를 결정짓는 핵심요소로 고려되고 있는 것이다. 이는 정부책임성의 개념이 보다 확대되고 있음을 의미한다(Romzek and Dubnick, 1998: 6-11). 이제 정부는 막연히 공공서비스를 제공하고 전달하는 데만 그치는 것이 아니라 '서비스 질'에 대한 책임까지 담당해야 하는 것이다. 요컨대 서비스수요자인 시민들의 만족도가 서비스 공급기관의 효율성 평가와 지속적인 역할 수행과 存立의 정당성을 좌우하는 핵심요소로 자리하고 있다(OECD Code 421996011P1).

넷째, 公共서비스의 供給環境의 變化 및 공공서비스 供給類型의 多樣化다. 지금까지 행정서비스는 주로 정부부문이 공급하여 왔다. 즉, 정부가 직접 서비스를 생산·전달하거나 공기업을 통해 서비스를 생산·공급해 왔다. 하지만 정부의 서비스공급은 "비능률성, 경직성, 행정편의주의, 서비스 질의 저하, 주민선호에 대한 응답성 부족" 등의 문제를 야기해왔다(박경원, 1995). 이에 따라 주민들은 지방자치단체가 보다 능률적인 정부, 보다 적극적으로 행정수요에 대처하고 필요한 행정서비스를 보다 편리하게 공급하는 정부가 되기를 요구하고 있다. 이는 곧 지방정부 행정서비스의 양과 질의 개선을 필요로 함을 의미한다.

이를 위해서 지방자치단체는 행정서비스 독점을 과감히 탈피하고, 전문성과 경영능력을 갖춘 민간부문의 행정서비스 공급을 확대하여 주민의 입장에서 가장 적절한 서비스를 제공받도록 하여야 할뿐만 아니라, 공공부문에 시장경쟁원리를 도입하여 공공부문과 민간부문 간의 경쟁, 정부부처 간 또는 지방정부 간 경쟁을 통해 행정서비스의 전문성과 효율성을 높이는 방안을 모색하여야 할 시대적 요청에 직면하고 있다(Walsh, 1995; Harney, 1992)[2]. 이는 주민들 입장에서 공공부문의 독점보다는 시장경제하의 경쟁이 보다 효율적으로 서비스를 공급할 수 있다는 것을 경험적으로 알기 때문에 행정서비스 공급을 시장경제에 위임하도록 요구하게 될 것이다.

따라서 이제는 공공성이라고 하는 대의명분을 앞세워 행정서비스가 주민의 요구수준에 합치되지 않을 정도의 수준으로 공급된다는 것이 쉽게 용납되지 않을 것이기에 서비스 공급도 정부의 입장이 아닌 주민의 입장에서 비용·편익분석(cost-benefit analysis)이 이루어져야 됨을 의미한다. 역으로 현재 민간부문이 공급하고 있는 서비스 영역에 대해서도 서비스의 질이 기대수준보다 낮은 분야에 대해서는 公營化 요구 또는 公共—民間部門 간의 경쟁 도입에 대한 요구도 증대할 것이다. 이 같은 상황에서 향후 지방자치단체가 공급하는 행정서비스의 일부분은 민간부문으로 점차적으로 이양될 것이며, 경제채산성의 확보와 주민의 高品질에 대한 행정수요가 합치되면 민간부문으로의 이행은 더욱 촉진될 것이다.

이와 같은 민간부문의 역량제고와 정부축소의 움직임은 공공서비스 공급방식의 多元化뿐만 아니라 서비스공급주체 또한 다양한 양상을 띠며 발전하게 하는 촉매제가 되고 있다. 이에 따라 전통적으로 공공부문에서 독점적으로 제공되던 공공서비스가 이제 정부부문과 민간부문에서 함께 제공되거나 민간부문으로 이양되는 과정과 추세에 있다. 이를테면 행정서비스 공급방식의 대안으로 공동생산방식(coproduction), 공공—민간협력방식(public-private partnership),

---

2) 이러한 논의는 Walsh의 다음 책에서 자세하게 논의되고 있다. Walsh, Kieron. (1995). Public Services and *Market Mechanisms: Competition, Contracting and the New Public Management.* London: Macmillan Press. 또한 지방정부의 공공서비스 계약은 아래 책을 참조 바람. Harney, Donald F. (1992). *Service Contracting: A Local Government Guide,* Washington D. C.: ICMA, 1992.

민간위탁방식(contracting out) 등이 이미 자치단체별로 활발하게 진행 중에 있는 것이다.

　이상의 논의를 요약하면 오늘날 공공서비스는 신관리주의(New Public Management)3)로 대변되는 市場經濟 論理의 도입과 結果中心管理體制의 중시, 政府責任性 강조, 시민의 서비스 질에 대한 만족도 중시, 그리고 제3섹터 등 서비스 공급방식상의 다원화 및 서비스공급 조직형태의 다양성에 의해 매우 다양한 편차를 보이고 있는 실정이다. 이와 같은 변화의 양상은 결국 성과평가에 대한 요구를 증대시키고 있다. 더불어 경기침체와 재정적자를 극복하고 지방정부의 경쟁력을 강화하기 위해 공공서비스 성과와 質의 향상을 경주하고자 하는 노력이 중요하게 부각되면서 공공서비스의 성과평가가 국내외적으로 활발하게 진행 중에 있다.

　본 연구는 이상의 논의를 바탕으로 공공서비스의 성과평가에 대해서 고찰하고 성과평가상의 문제점 제기와 개선방안을 제시하는 동시에, 동일서비스라 할지라도 서비스 공급주체의 조직운영형태에 따라 경영성과가 어떻게 달라지는지를 고찰한다. 나아가 성과차이가 발생한 원인이 무엇이고 어떤 조직운영형태가 가장 효율적인 성과를 거두었는지를 밝히고자 한다. 즉, 서비스제공주체의 다양성에 따라 객관적인 경영실적과 이용환자들의 만족도의 차이가 어떻게 달리 나타나는지를 성과측정지표별로 경험적으로 비교·분석해 봄으로써 조직운영형태에 따른 성과차이의 원인분석과 성과향상을 위한 서비스공급방식과 관리체계를 모색해 보았다.

---

3) 민간 분야의 관리제도로부터 많은 영향을 받아 정부의 관리제도를 개혁하려는 신관리수의는 행성관리에 있어서 새정중심직인 시각에 입각하여 수입과 지출의 균형을 중시하면서도 서비스의 질을 향상하자는 것이다. 신관리주의는 행정관리의 주요한 우선순위를 경제와 능률성에 관심을 두고 있으며, 적은 자원으로 많은 과업수행(doing more with less)과 돈에 대한 가치만큼의 획득(achieving value for money)등을 주요한 목표로 삼고 있다. 따라서 관료제를 대상으로 한 감축관리나 민영화와 같은 정부규모의 축소는 정부 생산성 제고와 연계되어 요청되어지는 문제이며 그 논의의 핵심은 성과향상에 있다고 하겠다.

이에 따라 본 硏究의 目的은 지방공공서비스 공급주체의 조직운영형태별로 성과차이가 발생하는 원인이 무엇인지를 도출하고 어떤 서비스 공급방식과 조직운영형태가 가장 효율적인 성과를 가져오는지 검증해 보는데 있다. 동시에, 서비스이용자인 일반시민의 반응과 만족도가 공급주체에 따라 어떻게 차이가 발생하고 그 원인은 무엇인지를 밝힘으로써 서비스 성과측정상의 문제점 摘出과 현행 서비스 성과평가상의 개선방안 도출, 서비스 공급주체의 성과향상방안을 제시하는 데 一次的 目的이 있다. 이와 같은 연구결과는 정책적으로 향후 지방공공의료원의 바람직한 조직운영형태의 개선방향을 제시함으로써 지방공기업의 조직형태의 전환 및 운영방향을 시사 받을 수 있을 것이다. 뿐만 아니라 공기업민영화와 관련된 방향제시를 함으로써 이론적·실제적으로 유용한 정책적 시사를 줌과 동시에 이 분야의 이론적 발전에 부분적으로 기여하는 데 副次的 目的이 있다.

좀 더 구체적으로 이 책은 아래의 물음에 대한 해답을 구하는 형식으로 진행되었다.

- 조직운영형태에 따라 경영실적의 차이와 이용자의 만족도의 차이가 있는가?
- 경영분석지표에 의한 객관적 평가의 결과 성과차이가 발생한 원인은 무엇인가?
- 기존 성과평가상의 문제는 무엇이고 개선방안은 어떠해야 하는가?
- 조직 운영형태별로 成果의 차이를 가져오는 원인은 무엇인가?
- 공공서비스 수요자인 고객의 서비스 만족도 차이를 가져온 결정요인은 무엇인가?
- 조직의 운영형태와 상관없이 경영합리화에 의해 성과향상이 발생한 것은 아닌가?
- 공공서비스의 公益性(公共性)과 收益性(經濟性 또는 企業性)은 결코 양립할 수 없는 개념인가?
- 공공의료서비스 공급에 있어서 공익성과 수익성의 바람직한 조화 또

는 절충정도는?

- 지방공공의료원의 민영화(민간위탁)가 과연 높은 경영성과를 보장하는가?
- 향후 지방공공의료원의 바람직한 조직운영형태는 무엇인가?

第2節 研究의 範圍와 方法

본 연구는 앞에서 제시한 연구문제 해결과 연구목적 달성을 위해 연구의 초점(focus)을 지방공공서비스 성과평가에 두고 동일한 행정권역내의 동일 소유구조하에서 조직운영형태만을 달리하는 공공서비스의 비교·분석을 통해 성과차이의 원인분석과 성과향상방안을 제시하는 동시에 기존 성과평가상의 개선방안을 모색하는 데 있다.

연구의 대상단위(object unit)는 서울시에서 운영하고 있는 지방의료기관을 대상(locus)으로 조직운영형태에 따라서 공공의료서비스의 경영성과가 어떻게 달라지는지를 검토한다. 서울시는 전국에서 유일하게 일반병원 기능을 수행하고 있는 공공병원조직 중 조직운영형태를 달리하여 운영되고 있는 지방공사 강남병원, 서울시 직영사업소 형태로 운영되는 시립동부병원, 그리고 서울대학교의대에서 위탁경영하고 있는 시립보라매병원이 있다.

이들 세 병원을 선택한 이유는 동일 공공서비스를 공급하는 조직 가운데 주직운영형태만을 달리하는 대상 서비스를 비교 평가할 때 성과차이의 의미를 좀 더 的確하게 파악할 수 있다고 판단되었기 때문이다. 더욱이 동일 행정권역내에서 供給類型만을 달리하는 공공서비스의 구체적 사례를 조사한 결과 서울특별시 의료서비스가 본 연구목적을 충족할 수 있는 다양한 방식으로 제공되고 있어 공공의료서비스를 선택하였으며, 비교대상 병원은 서울시 직접경영 사업소 형태로 운영되는 시립동부병원과, 지방공기업 형태로 운영되는 지방공사 강남병원, 그리고 서울의대에서 위탁경영을 하고 있는 시립보라매병원을 분석 대상병원으로 선정한 것이다.

이와 같이 지방자치단체인 서울시의 동일 행정권역내에서 서비스수혜자인 시민을 대상으로 일반진료기능의 의료서비스를 공급하고 있는 3개 종합병원에 대해 비교·분석함으로써, 공공의료서비스 공급주체의 조직운영형태별로 성과차이가 어느 정도 발생하며, 성과차이를 발생시킨 원인이 무엇인지를 도출하는 데 유용하기 때문이다. 또한 공공서비스 공급주체의 조직형태별로 수요자인 일반시민들의 반응과 서비스이용 편익에 대한 滿足度를 고찰하는 데 있어서도 지리적으로 동일한 행정권역에 있는 시민들을 대상으로 할 때 연구결과가 의미를 가질 수 있기 때문이다.

나아가 이러한 성과차이가 유의미한 것인지의 여부를 확인하기 위해 다른 공공서비스 및 민간 또는 공공병원의 경영성과를 기준치로 설정하여 비교하는 有意性 檢證을 실시하였다.

본 연구는 성과평가의 범위를 산출의 量뿐만 아니라 산출의 質까지 포함하는 광의의 개념으로 이해하는 입장을 취하고 있으므로 비교대상사례 3개 병원에 대한 경영성과를 측정하기 위해 계량지표를 통한 객관적 평가와 함께 이용환자들의 서비스만족도 조사를 통한 주관적 평가를 이용하여 적실성 높은 성과측정을 하고자 한다. 여기서 객관적 평가는 계량지표인 경영분석지표를 통해 경영실적을 평가하고 경영관리에 대한 진단을 통해 경영관리 전반에 대한 평가를 하였으며, 주관적 평가로는 서비스평가차원을 토대로 각 병원별로 고객만족도 조사를 실시하였다.

이와 같이 주관적·객관적 평가방법을 병행한 이유는 경영분석지표를 통한 객관적 평가와는 달리 서비스수혜자인 일반시민들이 느끼는 주관적 만족도는 달리 나올 가능성이 많기 때문이다. 따라서 경영성과 분석과 함께 공공서비스에 대한 주관적 평가를 통해 공공서비스 조직운영형태별로 최종서비스 수혜자인 시민들의 서비스만족도가 어떤 차이가 있는지 분석하여 성과평가에 반영함으로써 보다 타당한 평가결과를 얻을 수 있다. 기타

분석기간 중 발생한 외부환경적 변화요인도 종합적 성과평가에 포함하였다. 예컨대, 국제통화기금(IMF)관리체제로 접어든 이후 환자진료실적에 있어 약간의 차이를 동반할 수 있기 때문이다.

물론 이와 같은 객관적·주관적 평가와 함께 외생변수(external variables)까지 포함하는 과정에서 연구자의 주관이 개입될 여지가 없지 않다. 그러나 어떤 연구든지 연구과정에서 연구자의 가치관과 주관은 일정부분 개입되기 마련이다. 단지 이 과정에서 이를 최소화하고 객관적으로 검증하려는 연구자의 의식적 노력이 수반될 때 좀 더 일반화 가능한 결론이 도출될 수 있다는 점에서 본 연구자는 객관적인 입장을 견지하기 위해 노력했다.

연구의 주된 방법은 국내외 관련 문헌연구와 설문조사, 그리고 면담조사를 병행하였다. 본 연구의 분석단위는 지방공공서비스 중에서 공공의료서비스를 그 대상으로 하며 의료서비스의 공급자인 서울시 산하 일반진료기능을 수행하고 있는 3개 병원을 대상으로 한 공급자측면의 분석과 함께 서비스수혜자인 이용환자들을 대상으로 한 서비스만족도를 실시함으로써 수요자측면의 분석도 병행하였다.

구체적인 연구방법을 보면 다음과 같다. 먼저 문헌조사를 통해 공공서비스 성과평가의 개념적 틀을 정립하고 공급자중심의 서비스성과평가를 위해 병원의 환자진료실적 및 통계와 결산서를 토대로 한 경영실적분석을 실시하고, 수요자중심의 성과평가를 위해 고객만족도 조사를 실시하였다.

연구의 시간적 범위는 1995년부터 1999년까지 5개년간의 조직운영형태를 달리하는 연구대상 3개 시립병원의 객관적인 경영실적에 대하여 계량분석을 실시하고, 수요자측면의 성과평가인 고객만족도 조사는 평가대상 서비스 분야인 의료서비스의 특성을 고찰하고, 그 특성을 반영하면서 서비스실적을 평가할 수 있는 공정하고 객관적인 지표를 개발하고 각 지표별 설문문항을 작성하여 고객만족도 설문조사를 실시하였다.

이와 함께 병원직원 및 관련공직자와 전문가와의 면담조사를 병행하여 論證을 전개해 나갔다. 면담을 위한 기초 자료는 1996년에 3개월여에 걸쳐 실시한 시산하병원의 조직진단 결과를 토대로 병원장을 포함하여 관리운영을 담당하는 기획실 관계자와 서무과직원, 그리고 의사, 간호사 등 의료 인력, 그리고 관련 전문가(서울시정개혁위원회 위원)를 대상으로 심층면접법(depth interview)을 병행하였다.

경영성과분석을 위한 분석지표 설정과 분석방법은 제3장에서 구체적으로 설명이 되었으므로 이 곳에서는 간략한 개요만을 보도록 한다. 본 연구는 앞서 밝힌 바와 같이 1995년부터 1999년의 5년간의 경영실적에 대하여 시계열분석(time-series analysis)과 선형추세분석을 실시함으로써 동태적인 변화과정을 연구함과 동시에, 각 연도별로 3개 병원의 경영실적 결과를 비교 평가하는 횡단면적 연구도 병행하였다. 따라서 본 연구는 종단면적 연구(longitudinal study)와 횡단면적 연구(cross-sectional study)를 결합한 통합시계열설계(pooled cross-section and time-series)를 취하였다.

특히, 각 평가지표별로 추세분석을 통해 경영실적의 효율성을 분석하는 데 있어 나타나는 한계를 극복하기 위하여 비영리조직의 조직효율성을 다투입-다산출이라는 생산구조하에서 공공서비스의 상대적 효율성을 측정하는 기법인 자료포락분석(Data Envelopment Analysis)모형을 적용하여 다시 병원의 효율성평가를 시도함으로써 평가의 타당성을 높였다.

구체적인 설문조사 방법 및 분석기법은 다음과 같다. 연구대상 병원의 의료서비스이용 시민들에 대하여 구조화된 설문지(structured questionnaire)를 이용하여 전문면접원의 1 : 1 개별면접을 통해 각 병원의 외래·입원환자들의 서비스만족도를 조사하였다. 이 과정에서 비표본오차(non-sampling error)를 최소화하기 위해 조사방법과 조사내용에 대한 교육·훈련을 면접원에게 실시하였다. 설문조사과정은 먼저 설문문항의 신뢰성과 타당성을 검증한 후 사전조사(pilot survey)를 한 연후에 2000년 3월 27일부터 4월 3일에 걸쳐 강남병원·보라매병원·동부병원을 이용하고 있는 환자들을 대상으로 동시에 본 조사를 실시하였다.

조사내용은 환자의 일반적 특성과 병원의 서비스 전반, 즉 진료내용과 진료제도에 관한 사항, 병원의료서비스의 효과, 병원직원의 업무태도, 병원의 시설 및 환경, 기타사항에 대하여 환자가 인지하는 신뢰성, 친절성, 이용편리성, 쾌적성, 체감만족도, 그리고 기타사항에 대한 만족도를 묻는 질문으로 구성되었다.

표본선정은 각 병원별로 입원환자와 외래환자의 구성비율에 비례하여 각 계층 내에서 무작위 추출한 비례층화표본추출방법(proportionate stratified sampling)을 이용하였고, 통계분석을 위하여 SPSS-WIN 통계패키지를 이용하였다. 통계분석방법으로 빈도분석, 교차분석, 요인분석, 회귀분석, ANOVA를 실시하였으며, 문항의 신뢰성 검증을 위해 Cronbach's Alpha값을 측정하여 신뢰성 분석(reliability analysis)을 실시하였다. 신뢰성분석은 동일한 개념을 독립된 측정방법으로 재측정하는 경우 그 결과가 유사하게 나타나야 한다는 것을 전제로 하고 있으며 일반적으로 Cronbach's Alpha가 가장 널리 사용되는 신뢰성 척도이다. Cronbach's Alpha의 값은 0에서 1까지의 범위를 가지며 사회과학 분야에 있어서 일반적으로 0.6 이상일 경우 조사의 신뢰성이 확보된 것으로 평가한다.

각 병원의 종합만족도 산출방법은 종합체감만족도와 평가항목을 가장 잘 반영할 수 있도록 구성된 항목별만족도에 가중치를 곱하여 합산한 결과인 차원별 만족도에 다시 가중치를 곱하여 4개 차원의 만족도를 합산한 요소별 만족도를 더하여 나온 값으로 100점 만점으로 환산된 점수이다. 보다 구체적인 종합만족도 지수 산출방법은 제4장에서 자세히 설명하였다.

第2章 地方公共서비스의 理論的 背景

第1節 公共서비스 供給方式과 成果評價

1. 지방공공서비스(local public services)의 개념

논의의 전개를 위해 먼저 공공서비스의 개념정의가 우선되어야 한다. 공공서비스는 공공의 재화와 용역으로 공공이 이용할 수 있게 제공되는 서비스로 공급주체가 공공부문이건 민간부문이건 상관없이 공공이 이용할 수 있게 제공되면 공공서비스라고 할 수 있다(Roth, 1987).

일반적으로 공공서비스는 公共財(public goods)라고 할 수 있으며 民間財(private goods)와 구별되는 말로서 일반적으로 공공기관을 통하여 공급되는 재화와 서비스를 지칭하는 데 민간재에 비하여 강한 공익성과 형평성을 갖고 있는 非競合性(non-rivalry)과 非排除性(non-exclusion)의 특징을 가지는 바, 소비의 비경합성은 공동소비, 비경쟁성이라고도 하며 여러 사람이 공동으로 공공서비스를 소비할 때도 다른 사람의 소비량을 감소시키지 않는다는 것을 의미하며 비배제성은 서비스 사용으로 얻을 수 있는 효용을 특정한 사람에게만 한정시킬 수 없는 것을 의미한다[4].

지방공공서비스는 중앙정부가 제공하는 공공서비스와 약간의 차이를 보인다. 공공재를 거리와 입지라는 공간적 요소를 기준으로 볼 때 중앙정부가 제공하는 공공서비스는 순수 공공재적 성격을 띤 전형적인 국가의 고유기능에 연결되는 공공서비스이고, 지방정부차원에서 주민들의 편익을 제공하는 지방공공서비스는 서비스편익이 서비스의 공급센터로부터 지리적으로

---

[4]

멀어지면 감소하는 경향이 나타나며 비배제성과 비경합성의 정도도 차이가
나기 때문에 純公共財(pure-public goods)라기보다는 準公共財
(quasi-public goods)적 성격을 가지며(배용수, 1995: 3), 이는 주로 주민을
위한 應益的 서비스를 제공한다(김시영·김규덕, 1996: 124)[5].

따라서 지방공공서비스는 지역이라는 공간적 차원에서 생산·전달·소
비되는 공공서비스를 총칭하는 것(배용수, 1995: 2)이라 할 수 있으며, 지방
정부가 제공하는 것이 가장 그 지역의 특수성과 지역주민들의 선호를 반영
하여 편익을 제공하기 때문에 바람직하다. 결국 지방공공서비스란 "지방정
부가 일정 행정권역내에서 생산·공급하는 모든 재화와 서비스의 총체로써
궁극적으로 지역주민의 요구를 충족시키기 위한 지방공공재"라고 정의할
수 있다. 본 연구는 지방자치단체가 제공하는 지방공공서비스를 연구의 대
상으로 한다.

그러나 Savas는 공공재와 공공서비스의 구분은 큰 의미가 없다고 전제
하고 공공재의 이용형태에 따라 민간재의 성격을 띤 서비스, 공동소유재
(common-pool goods)의 성격을 띤 서비스, 집단이용재(collective goods)의

<표 2-1> 公共財와 民間財의 특성비교.

특 성	민간재	공공재
비용부담	· 재화의 전체 수요 및 소비량에 밀접히 관련되어 있음 · 사용자 부담	· 전체 수요 및 소비량에 상관없이 집단적으로 지불
무임승차자의 배제가능성	· 용이함	· 어려움
재화의 양과 질의 측정	· 용이함	· 어려움
재화의 종류와 수준에 대한 개별적 선택권	· 있음	· 없음
소비에 대한 개별적 선택권	· 있음	· 없음
재화의 분배결정	· 시장메커니즘에 의해 결정됨	· 정치적 과정(political process)에 의해서 결정됨

자료: E. S. Savas. (1987). Privatization. p.50.

5) 순공공재란 국방, 법률, 치안 등과 같이 한 경제내의 모든 지역에 대해
공공재의 특성을 갖는 재화와 용역을 의미한다. 이에 반해 공원, 교량,
저수지, 고속도로, 가로등과 같은 재화들은 특정지역의 사람들은 동시
에 소비할 수 있으나 타지방 사람들은 소비할 수 없는 특정지역에 한
정되어 공공재의 성질을 갖는 재화와 용역을 지칭하는 지방공공재로
나누어진다.

성격을 띤 서비스, 그리고 사용료지불(toll goods)의 성격을 띤 서비스로 나
누어 지방정부가 굳이 세금으로 공급하지 않고서도 민간경제의 시장메커니
즘을 통해 공급이 가능함을 보여주고 있다(Savas, 1987).

　지방공공서비스를 민원업무 및 지원업무 등의 서비스와 개인이 서비스를
공급받음으로써 혜택을 누리는 급부적 성격의 서비스로 분류한다면(김원,
1985: 42) 後者는 개인이 서비스를 보상받는 만큼 개별적 보상관계에 놓이게
되므로 개별서비스수요라고 불리는 데 의료서비스는 후자에 해당한다.

　이외에도 공공서비스는 국민복지적 측면에서 중요한 기능을 분담할 뿐
만 아니라 외부효과를 발생시키는 데 외부경제효과는 유도 조장하면 되나
외부불경제효과의 경우 각종 規制를 통해 제어할 필요가 있다6). 특히 사회
적 규제를 통해 형평성과 대응성이 충족되어 사회적 목표가 효과적으로 달
성될 수 있도록 해야 한다. 예컨대 의료서비스의 경우 특정그룹에의 서비
스 제공의무나 빈민층에 대한 서비스 제공 배려 등이 강조되어야 할 것이
다. 현재 의료보호환자 및 저소득층, 생활보호대상자를 대상으로 무료 또는
저렴한 의료수가로 의료서비스를 제공하고 있는 것이 이에 해당된다. 특히
공공의료기관의 경우 의료취약계층에 대한 의료서비스 제공은 기관의 설립
목적과 사명이자 운영상의 핵심목표가 되어야 할 것이다.

---

6) 규제는 크게 經濟的 規制와 社會的 規制로 나뉘는 데 經濟的 規制란
　　독점과 경쟁에 관한 것으로 경쟁의 촉진과 자연독점의 규제와 같은 경
　　제적인 규제를 말하며, 社會的 規制란 안전, 환경보호, 공평성, 특정그
　　룹의 보호, 소득분배, 특정사업 장려와 같은 사회적 목표의 조정을 의
　　미한다. 이러한 경제적 규제와 사회적 규제의 혼합으로 보편적 서비스
　　(universal service)의 제공, 차별의 금지, 균일요금(uniform charges)
　　부과, 특정그룹에의 서비스 제공 의무, 빈민층에 대한 서비스 제공 배
　　려가 있다.

2. 지방공공서비스의 성과평가의 의의

1) 성과평가의 개념정의

현대행정에서 '정부는 그 결과에 대해 책임을 져야만 한다'는 말은 언론이나 정부를 감시하는 기구에서 반복해서 해 오던 이야기이나 '무엇이 정부의 바람직한 결과인가?', '정부가 의도한 결과를 성취했다는 것을 어떻게 알 수 있는가?' 하는 물음에 대한 시원한 답을 주지는 못하고 있다 (Campbell, 1998). 이러한 물음에 대한 답변을 주기 위해 공공서비스 성과평가가 요청되는 것이다. 즉, 성과평가를 통해 서비스가 얼마만큼 효율적으로 생산·공급되었고, 주민의 욕구에 어느 정도 신속·정확하게 부응했으며, 사회 전체적으로 얼마만큼 공평하게 분배되고 있는지, 그리고 객관적인 사회적 조건의 효과적인 변동을 어느 정도 가져왔는지 등의 여러 측면을 총체적인 시각에서 부단히 점검할 수 있어야 한다.

요컨대, 정부의 責任性(accountability) 확보를 위해 생산물과 서비스란 관점에서 公共財源의 사용으로부터 무엇을 가져왔는지, 이러한 지출은 시민들의 삶에 어떤 便益을 가져왔으며, 재원은 얼마나 능률적·효과적으로 쓰여졌는지에 대해 시민들에게 보여 줄 수 있어야 한다. 이러한 논의는 성과측정체계(performance measurement systems) 또는 성과책임체계(performance accountability systems) 등으로 불리우며 책임행정의 실현과 정부생산성 제고의 일환으로 활발하게 이루어지고 있다[7].

---

7) 본 연구에서 성과측정은 성과평가를 위한 하위수단적 개념으로 이해하고자 한다. 김영기(1991)는 성과평가가 평가자의 주관적 판단을 보다 중요시하는 개념이라면 성과측정은 보다 객관적 자료에 의한 결과를 중심으로 한다는 점에서 성과평가가 보다 질적인 기술이라면 성과측정은 보다 양적인 기술이라고 구별하고 있으나 구별의 실익은 없다. 따라서 본 연구에서 성과평가는 공공서비스의 효율적인 공급과 주민의 서비스 질에 대한 반응정도에 대하여 양적·질적 평가를 모두 포함하는 개념으로 이해하고 있으므로 양자를 엄격하게 구별하지 않고 혼용하도록 한다.

특히 지방자치단체에 대한 성과측정은 행정역량과 운영의 효율성을 점검함은 물론 행정서비스와 사업 면에서 추진과정과 실적을 평가함으로써 행정의 책임성을 높이는 데 필수적인 장치라 할 수 있다. 지방정부차원에서 볼 때 지방경영시대의 도래에 따른 지방자치단체 행정서비스 공급의 재검토를 통해 지방정부의 혁신을 통한 지역경쟁력을 강화시키기 위해 결과중심관리체제(result-oriented management system)를 강화할 필요성이 대두되고 이것이 활발한 성과평가로써 나타나고 있다. 이런 의미에서 성과측정이야말로 지방자치단체의 만성적 재정위기를 극복하고 국민에 대한 봉사라는 궁극적인 목적을 제대로 실현하기 위하여 합리적인 공공서비스 공급결정의 필요에 접근하는 단계이자 주민만족의 행정을 시행하기 위한 의사결정의 개선을 위하여 필수적인 것으로 이해되어야만 한다. 한정된 자원을 가지고 서비스를 생산·공급해야 하는 지방자치단체로서는 효율적인 의사결정을 위해서 주민의 욕구유형과 강도 등에 관한 정확한 지식이나 정보를 필요로 하며, 성과측정은 그 수단이 되어 주기 때문에 그로부터 얻은 지식과 정보에 기초한 의사결정의 질은 높아질 것이다. 수준이 높은 의사결정을 통한 지방자치단체의 서비스 생산과 공급은 서비스 양과 질의 개선으로 이어지며, 또 주민의 욕구에 대한 적합성도 높아지게 될 것이기 때문에 그 성과를 개선하게 될 것은 당연하다. 이러한 두 가지 조건의 개선은 결국 지방자치단체의 공공책임을 제고시키는 수단으로서 중요한 가치를 지닐 것이다.

위의 논의에서 성과평가의 내용과 본질이 무엇이어야 하는지 유추할 수 있는 바, 성과에 대한 개념정의가 매우 다의적이라 할지라도 대체로 어느 한 지점으로 귀결된다. Fried & Rbinovitz(1980)는 도시정부의 성과란 도시 삶의 질과 관련된 다양한 집단의 욕구, 요구, 기대에 일치하는 정부의 상대적 능력을 말한다고 하여 지방정부의 대응성을 의미하는 것으로 보고 있고, Wholey와 Newcomer는 성과측정을 '생산성과 서비스의 질, 適時性, 효과성, 그리고 기관이나 프로그램 활동의 비용효과를 측정'하는 것으로 보고 있다(Wholey and Newcomer, 1989). Roger(1990) 또한 지방정부에서의 활동들이 그 목적에 얼마만큼 효과적으로 부합되는 것인지 경제성과 능률성, 효과성의 개념으로 이해하고 있다.

한편 김영기(1991)는 '지방공공서비스의 성과는 지방자치단체의 의도된 활동으로서 공공서비스를 통하여 주민들의 욕구충족에 미친 결과나 영향의 정도'라고 정의하고 있으며, 김시영·김규덕(1996)은 지방정부 공공서비스의 성과를 "지방정부의 의도된 노력이나 활동으로써 주민의 욕구나 요구, 기대에 따라 공공서비스를 제공하여 그에 따른 주민의 충족정도나 만족정도에 미친 결과나 영향의 정도"라고 정의하고 이러한 성과를 판단하기 위한 수단이 바로 공공서비스에 대한 성과측정이라고 보고 있다.

이상의 제 학자들의 견해를 종합할 때 성과평가는 공공서비스의 효율적인 공급과 주민의 서비스 질에 대한 반응과 만족정도를 측정하기 위하여 양적·질적 평가를 모두 포함하는 총체적 개념으로 이해하고자 한다.

2) 성과측정의 기능

성과측정의 역할 및 기능을 Ammons(1996)의 주장을 중심으로 보면 아래와 같다. 첫째, 행정책임성의 제고이다. 조직이 성공적으로 운영되기 위해서는 중간관리자가 자신의 부하에게 그들 업무에 대하여 책임을 지도록 요구하며, 스스로도 자기의 상관에게 책임을 진다. 성과측정은 각 부서에서 무슨 업무가 얼마나 잘 수행되었나를 문서화한다. 이 과정을 통하여 업무성과가 좋은 부서나 지방정부들은 시민들이 낸 세금이 헛되이 쓰여지지 않았음을 보여줌으로써 시민들로부터 신뢰를 얻게 된다.

둘째, 계획 및 예산기능의 제고이다. 지역사회가 다가올 미래에 잘 대처하기 위해서는 지방정부가 공공서비스의 수준과 시설을 적절히 유지하고 시민들이 원하는 것이 무엇인가를 잘 파악하고 있어야 하며, 서비스를 제공하는 데 소요되는 비용 또한 잘 파악하고 있어야 한다. 성과측정을 통하여 각 지방정부들은 '시민이 요구하는 것이 무엇인가' 그리고 '그 요구에 부응하기 위해 소요되는 비용은 얼마나 되나'등을 파악할 수 있다. 이와 같이 성과측정 결과는 예산편성의 근거와 기초 자료로 사용될 수 있다. 정부예산과정은 정부의 자원배분에 있어서 중요한 부분을 차지하고 있는데 이때 성과에 관한 자료가 뒷받침된다면 시의회나 시민들에게 예산편성의 근거와 정당성을 제시해 줄 수 있게 된다.

셋째, 조직운영개선(operational improvement) 기능이다. 성과측정을 하는 도시들은 운영상 문제가 발생할 경우 초기에 발견할 수 있다. 또한 성과의 기록을 통하여 문제해결이 효과적으로 이루어졌는지 쉽게 알 수 있다.

넷째, 프로그램 평가, 목표관리(MBO) 및 성과평가(performance appraisal) 기능이다. 성과측정은 프로그램의 효과성을 체계적으로 평가하기 위해 필요한 정보를 제공한다. 또한 성과측정은 목표관리제나 성과급제도 등과 밀접히 연관되어 있으며, 성과평가는 미리 정해둔 기준치에 개개인이 어느 정도 목표를 달성하였는지의 여부를 가늠할 수 있다.

다섯째, 자원 재배분(reallocation of resources)기능이다. 서비스 성과의 자료는 각 서비스 부문 간의 자원배분을 위한 지침을 제공해 줄 수 있을 뿐만 아니라 특정서비스와 관련하여 문제구역을 발견할 수 있게 해 줌으로써 각 구역별로 서비스 자원을 배분하는 데 있어 판단자료를 제공해 줄 수 있게 된다. 특히 각 서비스 성과를 측정할 때 서비스의 비교적 구체적인 측면에 관한 정보를 수집하게 된다면 구체적인 문제를 해결할 수 있는 관리정보를 제공해 줄 수도 있다. 프로그램의 효과성이나 단위비용과 같은 수치는 시민의 세금이 얼마나 잘 쓰여졌는지, 혹은 지방정부의 각 기능이 얼마나 효과적이었는지를 명확하게 보여준다. 이것은 재정이 궁핍할 때 예산결정자에게 자원재배분의 방향설정을 도와준다.

여섯째, 업무의 운영감독(directing operations) 및 계약이행감시(contract monitoring)의 기능이다. 공공서비스 성과에 관한 평가결과의 활용을 통해 서비스 공급과 전달에 책임을 지고 있는 지방행정기관의 운영과 관리를 위한 기초 자료로서 다양한 용도로 유용하게 사용될 수 있다. 평가를 통해

서비스 기관이 제공하는 서비스수준을 매년 검토할 수 있으며 이를 통해 서비스수준이 특히 문제가 되는 부분을 발견함과 동시에 시간에 걸친 서비스 수준의 변화 경향을 검토할 수 있고, 관료들의 판단자료로서 기능할 수 있다. 성과측정을 잘 하는 관리자는 운영상의 약점과 강점을 잘 파악하며, 따라서 조직의 구성원과 업무부서에 필요한 정보를 제공하고, 관리자가 가장 취약한 부분을 잘 파악하여 집중 관리할 수 있게 한다. 성과측정은 또한 계약의 이행이 체결된 내용과 일치되는지 판단하는 데 도움을 준다.

3) 성과평가의 확대

경기침체와 재정적자를 극복하기 위해 공공서비스 성과와 質의 향상을 경주하는 노력이 중요하게 부각되면서 국내외적으로 정부성과평가와 도시경영평가제도가 활성화되고 있다. 특히 지방정부의 성과측정은 지난 수 년 동안 비약적으로 확대되었다. 초기에는 지방자치단체의 지출감축에 무게를 두다가(Palmer, 1993), 지방정부의 기능과 역사적으로 지방정부가 소홀히 했던(업무처리) 과정과 같은 측면에서의 조직간 비교를 통해 민간부문의 지속적인 발전기법을 적용하려는 노력으로 이어졌다8).

미국의 경우 지방정부를 중심으로 성과측정이 부분적으로 이루어지다가 점차적으로 전체 정부(연방, 주정부, 지방정부)차원으로 폭넓게 대상범위와 대상서비스의 폭을 넓혀 가는 추세이며 1990년대 들어서는 정부의 모든 수준에 걸쳐 성과측정의 범위가 확산되고 있는 실정이다9).

---

8) 성과측정의 시초는 1938년 국제도시관리학회(International City Management Association)가 *Measuring Municipal Activities: A Survey of Suggested Criteria for Appraising Administration*을 출간하고서부터다. 이 책은 수많은 공동체서비스(municipal service)의 성과를 측정하는 강력한 방법들(potential ways)을 논의한 연구이다(Epstein, 1992)

9) 미국에 있어서 각 시기별로 성과평가의 발전 동향을 요약하면 다음과 같다. 1970년대에 지방정부의 성과측정을 위한 자료수집과 분석에 관심을 갖고 실질적 기법을 담은 두 권의 책-*Measuring the Effectiv- eness of*

영국도 1986년부터 지방정부의 성과평가에 대한 높은 관심과 이에 대한 준비가 이루어져 왔다. 영국의 지방감사원(Audit Commission)은 지방정부의 성과평가를 위해 Performance Review in Local Go- vernment: A Handbook for Auditors and Local Authorities란 이름으로 성과평가의 개요 및 각 서비스 영역별 평가방법에 관하여 지침서를 발간하였을 뿐만 아니라 평가지표를 계속적으로 검토·수정하여 지방정부에 제공해 주고 있다. 영국정부는 1992년 지방정부법(Local Government Act)을 개정하여 지방정부의 성과평가를 제도화하였다. 즉, 지방감사원은 지방정부 성과평가지표개발을 법제화하고 지방정부는 지방감사원의 평가지표체계에 근거하여 매년 상세한 성과평가를 실시하고 공표하도록 규정하고 있다.

OECD에서도 공공부문의 성과향상을 위해 결과중심의 성과관리 체계를 지속적으로 추진하고 있다. 많은 OECD회원국가에서 성과관리는 공공부문 개혁의 핵심요소로써 명확한 목표와 대상설정(define objectives and targets), 사업

Basic Municipal Services: Initial Reports(1974)와 *How Effective are Your Community Services?* (1977)-을 발간한 이후 1980년대에 들어서면서 민간부문에서 TQM(전사적 품질관리)과 같은 생산성 추구운동을 경험하면서 성과측정 분야는 서비스 질, 고객만족, 그리고 결과에 의한 관리(managing by results) 등으로 관심 분야를 확대하였다. 그러다가 1991년 정부성과평가법(the Government Performance Act)을 제정하여 모든 연방정부차원에 걸쳐 성과기준과 목표에 대한 계획을 세우고, 주요 예산지출 분야에 대한 성과를 보고하도록 규정하였다. 이어서 성과측정과 성과관리체계를 효과적으로 발전시키기 위해 1993년 「정부성과와 결과법(Government Performance and Results Act)」을 제정하여 높은 질의 서비스생산물을 전달하기 위해 전략적 계획을 발전시킬 것을 이 법은 요구하고 있다. 전략적 계획의 출발은 1) 최고수준의 목석과 목표뿐만 아니라 연간사업목적을 수립하고, 2) 그러한 목적을 어떻게 달성할 것인지 밝히고 3) 어떻게 목표달성에 있어 기관과 사업의 성과를 측정할 것인지를 규명해야 한다. 특히 1993년에 제정된 정부성과와 결과법과 Al Gore부통령이 이끄는 국가개혁위원회(National Perfor- mance Review)가 다른 무엇보다도 성과측정을 통하여 연방기관의 업무결과(results or outcomes)를 측정하려는 노력의 강화를 위한 토대를 구축하는데 일조했다(Kopczynski and Lombardo, 1999: 125).

42

결과의 측정과 보고를 요구하고 있으며, 성과정보는 사업의 우선순위 선정에 활용되고 명확한 책임성의 기초가 되고 있다(OECD Code 421997021P1: 135).

우리나라 역시 중앙정부 수준에 있어서의 정부생산성 측정(진재구, 1998) 뿐만 아니라 지방자치단체 출범 이후 정부의 사업이나 정책결과에 대한 평가에 대해서 관심이 집중되면서, 지방정부차원에서도 다양한 행정서비스 분야에 걸쳐 행정서비스의 성과와 실적에 대한 평가가 진행되고 있다. 이들 성과평가는 대체로 생산성 측정을 위해 성과평가(performatin evaluation)나 성과지표(performance indicator)의 개발을 통해 투입에 대한 산출의 비율뿐만 아니라 산출물의 질이나 효과성을 측정·평가하고 있다.

그러나 대체로 성과평가는 현재 그 필요성을 인정하여 도입초기의 수준을 보이고 있으며, 전면적인 확대시행이나 체계적인 평가가 이루어지고 있는 것은 아니다. 실제 성과평가의 실태에서도 이러한 경향은 나타나고 있다. 즉, 대부분의 지방정부에서 업무성과측정의 중요성은 인식하고 있으나, 다른 현안과제에 밀려 성과관리(performance management)는 뒷전으로 미루고 있는 실정이다. 1990년대 들어 미국 도시정부의 반 이상이 성과측정을 하고 있으나, 대부분의 경우 단순한 업무량의 측정에 머물고 있는 수준으로 주로 투입에 대한 비용측정이 위주였다. 그러나 능률성 측정도 중요하지만 더욱 중요한 것은 업무처리의 질(quality)과 효과성이라고 할 수 있으나 이에 대한 평가가 시작된 것은 비교적 최근의 일이다10)(Ammons, 1996). 즉, 1980년대 이전의 많은 지방정부 성과측정이 비교적 자료수집과 적용이 쉬운 비용측정에 주로 초점이 맞추어졌을 뿐 서비스 질이나 목표와 기준달성도(achievement of goals and standards)와 같은 서비스전달 결과

10) 여기서 능률성(efficiency)이란 업무의 결과와 업무의 수행을 위해 소요되는 자원의 관계를 나타내는 지표로서, 1단위 제품생산에 드는 단위비용 또는 노동시간당 단위생산량 등으로 측정하며, 효과성(effectiveness)은 업무성과의 질이나 부서의 목표성취 정도를 나타내는 지표로서, 목표성취의 적시성(timeliness)이나 시민의 만족도 등으로 측정하며, 생산성(productivity)은 능률성과 효과성을 단일지표로 통합한 개념이다.

에 대해서는 관심을 갖지 않았다(Pollitt, 1986).

이와 같은 현상은 Palmer(1993)의 조사결과가 증명해 보이고 있는 데 지방정부의 50%가 서비스결과의 질을 반영하는 보다 발전된 측정을 하는 반면에 이를 측정하기 위한 지표(indicators)를 설정하고 있는 주는 27%에 불과했다고 논증하고 있다. 이보다 최근의 조사는 정부회계기준위원회(GASB; Government Accounting Standards Board, 1997)에서 약 3,000개의 지방정부를 대상으로 수행된 조사결과도 비슷한 발견을 보여주고 있는데 설문에 응답한 553개 지방정부(응답률 18%) 중 26%만이 결과나 산출측정을 하고 있는 것으로 보고되었다.

그러나 Poister와 Streib(1999: 325)는 미국의 많은 지방정부들이 현실적인 일부 제약이 존재함에도 불구하고 성과측정의 효과적 사용을 강력히 추진하고 있음을 증명하고 있다. 특히 최근의 성과측정은 결과지향적 관리(result-oriented management)를 담보하는 필수요소로 미국 전체정부로 그 적용이 확산되어 가고 있는 추세이다. 또한 성과측정 대상 서비스의 다양성에 있어서도 정부부문에서 제공되고 있는 모든 서비스 부문에 걸쳐 이루어지고 있다. 예컨대 과학기술프로그램에 있어서는 주정부의 약 40% 이상이 그들의 업무결과를 어떤 형식으로든지 평가하는 성과측정체제를 대체로 채택하고 있으며, 고용창출과 구조조정(retention)과 같은 경제 목표달성을 측정하고 있다고 한다(Cozzens and Melkers, 1997).

3. 서비스 공급환경 및 공급방식의 다원화

앞서 지적한 바와 같이 오늘날 행정개혁과 정부효율성 제고에 대한 국민의 점증하는 요구와 정부책임성 증대, 결과중심관리체제의 중시, 고객중심적인 서비스 제공과 같은 행정을 둘러싼 환경변화는 공공서비스(public service)의 공급방식의 변화를 불러와 공공서비스 공급에 있어서 민간의 참여가 높아지고 있고, 민간참여 정도에 따라 다양한 서비스공급방식을 보이고 있다[11]. 특히 1990년대 이후 民營化(privatization) 및 民間委託이 시장 지향적 정부개혁의 핵심적인 방안으로 전세계적으로 확산되면서 공공부문 에 민간의 경쟁적 분위기를 도입하려는 흐름이 활발하게 일고 있다.

이와 같은 상황하에서 지금까지 정부에 의해 서비스를 직접 생산·전달 하거나 공기업을 통해 서비스를 생산·공급해 왔던 정부의 공공서비스공급 이 "비능률성, 경직성, 行政便宜主義, 서비스 질의 저하, 住民選好에 대한 應答性 부족" 등의 문제를 야기해 왔다는 비판에 직면하면서(박경원, 1995) 공급유형의 변화가 활발하게 진행되고 있다. 즉 주민들은 지방자치단체가 '보다 능률적인 정부, 보다 적극적으로 행정수요에 대처하고 필요한 행정서 비스를 보다 편리하게 공급하는 정부'가 되기를 요구하고 있으며 이는 곧 지방정부 행정서비스의 양과 질의 개선을 필요로 함을 의미한다. 이를 위 해서 지방자치단체는 행정서비스 독점을 과감히 탈피하고, 전문성과 경영 능력을 갖춘 민간부문의 행정서비스 공급을 확대하여 주민의 입장에서 가 장 적절한 서비스를 제공받도록 하여야 할뿐만 아니라, 공공부문에 市場競 爭原理를 도입하여 공공부문과 민간부문 간의 경쟁[12], 정부부처 간 또는 지방정부 간 경쟁을 통해 행정서비스의 전문성과 효율성을 높이는 방안을 모색하여야 할 시대적 요청에 직면하고 있다(Walsh, 1995; Harney, 1992).

이에 따라 주민들은 行政서비스 供給을 市場經濟에 委任하도록 요구하 게 될 것이며, 이는 주민들이 공공부문의 獨占보다는 시장경제하의 競爭이 보다 효율적으로 서비스를 공급할 수 있다는 것을 경험적으로 알기 때문이 다. 앞으로 지방자치단체가 공급하는 행정서비스의 일부분은 민간부문으로

---

11) 이하 이 책에서 서비스라 함은 공공서비스를 의미하는 것으로 통칭하 도록 한다.
12) 공공서비스의 제공에 있어서 정부와 민간부문이 경쟁한다면 행정서비스 의 질은 본질적으로 달라질 것으로 여겨진다. 그런데 David Osborne & Ted Goebler(Reinventing Government. New York: Plume, 1993)에 의 하면 행정서비스공급의 질적 차이는 서비스의 성격이 공적인가 사적인 가에 따라 달라지는 것이 아니라 그것을 공급하는 시스템이 경쟁적인가 독점적인가에 달려 있다고 하였다.

점점 移讓될 것이며, 經濟探算性의 확보와 주민의 高品質에 대한 수요가 합치되면 민간부문으로의 이행은 더욱 촉진될 것이다.

　서비스 공급도 이제는 정부의 입장에서가 아니라 주민의 입장에서 비용·편익분석이 이루어지게 될 것이며, 公共性이라고 하는 대의명분을 내세워 행정서비스가 주민의 요구수준에 합치되지 않을 정도의 수준으로 공급된다는 것이 쉽게 용납되지 않을 것이다. 또한 현재 민간부문이 공급하고 있는 서비스 영역에 있어서도 서비스의 질이 기대수준보다 낮은 분야에 대해서는 公營化 요구 또는 公共·民間 간의 競爭 도입에 대한 요구도 증대할 것이다[13].

　이와 같은 변화를 반영하여 公共서비스 供給方式의 多元化가 활발하게 진행되면서 지방정부 공공서비스 供給主體의 성격 또한 多樣性을 띠게 되었다[14]. 왜냐하면 서비스전달에 참여하는 요소를 서비스의 수요자 또는 소비자(service user or consumer)[15]와 서비스생산자 또는 공급자(service producer or supplier)[16], 그리고 서비스 생산자를 선정, 지정하거나 생산자

---

13) 이러한 환경하에서 지방정부의 대응 또한 이전보다 강하게 요구되고 있는 바, 향후 지방자치단체는 誘導的 役割主義, 重點施策主義 및 相互補完主義의 세 가지 기본방침에 의해 행정을 할 것으로 보인다. 즉, 지금까지와 같이 지방자치단체가 많은 분야에서 계획에서 실천까지의 영역을 직접 다루지 않고 또한 公共的인 것만이 아니라 民間의 開發까지도 유도하는 역할을 할 것이고, 정책 자체도 중요한 몇몇 정책에 역량을 집결하여 중점적으로 시행하고자 할 것이다. 또한 기초자치단체 상호 간, 광역자치단체와 기초자치단체 간 廣域行政뿐만 아니라 제3섹터, 國家 또는 公社·公團등과 民間과의 행정의 補完的 分擔關係 설정을 추진할 것으로 보인다.
14) 서비스제공방식의 다원화에 대한 자세한 논의는 박재희(1998)를 참조 바람.
15) 서비스 수요자(또는 소비자)는 서비스를 직접적으로 획득하거나 받는 자로서 서비스 이용자는 개인, 가족, 지역주민, 또는 공통된 속성을 지니고 있는 사회계층(예를 들어 저소득층, 학생, 노동자, 농민 등)이 될 수도 있다.
16) 서비스 생산자는 실지로 고객을 위하여 서비스 업무를 직접 수행하거나 소비자에게 그 서비스를 전달하는 사람 또는 기관으로 중앙 및 지방정부, 민간기업, 자발적 시민단체, 비영리기관 또는 소비자 자신이

에게 서비스공급권을 부여하는 서비스 제공자 또는 공급결정자(service provider)17)로 구분(Savas, 1987)할 때 공공서비스의 경우 정부가 주로 공급결정자가 되나 서비스 생산은 다양한 방식으로 공급될 수 있기 때문이다.

Savas(1997)는 서비스의 공급결정과 생산자에 따라 서비스의 공급유형을 ① 정부의 직접공급(government service), ② 정부 간협정 또는 계약을 통한 서비스공급(intergovernmental agreement), ③ 민간기업이나 비영리조직과 민간위탁계약(contracting-out)방식, ④ 허가 또는 지정(franchise)을 통한 공급방식18), ⑤ 보조금 지급(grants)방식19), ⑥ 구매권(vouchers)방식20), ⑦ 시장공급(market)방식, ⑧ 자원봉사(voluntary service)를 통한 자발적 공급방식,

---

될 수도 있다. 공공서비스에 관한 대부분의 문헌에서 '생산'이란 용어는 서비스 공급과 전달을 함축하는 의미로서 세 용어는 상호 대체적인 용어로서 사용되고 있다. 본 연구도 '생산', '공급', '전달'은 동일한 의미로 사용된다.

17) 서비스 공급결정자는 서비스수요자에게 생산자를 배정하거나 반대로 생산자에게 수요자를 배정하고, 혹은 사용자에게 봉사할 수 있는 생산자를 선정하는 주체를 의미한다. 공공서비스의 제공자는 종교적 자선단체 등 극히 일부의 경우를 제외한 대부분의 경우, 정부(중앙 또는 지방)의 단위조직이 된다. 따라서 정부는 당연히 공공서비스에 대한 기본적인 정책을 수립하고 이것의 최종 결과에 대한 책임을 져야하지만 정부가 서비스 공급의 주체가 되어 서비스를 직접 생산하거나 전달해야 할 필요는 없는 것이다.

18) 이는 독점적 허가와 경쟁적 허가로 나누어지는데, 前者는 민간기업에 대해 특정서비스의 공급권을 부여하고 정부가 가격규제 등 통제 및 감독을 실시하며 비용은 소비자가 지불하는 것이며, 後者는 택시의 경우와 같이 사업면허를 부여하는 것으로 소비자가 서비스를 선택할 수 있으며, 결국 소비자와 정부가 동시에 공급결정자가 된다.

19) 이는 정부가 서비스 생산자를 보조하는 것으로서 보조금을 지급하거나 세제상의 혜택을 주는 것을 말한다. 이 경우 서비스생산자는 민간의 영리 또는 비영리조직이며, 서비스공급결정자와 비용지불자는 정부와 소비자가 된다.

20) 이는 특정계층의 소비자가 특정한 서비스를 이용할 수 있도록 소비자에게 지불보증서 또는 이용권(vouchers)을 주어, 소비자가 비교적 자유롭게 서비스를 선택하도록 하는 것이다. 이 경우 서비스 생산자는 민간영리 혹은 비영리조직이며, 정부가 생산자에게 비용을 지불하는 것으로 빈민계층에게 지급하는 식권이나 경로우대증이 이에 해당한다.

⑨ 자금자족(self-service) 방식, ⑩ 정부의 서비스판매(government vending)방식[21] 등 10가지 방식으로 구분하였다(Savas, 1987: 62-82; 손희준, 1992: 73-74).

한편 일본경영연구소는 사업주체별로 공급형태를 구분하여 ① 公共供給型, ② 公共－民間倂存型, ③ 公共－民間協力型, ④ 業務委託型, ⑤ 民間供給型의 5가지로 나누고 있고, 배용수(1995: 5)는 지방공기업의 설립형태를 중심으로 ① 直接供給方式, ② 間接供給方式, ③ 合同供給方式, ④ 民間供給方式으로 지방공공서비스의 공급유형을 구분하고 있다.

<그림 2-1>은 공공서비스 공급주체와 공급방식 유형을 도식화하여 보여주고 있다.

<그림 2-1> 서비스 공급주체와 공급방식 유형

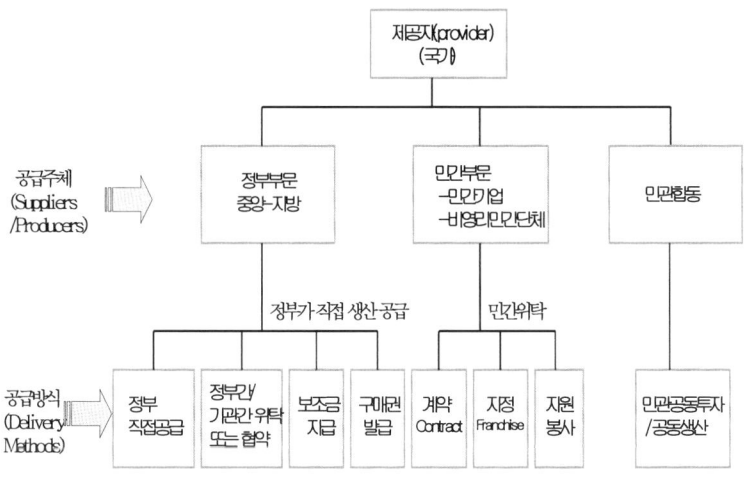

---

21) 이는 정부가 민간기업과 경쟁적 상태에서 서비스를 생산하고, 소비자가 정부 또는 민간기업에 대해 선택적으로 서비스공급결정을 하고 이에 대해 비용을 부담하는 경우이다. 예컨대 개인이나 민간기업이 국유지에 대해 채광권을 획득하거나 국유림에 대해 산림벌목권을 획득하는 것을 들 수 있다.

그러나 이들 중 대표적인 공공서비스 공급방식의 代案을 보면 共同生産方式(coproduction), 公共－民間協力方式(public-private partnership), 民間委託方式(contracting out) 등을 들 수 있으며, 이러한 방식은 약간의 변형이 가미되어 이미 자치단체별로 활발하게 진행 중에(박경원, 1995: 16-18) 있는데 이것은 모두 민간의 참여방식에 있어 약간의 차이를 보이는 것이다.

먼저 共同生産方式이란 공공서비스의 생산과 분배에 주민들이 생산적으로 참여함으로써 주민과 지방자치단체의 결합된 형태를 취하는 것이다.

둘째, 公共－民間協力方式이란 정부와 민간부문이 협력하여 공익성과 기업성을 조화시키면서 특정 서비스를 공급하는 경우로서, 협력형태는 3가지로 세분할 수 있다. 먼저 사업분담형으로서 사업기반정비는 정부가 담당하고 건물 및 시설의 건설은 민간부문이 담당하는 방법으로서 토지개발사업의 경우 대부분 이러한 방식을 취한다. 두 번째는 자금분담형으로서 민간부문이 사업의 자금을 분담한다든지 또는 직접적인 자본참가로 설립한 제3섹터를 통해 공공서비스 공급에 참여하는 방안이다. 마지막으로 유도형은 공공재적 성격이 그리 두드러지지 않으면서도 민간이 채산성 및 기타 이유로 참여를 꺼려하는 경우 사업주체는 민간이지만 정부가 각종 재원지원 및 법적 조치를 통해 해당 서비스의 공급을 유도·장려하는 경우에 해당된다.

셋째, 民間委託方式이란 정부가 통상 공급하고 있는 행정서비스의 전부 또는 일부를 민간에게 위탁하여 공급하는 것으로, 서비스 공급결정의 역할과 비용부담은 정부가 담당하고 서비스의 생산·전달만을 민간부문이 담당하는 방식이다. 이는 사업의 성격상 민간에게 위탁하는 것이 능률적이고 비용이 절감될 수 있는 서비스의 공급에 이용되며, 주로 쓰레기 수거, 각종 검사업무, 공공시설의 유지관리 등과 본 연구의 대상사례인 보라매병원도 여기에 해당된다.

위의 공급유형 분류를 종합하면 공공서비스 공급에 있어서 민간의 참여 정도에 따라 구분하고 있음을 알 수 있는 데, 이들 민간참여는 대체로 契約에 의해 이루어진다[22].

이때 가장 단순한 민간참여 방식은 서비스契約과 經營契約이다(조임곤·이상수, 1997: 31-33). 서비스계약은 민간과 계약을 통하여, 민간이 특정기간 특정서비스를 제공하는 것으로 미국은 가로등, 쓰레기, 도로 보수, 병원관리, 정신병원, 어린이 육아, 구급차, 버스, 알코올과 마약 치료 등 시 정부 서비스의 25%가 이러한 방식으로 제공되고 있다. 캐나다와 유럽도 이를 많이 사용하고 있고, 네팔에서는 민간 계약자가 地方稅를 징수하고 있다.

經營契約은 설비나 사업의 운영과 유지를 민간과 계약하는 것으로, 캐나다와 미국에서는 시영이나 공공 병원에서, 또 미국은 교도소와 몇 개의 공익사업 분야에서 이 방식이 시도되고 있다. 이윤과 책임의 배분 상태에 따라 경영계약은 일반적 경영계약과 보상적 경영계약으로 분류되기도 하지만, 그것은 운영상의 차이일 뿐이다. 만일 모든 운영이 계약으로 이루어진다면 이는 일반적 경영계약이라고 불리우는데, 소비자는 법적으로는 공공기관의 고객으로 남아 있고 요금은 민간회사에 의해 오직 공공기관을 위해 징수된다. 경영계약은 즉각적으로 민영화되기 어렵고 자본 이득의 전망이 없는 공기업의 재편에 이용된다. 경영계약이 생산성 향상이나 이윤의 일부 등 보너스를 포함한다면 이를 이윤공유(shared profit)라고 한다. 이러한 경영계약은 프랑스와 칠레에서 이루어져 왔는데, 최근에는 멕시코에서 도입되었다.

민간부문이 시설을 소유하지 않지만, 비교적 폭 넓은 운영자율성을 확보할 수 있는 방식은 賃貸契約과 讓與契約이다. 賃貸契約에서는 설비를 임대하여 주고, 운영, 유지, 유동자산의 교체 책임을 민간에게 지우는 것이다. 임대계약에서는 시설의 건설을 공공기관이 책임을 지나, 운영, 유지 업무, 요금 징수, 소비자와의 관계에 대해서는 민간회사가 책임을 진다. 임대계약도 프랑스와 스페인에서 광범위하게 이루어져 왔는데, 현재는 볼리비아와

---

22) 서비스계약과 관련되어 이론과 실무차원에서 견실하게 기술된 연구로는 다음 책을 참조 바람. Harney, Donald F. (1992). *Service Contracting-A Local Government Guide*, Washington D. C.: ICMA.

기니 등에서 이루어지고 있다.

讓與契約에서 공공기관은 건설 운영의 양여를 하나의 민간업자와 계약한다. 양여자는 상수도시설 건설을 위한 재원조달, 건설, 하청건설의 책임을 지고 자신이 위험을 부담하여 운영을 한다. 양여가 끝나면, 상수도 시설은 완전한 상태에서 공공기관에 반환되어야 한다. 양여계약에는 상수도의 수질, 상수원, 수량 소비자에 대한 의무 제공조건 등이 정해진다. 양여계약 역시 프랑스와 스페인에서 광범위하게 이루어졌는데 최근, 아르헨티나, 칠레에서 이루어지고 있다.

요약하자면, 서비스계약과 경영계약은 특정 활동에 대한 단기적인 운영의 효율을 기하려는데 목표가 있다. 만일 민간사업자가 상업적인 위험을 맡는 경우, 운영의 효율에 더욱 관심을 가질 것이다. 임대계약이나 양여계약은 이러한 면에서 서비스계약이나 경영계약에 비해 장점이 있다. 양여계약은 투자의 책임을 전가하는 것이 장점이 있을 경우와 많은 민간 자본이 요구되는 경우에는 임대계약에 비해 우월성이 있다. 오직 양여계약에서만이 민간부문이 투자를 효율적으로 하려는 동기가 있다. 반면 임대계약에서는 민간이 자신의 운영비용을 낮추기 위하여 공공부문으로 하여금 과다한 투자를 요구할 수 있다.

보라매병원의 경우 「서울특별시립보라매병원위탁운영계약서」를 통해 위탁경영이 이루어지고 있으므로 서비스계약방식과 일반적 경영계약을 절충한 방식을 취하고 있는 것으로 판단된다.

第2節 組織運營形態와 經營成果評價

이와 같이 민간부문의 역량제고와 정부축소의 움직임으로 공공서비스 공급방식의 다원화가 활발하게 진행되면서 지방정부 공공서비스 공급주체로서 지방공기업 또한 다양한 양상을 띠며 발전하게 하는 촉매제가 되었다. 이제 전통적으로 공공부문에서 독점적으로 제공되던 공공서비스가 정부부문과 민간부문에서 함께 제공되거나 민간부문으로 이양되는 과정과 추세에 있으며 지방공기업의 조직형태도 이를 반영하듯 다양성을 띠고 있다.

　지방공기업23)의 형태별 특징은 <표 2-2>에서 보는 바와 같이 直接經營事業인 地方直營企業과 間接經營事業인 地方公社 및 地方公團, 民官共同出資事業 또는 제3섹터 등으로 서비스공급주체의 조직형태가 매우 다양하다 (조임곤・이상수, 1997).

---

23) 지방공기업이란 지방자치단체가 소유하고 직・간접적으로 운영하는 기업으로서 주민복지향상 및 지역산업발전 등을 목적으로 특정지역범위 내에서 서비스를 제공하기 위하여 설치되며 地域性, 收益性, 企業性 등 세 가지 요소를 특징으로 한다. 지방공기업에는 地方公企業法施行令에서 정한 기준에 해당되면 지방공기업법을 의무적으로 적용하여야 하는 當然適用事業(지방공기업법시행령 제2조 ①에 의하면 수도사업, 공업용수도사업, 궤도사업, 자동차운송사업, 가스사업, 지방도로사업, 하수도사업, 청소・위생사업, 주택사업, 의료사업, 매장 및 묘지사업, 주차장사업, 토지개발사업, 시장사업, 관광사업 등 15개 사업이 있으며, 이들 사업은 직원수 또는 사업규모 기준 중 하나에 해당되면 지방공기업법을 적용하여야 한다)과 條例가 정하는 바에 의하여 지방공기업법을 적용할 수 있는 任意適用事業(지방공기업법 제2조 ②에 의하면 도축장사업, 통운사업, 자동차터미널사업, 체육장사업, 문화예술사업, 공원사업과 당연적용 기준에 미달하거나 주민의 복리증진, 지역개발 또는 지역경제활성화에 이바지할 수 있다고 인정되는 사업으로 경상경비의 5할 이상을 경상수입으로 충당할 수 있는 사업이 이에 해당된다)이 있다.

<표 2-2> 지방공기업의 조직형태별 특징

경영 방식	조직형태 (주체)	운영방식	민간 참여	출자 규정	비고
직접 경영	공영개발사 업단(지방자 치단체)	부서단위를 사업단 형식으로 확대 하여 운영	불가	지자체 100%	일반 행정방식을 경 영행정방식으로 바 꾼 형태(기업회계)
간접 경영	지방공단	공공성확보의 필요성과 업무상의 효율성 증대 및 원가개념의 도입을 통한 사업의 효율성 및 행정의 능 률화를 목적으로 지자체가 별도 법 인을 만들어 직접 사업	불가	지자체 100%	일종의 특별법인 형 태로서 일부사항 이 외에는 상법상의 법 인과 동일함
	지방공사	공공성정도에 따라 민간도 할 수 있는 사업을 지자체가 전액 출자하 여 법인형태를 갖추어 공동으로 사 업(예: 강남병원)	불가	지자체 100%	민간이 참여할 수 있는 제3섹터 형태
	지방공사형 제3섹터	제한된 범위 내에서 민간참여를 허 용하여 공공과 민간이 법인형태를 갖추어 공동으로 사업(예: 장흥표 고유통공사)	가능	지자체 50% 이상 민간 49% 미만	지방공사의 법인형 태와 동일함
	私法人型 제3섹터 (주식회사, 재단법인)	민간의 주도적 참여를 허용하여 공 공과 민간이 법인형태를 갖추어 공 동으로 사업. 상법상의 주식회사, 민법에 의한 재단법인 설립	가능	지자체 50% 미만 민간 50% 이상	지방공기업법의 적 용 배제, 민간의 주 도적 참여 가능

  <표 2-2>의 地方公企業의 經營方式은 지방자치단체의 사업운영방식에
따라 크게 直接經營方式과 間接經營方式으로 나누어진다[24].

  直接經營方式은 지방직영기업 형태로 운영되는 것을 말하는 데 시립동
부병원의 경우 지방자치단체 산하 사업소로 운영되어 지방공무원법에 의거
서울시의 직접적인 감독을 받음으로써 지방공기업은 아니나 경영방식은 동
일하다. 지방직영사업소 형태의 공공서비스 제공은 지역주민의 생활에 불
가결한 공공서비스를 채산성에 관계없이 지속적으로 공급할 수 있는 경영
형태로서 주민의 수요에 대응하여 公共性을 구현할 수 있다는 점과, 收益

24) 아래 내용은 조임곤·이상수(1997)의 65-72쪽을 요약 발췌한 것임.

性이 약한 공공사업 수행에 있어 장점을 가지나, 이에 반해 경영 자주성 결여 및 官僚的 경직성으로 인한 경영능률의 저하라는 단점을 가진다. 즉, 지방공무원으로 이루어진 官僚組織에 의하여 운영되기 때문에 政府部處形態의 組織이 갖는 硬直性, 非適時性, 非融通性 등과 같은 否定的 要素를 배제할 수 없다는 점과 아울러 이에 따른 경영악화에 대한 위기의식의 결여로 인해 종국에는 責任이 失踪되어 버리는 결과를 양산하는 단점을 갖는다 (송대희 1990, 17-18).

따라서 경영의 효율성 및 수익성을 감안할 때 지방직영사업소는 조직 및 인력구성, 사업 분야 등의 측면에서 볼 때, 경영사업으로서의 적합성이 결여되어 있다. 이러한 문제점을 극복하기 위해 1990년대 이후 합동경영방식인 제3섹터가 도입되고 있는데, 지방자치제 실시 이후 각 자치단체별로 '地方自治의 經營化'가 중요한 이슈로 등장하면서 民官合同法人 형식의 제3섹타의 성장이 가속화되고 있다.

間接經營方式이란 特別法에 의한 公法人, 즉 公社나 公團의 형태로 운영되거나 재단법인, 사단법인 등 民法人으로서 지방공공사업을 운영해 나가는 경우이거나 또는 주식회사, 유한회사 등 일반 商法人으로서 지방정부가 출자형태로 참여하여 지방공공사업을 운영하게 하는 경우를 말한다25). 본 연구의 대상사례인 지방공사 강남병원이 이에 해당된다.

이러한 간접경영방식의 장점으로는 전문기술과 인력을 확보하고 경영의 자율성을 보장하며 민간자본을 참여케 할 수 있다는 점이다. 費用負擔의 측면에서 지방공사는 자본금과 경영수익으로 운영되며, 비용은 국가 또는 지방자치단체가 부담한다. 다시 말해 地方公企業을 간접경영방식으로 운영함에 있어서 갖는 장점은 무엇보다도 지방공기업 관리자의 자주성이 제고

---

25) 間接經營方式인 地方公社는 지방자치단체가 지역주민의 공공복리를 증진하고 그 행정운영에 협력하기 위해 스스로 출자하여 설립하고 財政的·人的 援助를 제공하면서 그 운영에 기여하는 법인을 말하고, 법인 설치조례를 제정하고 행정자치부장관의 법인 설립인가를 받아 자본금을 출자 또는 출연한다.

되어 경영환경변화에 대한 능동적 대응과 이를 바탕으로 한 책임경영제도의 실시를 할 수 있다는 점이다. 나아가 간접경영방식은 직접경영방식에 비하여 대량의 민간자금을 신속히 도입할 수 있는 長點을 가지고 있다(송대희 1990, 19). 위와 같은 間接經營方式이 갖는 장점은 현재 서울시 각 자치구 차원에서 이루어지고 있는 지방공기업 설립 붐이 이를 반영하고 있는 바, 서울시 각 구청은 현재 열악한 財政自立度 改善을 위해 공공부문에 企業原理를 도입, 경영효율을 높이려는 의도로 지방공사·공단 등 지방공기업을 경쟁적으로 설립하고 있다.

또한 자금, 인력, 기술 등에 관해 공공부문과 민간부문이 협력함으로써 지역발전을 극대화하는 소위 제3섹터방식도 간접경영방식에 포함된다. 제3섹터 방식은 1990년대 이후 본격적으로 추진된 것으로서 地域經營事業의 개념 및 필요성에 가장 부합하는 사업방식이며, 90년대에 들어와 지방의회가 구성되고 지방자치가 시작되면서 본격적으로 관심이 고조되고 있는데, 지역주민의 행정에 대한 욕구는 증대하는데 반해 지자체의 재정적인 여건이 취약한 데서 이를 해소하기 위한 방안으로 제기되었다. 1992년에는 지방공기업법 개정으로 민관공동출자사업의 展開를 위한 제도적 장치가 마련되었으며 민관공동출사업의 法的 根據는 지방공기업법 제53조, 제79조 2항, 지방재정법 제15조에 각각 명시되어 있다.

이와 같이 전반적으로 직접경영방식 위주에서 1980년대 중반으로 접어들면서 간접경영방식이 도입되었으며, 1990년대 이후 제3섹터가 도입되어 직접경영방식의 비중이 줄어드는 추세이나 아직까지 지방공기업에서 직접경영방식이 차지하고 있는 비중은 공기업수를 기준으로 할 때 61% 이상을 차지하고 있다. <표 2-3>은 지방공기업의 경영방식을 조직형태별로 구분하여 현황을 보여주고 있다. 이를 통해 1999년 현재 전체 279개의 지방공기업 중 직접경영사업수는 171개이고, 간접경영사업수는 108개를 보이고 있음을 알 수 있다.

〈표 2-3〉 조직형태별 지방공기업 현황(總279個)

형태별	세부 사업별	단체수	단 체 별
지방직영 기업	상수도	91 (시 78, 군 13)	서울, 부산, 대구, 인천, 광주, 대전, 울산, 수원, 성남, 의정부, 안양, 부천, 광명, 동두천, 안산, 고양, 과천, 구리, 평택, 남양주, 오산, 시흥, 군포, 의왕, 하남, 용인, 파주, 이천, 화성, 광주, 연천, 안성, 포천, 양평군, 춘천, 원주, 강릉, 동해, 태백, 속초, 삼척, 홍천, 정선, 철원군, 청주, 충주, 제천시, 천안, 공주, 옥천군, 보령, 아산, 서산, 논산, 예산군, 전주, 군산, 익산, 정읍, 남원, 김제, 목포, 여수, 순천, 나주, 광양, 포항, 경주, 김천, 안동, 구미, 영주, 영천, 상주, 문경, 창원, 경산, 마산, 진주, 진해, 통영, 사천, 김해, 밀양, 거제, 양산, 창녕군, 제주, 서귀포, 북제주, 남제주군
	하수도	20	부산, 대구, 인천, 광주, 대전, 울산, 의정부, 광명, 부천, 안산, 과천, 성남, 구리, 춘천, 청주, 전주, 나주, 경주, 구미, 제주
	공영 개발	45 (시도 3, 시, 군 42)	인천, 울산, 전남도, 수원, 성남, 의정부, 부천, 안산, 고양, 구리, 평택, 남양주, 오산, 시흥, 의왕, 하남, 안성, 김포, 춘천, 원주, 강릉, 속초, 청주, 충주, 제천, 음성군, 천안, 보령, 아산, 연기군, 계룡출장소, 전주, 군산, 익산, 목포, 여수, 순천, 광양, 창원, 마산, 진주, 김해, 밀양, 양산, 제주시
	지역개발 기금	15	부산, 대구, 인천, 광주, 대전, 울산, 경기, 강원, 충북, 충남, 전북, 전남, 경북, 경남, 제주
	계	總171個	(1)直接經營事業(1999. 4. 1. 現在)

형태별	세부 사업별	단체수	단 체 별
지 방 공 사	소계	63	
	의료원	35	서울, 부산, 대구, 인천, 수원, 의정부, 금촌, 포천, 이천, 안성, 춘천, 원주, 강릉, 속초, 삼척, 영월, 청주, 충주, 천안, 공주, 서산, 홍성, 군산, 남원, 목포, 순천, 강진, 포항, 김천, 안동, 울진, 마산, 진주, 제주, 서귀포
	도시 개발	11	서울, 부산, 대구, 광주, 대전, 경기, 강원, 전북, 경북, 경남, 제주
	지하철	4	서울(2), 대구, 인천
	기타	5	농수산물도매시장관리공사(서울), 금강도선공사(군산), 송파개발공사(서울),구리농수산물도매시장(구리시, 서울시), 마포개발공사(서울)
	지자체 50% 이상 출자	8	장흥표고유통공사, 지방공사인천터미널, 김제개발공사, 안성축산진흥공사, 경강종합관광개발공사(춘천), 청도지역개발공사, 철원농특산물유통공사, 구미경북원예수출공사
지 방 공 단		15	시설관리공단(서울, 부산, 대구, 광주, 의정부, 안양, 성남시, 강북구, 종로구, 강서구, 도봉구, 영등포구)주차관리공단(인천, 춘천, 울산)
민 관 공 동 출 자 법 인	지자체25~ 50% 미만 출자	22	(주)경남무역 (주)무학산청샘물 (주)제주교역 (주)대구종합무역센터 (주)안산도시개발 (주)대구종합정보센터 (주)전북종합무역 (주)전남무역 (주)부산전시·컨벤션센터 (주)중부농축수산물류센타 (주)광주에너지 (주)부산관광개발 (주)안면도관광개발 (주)목포농수산 (주)광주광역정보센타 (주)제주컨벤션센타 (주)공주장례식장 (주)파주혼합사료 (주)대전농산물물류센타 (주)경북농산물물류센터 (주)인천도시관광 (주)구례지리산샘물
	지자체 25% 미만 출자	8	(주) 경북통상, 부산정보단지개발(주), (주)경축, 울산일산유원지개발(주), (주)테즈락, 진로지리산샘물, (주)부산종합화물터미널(주), (주)대구복합화물터미널
	계	總108個	(2)間接經營事業(1999. 4. 1. 現在)

주: 설립추진 중(6): 도봉, 영등포시설관리공단, (주)대전농산물물류센터, (주)광주에너지, (주)공주장례식장, (주)파주혼합사료

한편, 이러한 상황은 지방공공의료기관도 예외가 아니다. 지방공기업의 비효율로 인한 자치단체의 재정손실을 막고 서비스공급의 효율성을 증대시키기 위해 지방공사의료원 중 민간위탁방식으로 운영형태를 이미 전환했거나 전환시키고자 하는 비율이 높아지고 있고, 지역경영수익 확대를 위해 民官共同出資 사업의 비중이 점차적으로 확대되고 있는 상황이다.

이를 좀 더 詳說하면, 공공의료기관은 민간의료기관과는 달리 지방정부의 보건의료정책의 執行手段的 役割을 수행해야 한다. 즉, 민간의료기관과 상호보완적이면서도 차별화된 서비스영역 설정이 필요한 것이다. 예컨대, 민간이 기피하고 있는 의료서비스 분야의 역할수행과 서비스의 외부효과가 큰 분야에 대한 기능강화가 요구된다. 가령 의료취약계층에 대한 의료서비스의 접근성 제고를 실현시키는 데 일차적 목표를 두어야 하는 것이다.

그러나 이와 같은 역할과 목표수행을 하는 데에는 막대한 재원이 소요되고 이는 재정위기에 당면한 지방정부의 지출부담을 더욱 가중시키게 되었다. 이에 따라 저렴한 가격으로 양질의 의료서비스를 제공해야 하는 시민들의 요구와 기대에 부응하기 위해 지방자치단체가 운영하는 시·도립병원에 기업적 성격이 가미된 지방공사의료원으로 조직형태를 전환하였으나, 이들 병원의 경영부실이 여전히 계속되자 소유주체인 지방정부는 재정부담의 압력을 털어 내고 경영효율성 제고라는 두 마리 토끼를 다 잡기 위한 방법으로 지방공사의료원의 민간위탁 또는 민영화가 도입되거나 모색 중에 있는 것이다. 시립보라매병원 또한 과거 시직영 사업소형태의 시립영등포병원의 경영부실을 극복하고자 서울대병원에 위탁경영을 맡기게 된 것이다. 서울시 산하 의료기관 중에서 종합진료기능을 수행하고 있는 강남병원, 보라매병원, 동부병원이 각각 지방공사와 위탁경영, 직영사업소와 같이 서로 다른 조직운영형태를 보이고 있는 이유도 여기에 있다.

하지만 효율적으로 의료서비스를 공급하기 위해 기존의 직접경영형태의 시·도립병원을 간접경영형태로 전환시키는 과정에서 조직형태 간의 상대적 우월성을 정밀하게 분석하지 않은 채 진행되고 있다. 민영화와 관련된 기존이론들 또한 단순히 공공조직과 민간조직의 경영성과를 비교・분석함으로써 민간조직의 상대적 우월성을 주장해 왔다. 나아가 이러한 논지는 공기업 민영화의 논리적 기반이 되어 왔으며 공공의료기관의 운영형태 결정과 설립에도 그대로 반영되어 당연한 것으로 인식되고 있다. 그러나 기존의 운영체제나 새로이 전환된 운영체제의 성과를 평가하지 않은 채 기존 체제와 서비스공급방식을 지속시키는 과정에서 비효율성은 여전히 계속되고 있는 실정이다.

민간조직의 우월성을 강조하는 논의들은 주로 公私組織 간의 所有構造와 市場構造의 차이에서 원인을 찾고 있다. 소유구조의 차이는 이윤동기의 차이와 공공선택론의 本人－代理人(principal-agent)關係理論으로 설명되어지고 있고, 시장구조의 차이는 경쟁여부가 조직의 경영성과에 영향을 미치는 중요요소라고 설명되어진다(한인섭, 1999: 2-3). 따라서 시장구조의 차이를 지지하는 입장에 있는 사람들은 조직의 경영성과가 소유권보다 시장구조의 경쟁여부에 의해 좌우된다고 본다. 그러나 공공서비스 공급방식의 다양화가 확산되면서 公私組織 간의 성과차이의 원인을 소유권과 시장구조 이외에 조직의 지위변화와 관리의 質的 差異, 즉 경영합리화 정도로 설명하기도 한다.

본 연구는 이와 같은 공기업 민영화 이론의 論據를 염두에 두고 동일한 소유구조하에서 서비스 공급방식과 조직운영형태를 달리하는 서울시 산하 3개 병원조직의 경영성과를 비교분석하여 어떤 공급유형이 가장 높은 성과를 보이고 있는지 비교 평가하고, 성과차이를 발생시킨 원인이 무엇인지 도출하기 위해 성과평가를 실시한다.

第3節 顧客滿足度에 의한 成果評價

1. 서비스 질 중심의 성과평가 중시경향

공공관리개혁의 주요 지향점은 능률성과 효과성 향상의 방법을 찾는 것이다. 1990년대 들어 신관리주의(New Public Management)로 대변되는 운동의 핵심은 '우수한' 조직과 '효과적' 서비스시스템을 찾는 것이었다. 성과평가는 '公共管理의 핵심구성요소이자 공공부문 성과의 발전을 위한 기회의 증명(identification of opportunities)'이라고 보고 모든 정부수준에서 성과평가의 이용을 증가시킬 것을 요구받고 있다(Wholey and Hatry, 1992: 604-610).

즉, 서비스의 최종소비자들에게 공공서비스의 평가의 지위를 부여함으로써 서비스공급자 측면에서는 서비스의 질에 대한 보장에 초점을 맞추게 하고, 동시에 서비스수혜자의 수요와 욕구가 서비스평가의 핵심기준이 되게 하는 개혁을 의미한다(Bovaird, 1997). 이는 앞서 부분적으로 논한 것과 같이 성과평가에 있어 경제적 능률성에 대한 평가와 더불어 서비스에 대한 주민의 선호나 요구를 어느 정도 충족시켰느냐 하는 주관적 평가를 강조하고 있다는 점이다(Stipak, 1979, 1983; Fitzerald & Robert, 1980; Brudney & England, 1982; Brown & Coulter, 1983; Rosentraub, Mark & Lyke, 1981).

요컨대 1990년대 접어들면서 서비스 질과 사업 결과의 정기적인 진단(monitoring)과 평가가 강조되면서 서비스수혜자인 시민들의 만족도가 중요한 평가의 잣대가 되고 있는 것이다. 이에 따라 주요 공공사업의 성과진단(performance monitoring)과 진단결과, 사업 소요비용과 작업의 완공정도에 관한 정보뿐만 아니라 서비스전달의 질과 사업결과를 담은 성과평가정보에 관한 정기적 보고가 선출직공무원과 시민들에게 이루어져 관리자의 사업집행에 도움을 주고 선출직공무원과 시민에게 책임을 지는 하나의 중요한 수단(important step)적 역할을 해야 한다(Wholey and Hatry, 1992: 604-610).

여기서 서비스의 질에 대한 측정은 서비스수혜자인 시민들이 느끼는 주관적 측정치를 통해 파악하는 것이 흔히 사용된다. '공공서비스의 생산성은 지역사회와 고객의 수요, 욕구, 자원에 대한 대응성의 정도를 의미한다'는 정의(Epstein, 1992: 163)에서 보듯이 정부생산성은 능률성 못지않게 고객 혹은 일반 국민의 수요에 부응하는 정도라는 관점이 있다. 이러한 정의는 정부생산성 중에서 특히 공공서비스의 생산성을 측정하기 위한 지표의 개발에 유용하다. 산출물의 종류와 질이 다양하고 계량화나 시장가치 환산이 어려운 공공재와 공공서비스의 경우 능률성이나 효과성중심의 성과평가는 현상의 일부만을 설명해줄 뿐이기 때문에 정부생산성의 측정 혹은 평가는 공공서비스의 양뿐만 아니라 질, 그리고 효과성을 감안하여 이루어져야 하는 것이다(진재구, 1997: 2-3)26). 이와 같은 공공부문의 특성을 감안할 때 지방정부 성과측정을 위한 지표의 개발과 적용은 양적인 측면뿐만 아니라 질적인 측면에 대한 고려가 필요하고, 투입과 산출에 대한 균형적 고려가 이루어져야 한다.

이러한 성과평가의 변화는 성과측정의 범위를 지속적으로 확대시켜 왔다. 초기에는 재정적 책임성 확보를 위해 회계와 재정부문에 대한 보고서 작성이 실시되었다. 이 당시의 평가는 주로 사업의 산출물 또는 결과에 대한 측정과

---

26) 정부생산성의 측정에 있어서 계량화 및 시장가치 환산의 어려움에도 불구하고 투입보다는 산출 또는 성과에 더 큰 관심을 갖게 되는 이유는 공공부문의 경우 공공재(public goods)와 공공서비스(public services)를 같은 양과 질의 산출을 유지하면서 예산과 인력 등과 같은 투입을 줄이도록 하는 誘引이 적기 때문이다. 즉 민간부문과는 달리 예산과 인력의 절감과 같은 투입의 감축을 통해서 수익성 개선을 추구해야 할 필요가 적을 뿐만 아니라 투입의 감축이 재화와 서비스의 질 저하로 나타날 가능성이 비교적 높기 때문이다(진재구, 1997: 2-3).

평가가 이루어지다가, 1980년대 이후 서비스 전달에 있어 질의 중시 경향으로 나타났다. 이때부터 서비스 질을 중시하면서 서비스 수혜자 또는 이용자가 직접 평가하는 참여자 관련 측정(participant-related measures)이 이루어지기 시작하였으며, 핵심 성과지표(key performance indicators)를 제시하여 여러 지방정부에서 제공하고 있는 다양한 서비스 분야에 걸쳐 성과측정 지표 개발을 통해 성과결과를 체계적으로 측정하여 비교 평가하고자 하는 시도가 두드러지고 있다. 이는 곧 기존의 분산되고 단편적인 평가지표를 수렴하여 종합적이고 체계적인 성과평가의 방향으로 나아감을 의미한다. 이러한 평가의 변화는 1980년대 후반부터 고객만족도가 중시되면서 고객만족(Client satisfaction) 혹은 시민만족을 측정하고자 하는 활발한 시도가 진행되면서 나타난 현상이다.

2. 지방공공서비스 만족도평가의 대상

여기서 고객만족도 평가의 대상은 어떻게 한정짓는 것이 좋은가하는 문제가 대두된다. 대체로 특정 공공서비스에 대한 고객(주민)만족도 조사는 중앙정부 차원보다는 지방정부차원에서 이루어지는 것이 일반적이며 또한 바람직하다. 왜냐하면 중앙정부의 경우 정책결정은 다분히 價値配分的인 측면이 강하기 때문에 일반주민의 평가를 직접적으로 수용하기에는 무리가 따른다. 이는 정책의 성공을 가져오는 두 가지 측면의 요인인 정책의 효과성(program effectiveness)과 정책집행의 효과성(program implementation effectiveness)을 두고 볼 때에도 지방정부공공서비스의 주민만족도 평가의 대상은 정책집행의 효과성과 관련이 있기 때문이다. 따라서 집행에 초점을 맞추어서 볼 때, 집행의 효과성을 결정하는 요인은 산출의 양뿐만 아니라 산출의 질까지 포함되어져야 하는 것이다.

지방정부의 경영환경은 끊임없이 변화하고, 이에 따라 지방정부의 역할과 제공서비스에 있어서도 적절한 대응과 변화가 요구되고 있다. 결국 주민이 원하지 않는 서비스의 量産은 큰 의미가 없다. 마찬가지로 주민이 아무리 원하는 서비스라 하더라도, 비효율적인 생산과정 끝에 제공되는 서비스라면 실망스러운 것이 될 수밖에 없다. 따라서 주민이 원하는 서비스를 효율적으로 생산하는 것이 요구되는 것이다.

특히 지방자치단체에 대한 성과측정은 행정역량과 운영의 효율성을 점검함은 물론 지방행정서비스와 공공사업의 추진정도와 성과실적을 평가함으로써 행정의 책임성·대응성을 높이는 데 필수적인 장치라 할 수 있다. 중앙정부 수준에서 정부 전반에 걸친 생산성 측정 작업이 이루어진다면, 지방자치단체별로는 다양한 지방행정서비스 분야에 걸쳐 서비스의 성과와 실적에 대한 평가가 진행되고 있다.

우리나라에서 만족도를 평가하는 작업은 중앙과 지방정부에 걸쳐 활기를 띠어가고 있는 상황이다. 이들은 모두 생산성 측정을 위해 성과평가나 성과지표의 개발을 통해 투입에 대한 산출의 비율뿐만 아니라 산출물의 질이나 효과성을 측정·평가하고 있다.

우선 중앙정부의 37개 중앙행정기관의 민원행정을 대상으로 민원인들의 만족도를 조사하여 그 결과를 제시한 연구는 한국행정연구원(박중훈, 1996)에 의해 이루어졌다. 이 조사에서 각 기관의 민원행정서비스에 대한 만족도는 종합만족도와 이를 구성하는 접근용이성, 편리성, 신속·정확성, 쾌적성, 대응성, 형평성, 그리고 환류성 등 7개 분야의 차원별 만족도로 구성되어 있다.

한편, 지방자치단체인 서울시에서도 1999년 민원행정서비스, 청소·쓰레기 수거, 보건의료, 상수도, 지하철, 버스 등 6개 민원행정 분야에 대하여 연 2회 정기적으로 시민만족도 조사를 실시하여 조사결과를 기관장 등의 실적평가 및 인사관리의 기초와 보조금 또는 지원금 배정의 기초 자료로 사용하고 있다. 기타 한국생산성본부와 한국능률협회컨설팅 등의 민간조사기관에 의한 만족도 실시도 이루어지고 있는 실정이다.

그러나 대부분 아직까지 고객만족도 조사와 관련된 평가모형 개발과 탐

색적인 조사(exploratory survey)에 그치고 있는 실정일 뿐만 아니라 성과 측정과 연계한 종합적 성과평가로 연결시키고 있지는 못한 실정이다.

第4節 公共서비스 成果評價에 대한 先行硏究 檢討

1. 지방공공서비스 성과평가에 대한 선행연구

지방공공서비스의 성과평가에 대한 논의는 크게 나누어 客觀的 評價 (objective evaluation)와 主觀的 評價(subjective evaluation)로 대별해 볼 수 있다.

<표 2-4> 지방공공서비스의 주관적 측정과 객관적 측정의 비교

	주관적 평가	객관적 평가
평가초점(Focus)	서비스수혜자: 주민(소비자)	서비스공급자: 지방정부 (공급자)
평가차원 (Service Function)	정치적	경제적
평가기준 (Urban Service Goals)	대응성(Responsiveness) 형평성(Equity) "최소투입 최대수혜"	능률성(Efficiency) 효과성(Effectiveness) "최소비용 최대산출"
평가정향 (Policy Perspective)	영향지향적 (Impact- Oriented)	산출지향적 (Output- Oriented)
평가중점	의견	비용
평가목표	서비스의 질	서비스의 양
평가방식 방법	해석 및 판단 시민평가, 시민만족도조사	계량화 조직진단, 자체평가 등등
이용지표	연성적 지표	경성적 지표
장점	서비스제공의 배분적 성과를 측정	용이한 계량화
	성과평가에 외부적 시각을 제공	보다 접근 가능한 데이터
	대안적인 시민참여방식	보편적으로 용인된 평가기준
	민주주의 규범에의 일치	보다 쉬운 해석
단점	산출된 서비스와의 관련 미약	자료처리상의 왜곡가능성
	보다 일반적인 수준의 평가로 인해 정책결정에 직접적 도움 미약	시간경과에 따른 측정지표 정의변경의 문제
	인지 및 평가기준상의 문제	계량화 및 이용 가능성에 토대를 둔 자료수집
	시민태도의 결정요인들이 불명확	서비스 공급자의 관심과 목표에 치중

자료: Brudney & England(1982: 132), Brown & Coulter(1983: 50), 오석홍편
(1993: 626) 종합 재정리.

　지방정부 공공서비스 성과평가에 관한 기존의 연구는 주로 단편적 시각에서 공급자 측면의 객관적·경제적·양적인 측면에서의 능률성과 효과성을 기준으로 한 평가와, 수혜자측면에서의 주관적·정치적·질적인 면에서의 대응성과 형평성·주민만족도를 기준으로 평가하는 두 가지 범주로 나누어졌다. 그러나 지방정부 공공서비스의 성과평가는 수혜자와 공급자의 양쪽시각이 고루 반영되어야 하며, 그러기 위해서는 주관적·객관적 평가방법을 모두 활용하는 것이 바람직하다. 특히 주민들에 의한 주관적 평가는 그 결함에도 불구하고 지방정부 공공서비스의 정책결정에 있어 외부자 시각을 투입할 수 있는 유일한 통로이다(김시영·김규덕, 1996).

　객관적 성과평가는 공공서비스를 제공하는 공공기관의 공식적인 자료를 통해서 나타나는 서비스의 산출에 관련된 자료(Brown & Coulter, 1983: 50)로서 계량화된 수치로서 평가가 가능한 능률성 중심의 평가라 할 수 있다. 이에 반해 주관적 성과평가는 이전의 객관적 성과측정에서 단순한 비용편익평가 등의 경제적 분석에만 의존함으로써 나타나는 한계를 극복하기 위해 활용되기 시작한 것으로, 지방정부의 공공서비스에 대한 주민의 평가와 같은 것이며, 주민의 행정수요에의 충족정도를 통계적 수치로 나타낸 것이라고 할 수 있다.

　주관적 성과 측정방법으로는 평가연구(evaluation research), 사회적 영향분석, 삶의 질 보고(QOL accounts)와 같은 이름의 광범위한 사회평가(social assesment)를 들 수 있으며, 그 가운데 survey research가 가장 대표적이다. 1970년대 초부터 절반 이상의 미국 지방자치단체들은 이러한 유형의 측정을 이용하고 있을 만큼 주관적 측정도구에 의한 성과측정은 보편화되었으며, 최근에는 고객만족경영이나 고객지향적 개혁의 방법으로 활용되어지기도 한다. 주관적 척도에 대해 관심을 갖는 이유는 첫째, 서비스의 객관적 특성에 대한 주민의 반응을 개관해 줄 수 있으며, 둘째, 주관적 측정도구는 서비스공급기관에 불리하게 작용할 수도 있는 주민의 태도를 미리 알아 볼 수 있으며, 셋째, 객관적 지표들의 규범적 중요성을 평가하기 위하여 본질상 중요한 주관적 측정도구와 비교해 볼 필요가 있다. 즉, 주관적 측정치는 객관적 측정도구가 측정해 줄 수 없는 대응성과 형평성의 측정에도 도움이 된다는 것이다.

주관적 측정의 유용성은 서비스의 효과에 관한 직접적 환류가 가능하고, 인지에 관한 자료가 아니라 실제적 자료(예를 들면 공원시설, 공공교통의 사용 가구수)를 얻을 수 있으며, 특정서비스에 대한 선호의 이유를 규명해 주고 새로운 서비스 수요를 예측케 하며, 광범위한 주민여론을 파악케 하며, 프로그램이나 서비스에 대한 주민의 인지정도를 알려주고, 지방자치단체에 대한 주민의 참여수단을 확대해 준다는 것이다. 주관적 측정도구의 가치는 그것이 공공서비스 성과의 또 다른 한 가지 중요한 차원을 나타내어 준다는 점에서 중요성이 높다고 할 수 있다. 이러한 측정을 통하여 주민욕구의 유형, 강도 등 공공서비스 생산·공급을 위한 의사결정에 관한 유용한 정보나 지식을 얻게 되며 이러한 정보에 기초한 의사결정의 질은 높아지게 될 것이며, 그만큼 서비스의 양과 질이 주민의 욕구 및 기대수준에의 적합성이 높아지게 될 것이다. 그러나 주관적 성과측정은 주민들이 정보를 갖지 못한 문제에 대해서도 조사가 이루어질 수 있다는 점과, 주민들이 장기적 문제가 아니라 단기적 고려에 의한 응답을 할 수도 있고, 표본선정의 문제로 조사대상의 대표성이 문제가 될 수 있는 한계를 갖고 있다.

서비스 성과는 서비스기관의 활동결과를 나타내는 것이며 다양한 측정치를 사용할 수 있는데 서비스수혜자인 주민의 입장에서 본다면 서비스기관에 의해 주민들에게 제공된 서비스의 결과와 관련된 것이므로 주민의 서비스 만족도나 지각된 서비스 수준이 유용한 측정치로 사용될 수 있다는 점에 주관적 평가의 중요성이 있다.

그런데 지금까지의 논의는 주로 능률성과 효과성을 중심 평가기준으로 하여 경제적 측면의 기계적 능률성을 측정하는 의미가 강한 객관적 평가가 주종을 이루어왔으며 그 동안 국내외에서 발표된 이 분야의 논문들 또한 크게 이 범주를 벗어나지 않는다. 구체적으로, 평가기준으로서 일반화된 능률성과 효과성, 대응성과 형평성에 대한 서비스공급 및 배분과정상의 결정요인(김인, 1986·1991; 이승종, 1990·1993; Coulter, 1981), 영향요인 및 서비스전달체제 평가모형정립(김일태, 1992; Myrtle & Wilber, 1994; Lichfield, 1996), 그리고 성과측정 및 성과측정모형정립(이영균, 1994; 박재완, 1997; Epstein, 1992; Green, 1991)이나 성과평가의 개선 및 성과향상방안(김인·허용훈, 1995; Busson, 1983; Busson & Coulter, 1987; Daily, 1983; Hatry, 1992; Gore, 1993·1997)에 대한 기존 연구는 비교적 활발하게 이루어졌다.

또한 서비스계약(contracting) 등 민간부문의 경영기법의 장점을 공공서비스공급에 도입하는 방안(Harney, 1992; Prager, 1994)이나 공공서비스관리(Pollitt, 1990; Pollitt & Harrison, 1992) 또는 서비스 질(service quality) 개선(오창택, 1998; Poister & Henry, 1994; Kandampully, 1998; Rowley, 1998; Wisniewski & Donnelly, 1996; Wright, 1997) 등에 대한 논의도 많은 학자들에 의해 주장되어 왔으나, 제시된 평가척도가 서비스공급주체의 조직운영형태별로 어떻게 다른 특성과 효과를 보이는가에 대한 논문은 찾아보기가 쉽지 않은 실정이다.

이상에서 살펴본 바와 같이 대체로 이 분야의 기존논문의 형태는 성과측정지표가 서비스공급과 배분과정상에 어떠한 영향을 미치며 결정요인으로 작용하는가 내지는 성과측정지표 및 그 결정요인이 무엇인가에 대한 논의만 있었지 서비스공급주체의 조직형태별 특성차이에 대한 논의는 간과되었던 것이다. 다시 말해 서비스수혜자인 일반시민들의 편익의 크기(주관적 평가에 기초한 서비스만족도의 정도차이)가 공급주체에 따라 어떤 차이를 가져오는지 구체적이고 실증적인 논의는 이루어지지 않았다. 이에 따라, 성과측정에 있어서도 서비스공급자의 특성(조직형태)은 무시되거나 간과된 채 일괄적으로 평가기준이 적용되어 서비스전달성과의 생산성측정이 이루어지거나 서비스공급과 배분과정에서의 효과와 결정요인이 제시되는 限界를 路程하고 있는 것이다.

그러나 1990년대 이후 특기할만한 점은 고객지향적 행정 지향으로 인해

68

서비스수혜자인 시민들의 만족도 평가가 중요시되면서 공공서비스의 주관적 평가가 중요하게 대두되고 있다는 점이다. 공공서비스 성과에 대한 평가에 있어 수혜자 측면의 평가를 중시하는 논의들이 서구에서 1980년대 이후 시작된 이후 국내에서도 1990년대 들어 일부 논의(김인외, 1991; 김영기, 1992; 이승종, 1993; 이주호, 1994; 권경득, 1997; 김재홍・조경호, 1995; 조은경, 1998; 진재구, 1997; Stipak, 1979, 1983; Fitzerald & Robert, 1980; Brudney & England, 1982; Brown & Coulter, 1983; Rosentraub, Mark & Lyke, 1981)가 진행되었다. 이는 기존의 능률성, 효과성 중심의 객관적 성과측정 중심으로 평가가 이루어지던 데 반해 행정이념의 변천과 시대상을 반영한 서비스수혜자중심의 평가로서 바람직한 방향으로의 흐름이라고 보여진다.

하지만 이들 연구 또한 주어진 평가기준을 토대로 서비스공급자 특성을 무시한 채 일괄적으로 평가기준을 적용하여 연구결과를 도출하고 있어 제대로 된 성과평가라고는 볼 수 없다.

이를 종합하면 대체로 '공공서비스의 客觀的인 結果를 能率性과 效果性을 중심으로 측정'하고자 하는 것과, '공공서비스 質에 대한 住民滿足의 의미로써 지역사회의 요구에 얼마나 對應性과 衡平性을 포함하고 있는지 측정'하고자 하는 廣義的 意味로 해석하는 것으로 大別할 수 있다. 즉, 前者는 '공공서비스 供給者 立場의 客觀的 評價'이고, 後者는 '서비스需要者 立場의 主觀的 成果評價'를 의미한다고 하겠다. 본 연구자의 입장 또한 성과평가를 廣義的으로 해석하고자 하며, 효과적인 성과평가 방법으로써 주관적・객관적 평가방법을 동시에 사용하고자 한다.

2. 지방공공서비스 조직운영형태별 성과의 비교 평가

1980년대 이후 특이한 현상은 여러 지방정부에서 제공하고 있는 다양한 서비스 분야에 걸쳐 성과측정 지표개발을 통해 체계적으로 측정하여 비교 평가하고자 하는 시도가 두드러지고 있다는 점이다. 일반적으로 성과비교를 위한 방법으로 ① 시간의 변화에 따라 비교하는 방법, ② 정부목표 등과 같은 기준(standards)에 따라서 비교하는 방법, ③ 동일한 서비스를 제공하는 조직 간의 서비스를 비교하는 방법(intra-service), ④ 민간영역의 성과와 비교하는 방법, ⑤ 유사기관의 성과와 비교하는 방법 등이 있다(Thomas Clarke, 1994: 408)[27].

예컨대 Ammons는 미국 지방정부의 주요업무를 24개 분야에 걸쳐 분류하고, 각 분야마다 성과측정지표를 소개하고 있으며(Ammons, 1996), Kopczynski and Lombardo(1999)는 경찰, 소방, 민원행정(neighborhood services), 지원서비스(support services)의 4개 분야에 걸쳐 지방정부들 간 성과를 비교측정하기 위해 지방정부들 간의 연합(consortium)을 통한 성과측정 노력의 유용성을 주장하고 있다. 한편 지방정부에서 제공하고 있는 도서관과 레져서비스에 대한 비교 평가를 연구한 것도 있다(Ammons, 1995).

우리나라 역시 지방자치단체를 중심으로 성과측정은 경영진단, 경영평가, 구정진단(서울시정개발연구원, 1995), 성과평가 등의 다양한 명칭으로 활발하게 진행되고 있으나 대부분의 연구들이 모두 단편적이고 개별 자치단체별로 제각기 다른 측정지표를 이용해 결과를 도출해 내고 있거나 획일적인 평가지표 선정으로 성과측정의 객관성을 담보해 내지 못하고 있다. 따라서 시민들이 전체 지방자치단체에 걸쳐 비교·평가해 볼 수 있는 판단자료로서의 기능을 갖지 못하고 있다. 또 명확한 개념규정 없이 각기 다른 명칭으로 편리와 목적에 따라 자의적으로 이루어진 관계로 내용에 있어서도 큰 차이를 찾아볼 수 없다.

특히 주민들의 서비스요구에 부응하기 위해 비대화되고 독점화된 정부활동이 공공재원의 비능률적 사용이라는 비판에 직면하면서 이러한 문제를

---

27) 본 연구에서는 위의 비교방법 중 ③의 동일서비스 공급조직 간의 서비스비교를 중심으로 여타의 비교방법을 부분적으로 병행하여 성과비교를 하는 방법을 취하였다.

타개하기 위해 민간위탁(contracting-out) 또는 민영화(privatization)와 같은 공공서비스 공급유형의 다양화를 추구하게 되었는데 이들 민간서비스공급주체와 공공부문 서비스공급주체 간의 성과를 비교 평가하는 논의가 일부 있어 흥미롭다.

지금까지 민영화 논의의 지배적인 결과는 '공공서비스를 정부가 관료제를 통해 직접 공급하는 것보다 계약에 의해 민간부문에 위탁하는 것이 비용이라는 측면에서 보다 능률적'이라는 것으로 私企業이 公企業에 비해 보다 효율적이라는 전제하에 공기업의 비효율성을 극복하기 위한 정책대안의 하나로서 민영화 추진이 힘을 얻었다. 기존의 연구결과도 이 같은 사실에 힘을 보태주고 있다. 이를테면 Savas(1987: 112)에 의하면 미국, 캐나다, 일본 등지에서 행해졌던 9개 연구결과들을 토대로 시직영의 경우에 비해 민영화(위탁계약)에 의한 방법이 상당한 정도의 비용을 적게 들이면서도 서비스를 동일하거나 더 우월하게 제공한다고 지적하고 있고, 영국 런던 Wandsworth區의 민영화와 공개경쟁입찰에 의해 평균 28%의 비용절감 효과를 거두었다는 연구결과가 보여주고 있다(Asher, 1987: 239). 한편 손희준(1992)은 쓰레기수거서비스의 민영화 형태로의 전환이 市直營이나 공기업 등의 公共供給類型보다 능률적이며 효과적임을 보이고 있다.

그러나 민영화에 대한 反論도 제기된다. 공기업의 민영화 이후의 효과를 분석한 국내외의 경험적 연구결과를 통해 반증된다. 은행산업을 대상으로 공기업민영화 정책의 효과를 분석한 최종원(1994)의 경우, 민영화이후 전반적으로 경영이 오히려 악화된 것으로 나타났으나, 이 경우는 부실기업정리에 따른 은행의 금융지원이라는 경영외적 요인 때문에 발생한 것으로 분석하고 있다. 또한 Foreman-Peck(1985)은 통신산업에 있어 所有構造에 따라 경영성과(전화보급률 및 통신망 이용건수)에 차이가 나는 것으로 보고하고 있다.

한편 박경효(1992)는 쓰레기수거에 관한 시직영 지역과 대행지역 간의 성과비교를 하면서 민영화 및 민간위탁이 반드시 긍정적 효과만을 가져오는 것이 아니라 경우에 따라서는 부정적 측면을 가져올 수도 있다는 점을 간과하지 말아야 할 것임을 강조하고 있다. 이를테면 계약을 통한 서비스 공급이 민간기업의 이윤추구성향과 계약체결을 위한 비용 등으로 인해 오히려 서비스공급가격이 증대되고 높은 비용을 부담하기 힘든 저소득층의 주민들은 서비스 수혜대상에서 배제되기 쉽다고 경고하고 있다. 또한 계약을 통한 비용의 절감이 경영의 합리화보다는 서비스의 질이나 양의 축소에 기인할 것이라는 우려와 계약과정상의 부패 및 정부의 책임성 확보의 어려움 등을 지적하고 있다.

Poister와 Henry(1994)는 공공서비스와 민간부문의 서비스 질을 비교 평가한 결과 응답시민들은 公私서비스의 만족도평가에 있어서 체계적 차이를 발견할 수 없었다는 흥미로운 결과를 보여주고 있다[28]. 이 연구는 민간부문에 의해 제공된 서비스보다도 공공서비스가 본질적으로 열등(inherently inferior)하고, 정부는 부패와 낭비가 심하여 비효율이 만연해 있다고 보는 기존의 공공서비스공급에 대한 부정적인 시각과 태도가 잘못됐음을 입증해 보이고 있다. 즉 공공부문에 대한 기존의 일반통념(conventional wisdom)이 잘못됐음을 증명해 보이고 있는 것이다. 그러나 공사서비스에 대한 시민들의 인식비교에 있어 동일서비스에 대한 비교가 아니었고, 특정 서비스에 대한 시민들의 만족도를 단순히 산술평균하여 결과를 도출한 점이나, 계량적인 수치를 토대로 객관적인 경영성과를 비교분석하지 않고 단순히 서비스 질에 대한 만족도만을 측정하였다는 점에서 균형 있는 성과측정과는 거리가 있기에 이 점에서 연구의 한계를 극복했다고는 볼 수 없다. 하지만 공공부문과 민간부문이 제공하고 있는 서비스만족도가 有意한 차이를 보이지 않고 있다는 것을 증명해 보인 점은 서비스 공급주체의 향후 방향을 결정하는데 있어 시사하는 바가 크다.

---

28) 이 연구는 1992년 Georgia주 주민들을 대상으로 선거인명부를 토대로 단순무작위표본추출을 통해 805명의 응답자들을 대상으로 전화설문조사를 실시한 결과 나왔다(응답률은 66%). 서비스 질에 대한 응답은 5점 척도를 사용하였다.

이와 같은 연구는 단편적인 성과측정에 그치지 않고 내부비교와 외부비교를 통해 각 지방정부 또는 서비스공급주체가 처한 실상을 파악하여 좀 더 나은 성과를 성취하기 위한 노력의 일환이라 보아야할 것이다. 앞서 지적한 바와 같이 내부비교는 연도별 비교와 한 조직 내의 부서 간 비교가 있으며, 외부비교는 타 조직이나 타 지역과 비교, 조직형태를 달리하는 민간부문과 공공부문 간의 비교, 혹은 전문가집단이 세워 높은 이상적인 목표치와 비교를 하는 것이다. 대부분의 지방정부에서 연도별 비교와 같은 내부비교의 결과는 보고하지만 타 지역의 성과측정치나 전문가집단이 세워 놓은 이상적인 목표치와의 비교와 같은 외부비교는 거의 이루어지지 않고 있다. 그 이유는 현상유지에 만족하는 공무원들이 타 조직과의 비교를 꺼려하고, 또한 평균 이하의 성과를 보이고 있는 조직에서는 그들의 실적이 비교를 통해 드러나기를 원하지 않기 때문이기도 하며, 마지막으로 기술적인 문제로 외부비교에 필요한 적절한 통계치를 찾기가 쉽지 않기 때문이다.

따라서 조직외부의 비교 평가와 지방정부 간 비교 평가를 통해 행정책임성의 제고와 기획 및 예산기능의 제고, 조직운영 개선, 프로그램 평가, 자원 재배분, 업무의 운영감독 및 계약이행감시에 효과적으로 활용할 수 있어야 할 것이다. 이는 결국 조직 내외부의 비교 평가를 통한 벤치마킹을 통해 가능한 일이다(Ammons, 1996). 진정한 벤치마킹이란 동종의 서비스를 제공하는 다양한 기관 간의 성과결과를 비교 분석하여 그 차이에 대한 원인을 규명하고 이를 극복할 수 있는 방안을 찾아내는 것이라 할 수 있으며 이 점에서 본 연구의 또 다른 의미를 찾을 수 있다.

한편, 의료서비스의 성과분석에 대한 선행연구를 보면 다음과 같다. Clarkson(1972)은 미국의 민간비영리병원과 영리병원을 대상으로 경영성과를 분석한 결과, 비영리병원에서 관료주의가 더 심하고, 산출/투입비율도 낮아 비영리병원이 보다 비효율적으로 운영되고 있다는 것을 밝힌 바 있다. Cater(1977) 등은 병원을 설립형태에 따라 소유주가 명확히 존재하는 자영병원(proprietary hospital)과 비자영병원(non-proprietary hospital)으로 나누고 관리비의 사용정도와 고용직원의 수를 비교분석한 결과 자영병원이 비자영병원에 비해 고용직원수가 적을 뿐만 아니라 인력구조면에서 비용지출이 상대적으로 적고, 관리비의 지출도 상대적으로 더 적다는 것을 제시했다(김인 등, 1999: 388재인용).

우리나라에서 조직운영형태를 달리하는 공공병원의 성과평가에 대한 연구는 최근 들어 몇 편 나오고 있다. 이를 보면, 공공성에 초점을 맞춘 연구(정윤수·허만형, 1999), 수익성에 초점을 맞추어 정부통제양태가 각 병원조직의 조직특성 및 경영성과에 미치는 영향을 記述的(descriptive)으로 전개한 연구(한인섭, 1999)가 있으나 두 연구 모두 평가의 일면만을 중심으로 고찰하였다는 점에서 균형 있는 결론도출의 한계를 보이고 있다.

이혁주·이상수(1996)의 연구는 서울시가 지향해야 할 보건의료정책 분야의 전반적인 정책방향의 재설정과 산하 보건의료자원의 체제효율성을 극대화하기 위한 보건의료서비스 전달체계의 전면적 재검토를 논의한 연구로써 시립병원에 대한 경영분석을 비교적 密度높게 제시하고 있으나 서비스 질에 대한 만족도 논의를 결여하고 있다.

이 이외에 운영형태별로 공공성, 수익성, 서비스의 질 세 가지 평가차원으로 구분하여 성과분석과 고객만족도 조사를 통해 공공서비스의 질을 측정하고자 한 시도(김인·허용훈·이희태, 1999)도 있었다. 이 연구는 수익성과 함께 시민들이 느끼는 주관적 측정치를 통해 공공서비스의 질을 파악하여 종합적인 성과평가를 보여줌으로써 조직형태를 달리하는 세 병원의 경영성과를 균형 있게 도출한 점에서 진일보한 성과분석이라 할 수 있다. 그러나 일부 부분적인 문제가 지적되는 바, 공공성과 수익성을 평가하는 하위평가지표를 지나치게 단순하게 선정하여 연구결과를 도출하고 있다는 점에서 좀 더 정치(精緻)한 경영분석을 하지 못하고 있다는 한계를 노출하고 있다. 이를테면 공공성의 경우 총입원·외래환자 중 의료보호환자비율과 공익진료사업실적을 보고, 수익성분석은 단지 의료수지비율과 의료수익의료이익률만을 보고 있는데 수익성평가 기준으로써 이 두 가지 지표는 전반적인 경영실적 평가 중의 일부만을 나타내 줄뿐이다. 예컨대 이 연구에서 위탁병원이 객관적인 경영실적에서 가장 높은 성과를 보이고 있는데 시립병원의 경우 의료보호환자에 대한 의료수가 차이로 인해 의료보호환자비율 및 공익진료 수행에 따라 의료수익이 많은 차이를 가져올 수 있을 뿐만 아니라 진료비책정 수준에 따라서도 의료수익이 적지 않은 차이를 가져올 수 있다는 점을 간과하여 해석하고 있다29). 또한 부분적인 문제이기는 하나 강남병원의 1998년 결산서상의 의료비용을 잘못 확인하여 사실과 다른 의료수익의료이익률과 의업수지비율을 제시하고 있다30). 이는 아마도 시산하병원뿐만 아니라 우리나라 병원의 통계수치 자체가 정확성과 신뢰성을 결여하고 있는 데서 비롯된 것으로 보인다31).

---

29) 수익성평가를 해석하는 데 있어 환자종류(의료보험, 의료보호, 일반환자 등)별로 의료수가 및 진료비 산정의 차이가 발생하는 것을 간과하고, 의료수익의료이익률과 같은 수익성 측정 결과를 제시하고 있는 바, 이는 공공의료기관의 설립목표와 지방자치단체인 서울시의 보건의료정책 집행수단으로써 시립병원의 공익진료기능을 과소평가한 데 기인하고 있다고 판단된다.

30) 이는 재무제표상의 손익계산서가 1998년부터 판매비와 일반관리비를 差減하여 매출원가가 작성된 것을 간과하고 의료비용으로 잘못 계산함으로써 발생된 誤謬로 보인다. 강남병원의 경우 1997년까지 결산서의 손익계산서가 판매비와 일반관리비가 포함된 영업비용으로 작성되었으나, 1998년부터는 매출원가를 구분 표시하여 작성되었다. 즉, 기존의 영업비용에서 판매비와 일반관리비를 뺀 매출원가로 표시하였는데 이를 간과하고 영업비용을 계산하여 발생된 誤謬다. 예컨대 1998년의 매출원가 32,646,534,075원은 판매비와 일반관리비 4,573,291,287원을 뺀 액수로 97년까지는 이 둘을 합산해서 영업비용으로 계상했으나 98년 결산부터는 이를 구분하여 작성한 것이다.

31) 이외에도 보라매병원과 동부병원의 영업비용과 영업수익액도 각 병원의 공식적인 결산서와 회계실적과는 다른 액수로 계산된 것으로 보인다. 본 연구는 각 병원의 공식적인 결산서를 토대로 분석이 진행되었기에 자료의 정확성을 확보하고 있음을 밝혀둔다. 그러나 대체로 우리나라 병원통계 자체의 신뢰성에 대한 문제가 전연 없다고 할 수 없기에 정확성과 신뢰성을 완전히 확보하고 있다고 자신할 수는 없다.

이와 함께 서비스의 질을 측정하기 위해 편리성, 친절성, 신뢰성, 쾌적성의 하위변수를 선정하여 설문조사를 실시하였으나 지표와 하위지표 간, 그리고 측정치 간의 가중치를 고려치 않고 이들의 단순한 산술평균이나 합산에 의해 도출된 만족도를 비교분석하고 있어 이용자들의 만족도를 정확히 대변했다고 보기에는 미흡하다고 할 수 있다[32]. 왜냐하면 제대로 된 고객만족도(Customer Satisfaction Index)를 측정하기 위해서는 각 하위변수별 또는 종합만족도가 이를 구성하고 있는 하위 항목 또는 측정치들에 의해 동일한 비중으로 영향을 받지 않고 차등적으로 영향을 받는다는 것을 전제로 할 때, 고객인 이용환자들의 서비스에 대한 만족도 산출은 당연히 그들이 중요하게 생각하는 항목이나 차원은 비중을 크게 반영하고 그렇지 못한 항목이나 차원들은 상대적으로 작게 반영하여야 適實性있는 결과를 도출할 수 있기 때문이다.

第5節 分析의 틀

1. 공공의료서비스의 조직운영형태와 성과

앞서 살펴본 바와 같이 공공서비스 공급방식의 유형은 다양하게 나누어지고 있다. 이 가운데 본 연구는 현재 서울시산하 의료기관 중 서로 다른 조직운영형태로 일반진료기능을 수행하고 있는 3개 병원을 대상으로 성과평가를 한다. 이들 서울시 산하 3개 병원은 소유주체는 서울시로 동일하나 조직운영형태가 서로 다르다. 예컨대 시립동부병원은 직영사업소 형태로

---

32) 이에 대한 좀 더 자세한 논의는 제4장 제1절의 가중치반영방법을 참조 바람.

운영되고 있고, 강남병원은 지방공사 형태로, 그리고 시립보라매병원은 委·受託계약을 통한 위탁경영 형태로 운영되고 있다.

조직운영형태에 따른 법적 성격은 직영병원인 동부병원의 경우 서울시 보사국 의약과 산하의 사업소로서 지방공무원법에 의거 서울시의 직접적인 감독을 받고 있다. 지방공사 강남병원은 지방공기업법에 의해 설립된 별도 의 법인체로 지방공기업법에 따라 예산, 직제, 이사의 선임 등 주요사항에 대하여 시장의 승인을 받으며, 지방공무원법을 적용받는 공무원의 신분은 아니나 이에 준하는 자체규정에 의해서 통제·관리되고 있다. 위탁병원인 시립보라매병원은 서울특별시립병원 職制規則에 의거하여 조직되고 서울시 의 예산으로 설립된 시설·장비의 일체를 「보라매병원 위탁운영계약서」에 근거하여 일정기간 동안 위탁계약에 따라 의료법인 또는 비영리법인에게 위탁운영하게 하고 있으며 서울시는 위탁운영에 따른 재정지원을 하고 있 다. 현재는 서울대학교병원이 수탁자로 운영하고 있다[33].

각 병원의 인력구성을 보면, 동부병원은 서울특별시립병원 직제규칙에 따라 모두 서울시 지방공무원으로 임용되며 전문의를 제외한 기타 직종은 서울시 기구 조직 내에서 순환보직이 되고 있다. 따라서 병원의 의사결정 권은 실질적으로 계선조직인 서무과의 행정직원들이 장악하고 있고, 의사 는 지방전문직공무원으로 계약에 의해 임용되고 있어 실질적으로 행정직원 들의 통제를 받고 있는 실정이다. 강남병원은 병원 이사회의 추천을 받아 시장이 임명한 원장과 시장의 승인을 받아 병원장이 임명한 상임이사와 감 사가 있고 일반직원은 병원장이 임용한다. 보라매병원은 서울대학교병원의 운영체제에 서울시의 통제기능이 가미된 형태로 운영되며 병원장은 서울대 학교병원의 겸직교수로 임용되고 서울대병원장이 추천하여 서울대학교 이

---

33) 보라매병원은 1955년 6월 시립영등포병원으로 출범하여 동부병원과 같 이 직영사업소 형태로 운영되었으나 경영비효율성이 심해 1987년 8월 에 「서울특별시립영등포병원 위탁운영에 관한 조례」를 설치하고, 동년 9월에 서울대학교병원과 위·수탁운영계약을 체결한 이후 현재까지 4 차 연장계약을 하면서 위탁 운영되고 있다.

사회의 승인을 얻은 후 서울시장의 임명동의를 거치며, 기타인력은 서울대학교 병원장이 보라매병원에 전보 발령하여 근무케 한다.

한편, 직접운영병원인 동부병원은 기본적으로 사업소로서, 관청회계로 계리됨과 동시에 일반회계로 편성되어 집행되고 있다. 이러한 관리체계는 회계상의 독립성을 해치는 단점이 있을 뿐만 아니라, 관청회계로 인한 일반적 단점을 함께 내포하고 있다. 따라서 간접운영형태의 병원에 비해 대체로 낮은 성과를 보이고 있다.

간접운영병원인 강남병원 및 보라매병원의 경우 관리방식을 비교해 보면, 강남병원은 외견상 회계제도와 직원인사를 제외하고는 시사업소와 유사하게 운영되고 있어, 기업으로서의 경영자율성과 책임경영체제의 구축과는 거리가 멀다고 하겠다. 이를테면 강남병원의 조직 및 정원에 관한 사항은 행정자치부장관의 인가사항으로까지 되어 있으며, 이사회는 사실상 "내부의결기관"에 불과하다. 이에 비하면 보라매병원의 병원운영은 기본적으로 위탁운영자의 권한으로서, 강남병원과 같은 시투자기관에 비해 자율적 운영체제가 상당히 보장되어 있다. <표 2-4>는 이러한 사실을 여실히 보여주고 있는데, 시투자기관의 경우 그 폐해는 작지 않은 것으로 보고되고 있다(Duch, 1991).

이에 따라 병원의 경영성과 또한 대체로 위탁운영체제가 지방공사체제보다 더 우월하게 나타나리라는 인식이 지배적이고 앞서 이론적 검토에서 살펴보았듯이 기존의 연구결과 또한 이러한 사실을 입증하고 있다. 이에 본 연구는 과연 조직운영형태에 따라 병원의료서비스의 경영성과가 어떻게 달리 나타나는지를 검토하고, 어떤 조직운영형태가 가장 효율적인 성과를 가져오는지 실증적인 분석을 통해 고찰해 보도록 한다.

〈표 2-5〉 병원의 조직운영체제 비교

	강남병원	보라매병원	동부병원
인사	·이사회가 병원경영의 전반에 걸친 사항을 심의·의결 ·원장은 이사회의 추천을 받아 서울시장이 임명 ·원장이 직원인사의 전권 행사	·운영위원회가 병원경영의 전반에 걸친 사항을 심의·의결 ·원장은 이사회의 동의와 서울시장의 승인을 얻어 서울대학교병원의 원장이 임명 ·원장은 본원 원장을 보좌하여 병원업무를 통괄하고 소속지원을 지휘감독 ·직원은 본원직원과 신분상 동일 ·직원임용 권한을 본원 원장이 행사하고, 보라매병원장은 승진 및 승급의 제청, 직원의 징계요구 및 상훈의 제청, 근무배치와 복무감독 및 인사평정에 관한 권한행사	·일반 행정관례에 따름 ·인사권은 서울시장이 가짐 ·원장은 서울시장이 임명
예산	·지방공기업법 제64조의2에 따라 기업회계기준을 적용하며 매년도 사업의 사업계획서와 수지예산서를 작성하여 사업 년도 개시 전에 서울시장 승인 ·행자부장관이 예산 및 결산에 관해서 정한 공통지침의 적용을 받음 ·서울시장이 임명한 공인회계사의 회계감사 ·예산회계에 관한 업무 가운데 관계법령에서 특별히 정한 경우를 제외하고는·정부투자기관 표준회계규정을 적용 ·예산편성 시 이사회 의결 후 시장 승인(시의회의 의결 없음)	·서울대학교병원 회계규정에 의거 독립회계로 운영 ·운영위원회의 심의와 서울시장의 승인 ·별도의 회계규칙 적용 ·기업회계기준 채택 ·필요한 경우 서울시의 보조금 교부 ·시장이 지정하는 공인회계사의 결산감사를 받음 ·결산의 승인은 본원 원장의 승인을 득한 후 서울시에 제출	·일반회계 ·예산편성, 집행, 결산의 전과정에 걸쳐 서울시의 통제 ·결산 시 서울시 승인(시의회의 의결 필요)
내부운영규정의 변경	·지방공사강남병원조례규정에 의거 ·정원과 직제변경에 관한 사항은 시장승인	·병원운영은 보라매병원 위탁운영계약서에 근거한 별도 규정 적용 ·본원 원장의 승인	·서울특별시립병원 운영규정 적용 ·인사, 예산, 재정, 물자관리 전반에 걸쳐 서울시 보건사회국 의약과의 통제 ·원장이 모든 집행권을 보유하나 중요사항에 대해서는 서울시의 지휘, 통제를 받아 업무수행 ·원장유고시 서무과장이 직무대행
근거규정	·지방공기업법 제64조의2, 시조례 및 내규	·조례, 위탁운영계약서 및 내규	·지방공무원법
설치근거	·지방공기업법 제49조 ·지방공사강남병원 조례	·서울특별시립보라매병원 설치조례 ·서울특별시립보라매병원 위탁운영에 관한 조례	·서울특별시립병원 설치조례에 의거하여 설치·운영

2. 성과평가

본 연구는 성과평가의 범위를 산출의 量뿐만 아니라 산출의 質까지 포함하는 광의의 개념으로 이해하는 입장을 취하고 있으므로 비교대상사례 3개 병원에 대한 성과측정을 위해 계량지표를 통한 객관적 평가와 함께 이용환자들의 서비스만족도 조사를 통한 주관적 평가를 통해 적실성 높은 성과측정을 하고자 한다. 따라서 경영성과 분석과 함께 공공서비스에 대한 주관적 평가를 통해 공공서비스 공급유형별로 최종서비스 수혜자인 시민들의 서비스만족도가 어떤 차이가 있는지 분석하여 성과평가에 반영함으로써 보다 타당한 평가결과를 얻을 수 있다.

1) 객관적 경영성과 평가

병원의 경영성과 분석은 크게 재무비율분석과, 환자진료실적분석, 생산성분석, 레버리지분석 등으로 나누어지나 본 연구는 재무비율분석과 함께 병원의료서비스란 특성을 고려하여 환자진료실적분석과 생산성분석을 한다. 또한 조직진단을 통해 시립병원의 조직인사관리 및 경영관리 전반에 걸쳐 종합적인 분석을 시도한다. 재무적 성과에 대한 분석은 재무비율분석이 가장 널리 사용되며 이 방법은 재무제표인 대차대조표와 손익계산서를 중심으로 특정항목과의 관계를 백분율, 회전율 등의 지표로 나타내어 경영상태나 경영성과를 판단하는 방법이다. 환자진료실적분석은 병원에서 진료를 제공받는 환자의 수를 件, 인원, 기간 등의 일정단위에 의하여 진료과별·진료비지불형태별(일반, 보험, 의료보호 등)·진료방법별(입원, 외래) 등으로 분류·집계하고, 이를 인력·시설 등의 투입요소와 비교분석하여 얻어진다. 이는 진료통계를 토대로 행하여지며 병원이 투입한 인력과 시설을 가지고 얼마나 효율적으로 환자를 진료하였는가를 알기위한 데 그 목적이 있다.

객관적 경영실적 평가지표는 크게 공익성차원, 경영관리차원, 인력관리차

80

원, 재정자립도차원으로 나누고 다시 각 차원별로 하위평가지표들을 선정하여 분석이 이루어진다.

각 차원별 하위평가지표는 다음과 같다[34]. 먼저 공익성차원은 하위측정지표로 의료보호환자비율, 의료보호환자증가율, 외래환자 대비 응급환자비율, 그리고 응급환자입원율을 선정하였다. 경영관리차원은 다시 성장성, 생산성, 수익성, 활동성으로 분류하고 각 평가지표별로 하위측정지표를 세분하여 하위지표를 중심으로 분석이 이루어졌다. 성장성지표의 하위측정지표로 의료수익증가율과 조정환자수증가율을 선정하였으며, 수익성지표는 의료수익순이익률과 의료수익의료이익률을 하위측정지표로 채택하였다. 생산성지표의 하위측정지표는 인건비 투자효율과 조정환자 1인당 인건비, 조정환자 1인당 진료비, 그리고 100병상당 1일평균조정환자수를 채택하였다. 활동성지표는 총자본회전율과 의료미수금회전율 및 의료미수금회전기간을 하위측정지표로 선정하였다. 인력관리차원의 평가지표는 조정환자 100명당 인력을 보았으며 전체인력과 함께 직종별로 의사, 간호사, 사무직원수를 보았다. 재정자립도차원의 평가지표는 의업수지비율을 선정하였다.

그러나 위 평가지표들 중 공익성을 제외한 여타 평가차원인 경영관리, 인력관리, 재정자립도 등은 크게 보아 공공의료기관의 기업성 내지는 수익성을 평가하는 지표로 대별할 수 있다. 본 연구는 위에서 제시한 성과평가지표를 이용하여 성과평가차원별로 각 병원의 차이를 보다 타당성 높게 도출해 내기 위해 1995년도부터 1999년도 5개년치의 환자진료통계와 손익계산서, 대차대조표를 일일이 분석함과 동시에 의료서비스관련 전문가의 자문과 조직진단을 포함한 병원실무자와의 면담조사를 통해 경영실적분석결과의 적실성 확보와 설명력을 높이기 위해 심혈을 기울였다.

또한 각 평가지표별 성과만을 분석하는 데 있어 나타나는 한계를 극복하기 위하여 비영리조직의 조직효율성을 다투입－다산출이라는 생산구조하

---

34) 각 평가차원별 평가지표 및 하위측정지표에 대한 자세한 설명은 해당 장에서 세세하게 설명되었으므로 여기서는 구체적인 설명은 생략한다.

에서 공공서비스의 상대적 효율성을 측정하는 기법인 자료포락분석(Data Envelopment Analysis)기법을 적용하여 다시 병원의 성과평가를 시도하고자 한다. 본 연구에서는 앞서 분석한 경영실적분석의 지표결과치를 토대로 이들 지표 중 효율성을 대표하는 지표를 선정하여 자료포락분석기법을 이용하여 다시 효율성을 측정함으로써 각 병원의 전반적인 효율성에 대해서 재평가해 보았다. 이때 투입지표는 의료보호환자비율, 인건비투자효율, 의업수지비율을 선정하였고, 산출지표는 의료수익순이익률, 의료수익의료이익률, 의료미수금회전율을 채택하였다.

2) 주관적 고객만족도 평가

한편, 주관적 평가를 위해 각 병원별로 고객만족도 조사를 실시한다. 서비스 수요자 중심의 성과평가인 고객만족도 조사는 평가대상 서비스 분야인 의료서비스의 특성을 고찰하고, 그 특성을 반영하면서 서비스 실적을 평가할 수 있는 공정하고 객관적인 지표를 개발하고 각 지표별 설문문항을 작성하여 설문조사를 실시한다. 이와 함께 병원직원 및 관련공직자와 전문가와의 면담조사를 병행하여 論證을 전개해 나간다.

평가항목의 지표선정기준은 병원을 이용하는 고객의 입장에서 현재 병원의 진료서비스의 만족도 및 서비스 수준을 평가할 수 있는 항목 중심으로 지표가 구성되었다. 고객만족도 평가차원의 지표구성은 차원별 만족도로 병원의료서비스 효과의 신뢰성에 대한 만족도, 직원의 업무태도에 대한 만족도, 이용편리성에 대한 만족도, 시설 및 환경의 쾌적성에 대한 만족도가 선정되었고, 종합적인 체감만족도로 이루어졌으며 다시 항목별만족도를 측정하기 위한 하위 평가지표로 세분되었다.

지표의 구성체계는 다음과 같다. 각 병원의 종합만족도 지수 평가는 종합적 체감만족도와 요소별 만족도로 구성되었다. 종합적 체감만족도란 의료서비스에 대하여 고객들이 피부로 느끼는 전반적인 만족의 정도를 조사하기 위한 항목이고, 요소별 만족도는 의료서비스의 다양한 차원에 속한 요소들의 만족도인 항목만족도에 가중치를 곱하여 합산한 차원만족도를 산출하고 다시 차원만족도에 가중치를 곱하여 합산한 만족도를 말한다. 체감만족도는 서비스 품질의 이용자적 시각과 결과품질, 그리고 만족의 감성적 차원을 요소별 만족도보다 잘 측정할 수 있다고 보는 반면에, 요소별 만족도는 서비스품질의 공급자적 시각, 과정품질, 그리고 인지적 차원의 측정에 유리하다고 보아 보다 포괄적인 측정이 이루어질 수 있도록 본 조사에서는 체감만족도와 요소별 만족도를 동시에 사용하였다.

요소별 만족도를 평가하기 위한 구성체계는 다시 차원만족도와 항목별 만족도로 나누어진다. 차원만족도에 있어 각 차원은 고객만족도 평가를 위해 의료서비스 특성을 잘 반영할 수 있도록 서비스의 내용요소를 범주화한 것이다. 따라서 산출된 차원만족도는 제공되는 의료서비스에 대한 성격을 잘 파악할 수 있도록 구성하였고 해당 항목만족도에 가중치를 곱하여 합산한 결과이다. 한편, 항목별만족도는 평가항목을 잘 반영할 수 있도록 구성된 보다 구체적인 세부항목으로서 이는 제공되는 의료서비스에 대하여 구체적인 사항에 걸쳐 만족도를 측정하고 구체적인 업무개선요인을 파악하기 위한 것이다. 각 병원의 종합만족도 산출방법은 종합체감만족도와 평가항목을 가장 잘 반영할 수 있도록 구성된 항목별만족도에 가중치를 곱하여 합산한 결과인 차원별 만족도에 다시 가중치를 곱하여 4개 차원의 만족도를 합산한 요소별 만족도를 더하여 나온 값으로 100점 만점으로 환산된 점수이다. 본 연구는 이상의 실증분석 결과를 토대로 제5장에서 조직운영형태별로 경영성과 비교 평가와 고객만족도 평가결과의 차이 분석과 원인규명이 제시된다.

3. 분석의 틀

앞서 논의한 바와 같이 본 연구는 보다 的確한 성과평가를 위해 실증분석을 크게 계량지표를 통한 객관적 평가와 이용환자들의 서비스 질에 대한 고객만족도로 兩分하여 성과차이의 원인을 종합적으로 분석한다. 조직운영형태별 성과평가는 각 병원의 경영실적을 능률성 중심으로 평가하기 위한 것이고, 고객만족도 조사를 하는 것은 서비스 질에 대한 이용시민들의 만족도를 평가하기 위함이다. 객관적 평가는 계량지표인 경영분석지표를 통해 경영실적을 평가하고 경영관리에 대한 진단을 통해 경영관리 전반에 대한 평가를 하는 것이다. 즉, 객관적인 경영실적은 계량지표를 이용해 각 지표별로 결과값을 비교 평가함으로써 '서비스공급자 중심의 성과평가'가 되고, 병원 이용환자들의 서비스 질(service quality)에 대한 주관적인 만족도는 설문조사를 이용한 정성적인 평가를 통해 측정함으로써 '서비스수요자 중심 성과평가'가 된다. 또 경영성과 분석결과를 토대로 투입－산출지표를 선정한 후 다시 자료포락분석(Data Envelopment Analysis)기법을 이용하여 각 병원의 효율성을 평가한다. 이와 같이 객관적 평가와 주관적 평가결과를 종합적으로 검토함으로써 좀 더 적실성 높은 '綜合的 成果評價'가 가능해 지는 것이다.

兩者를 좀 더 구체적으로 보면 다음과 같다. 조직운영형태별 경영성과평가의 시간적 범위는 1995년부터 1999년의 5년간의 경영실적에 대하여 추세분석을 실시함으로써 動態的인 變化過程을 연구함과 동시에, 각 연도별로 3개 병원의 경영실적 결과를 비교 평가하는 횡단면적 연구도 병행한다. 따라서 본 연구는 통합시계열설계(pooled cross-section and time-series)를 취한다. 여기에 더하여 각 평가지표별로 추세분석을 통해 경영실적의 효율성을 분석하는 데 있어 나타나는 한계를 극복하기 위하여 비영리조직의 조직효율성을 다투입－다산출이라는 생산구조하에서 공공서비스의 상대적 효율성을 측정하는 기법인 자료포락분석 모형을 적용하여 다시 병원의 효율성평가를 시도함으로써 분석결과의 타당성을 높이고자 한다.

그런데 병원의 경영성과는 앞서 제시한 경영평가지표 이외에 매개변수나 외생변수에 의해 영향을 받게 된다. 특히 병원조직의 경영성과에 영향

을 미치는 요인은 피평가기관의 조직구조적 요인과 행태적 요인, 업무과정
과 기능을 포함한 관리적 요인, 조직문화적 요인, 기타 환경적 요인 등 다
양한 요인에 의해 영향을 받으나 본 연구는 조직운영형태에 따른 성과차이
를 파악하는 데 주목적이 있으므로 매개변수로써 市정부의 統制的 要因과
지리적 위치에 따른 성과차이를 의미하는 立地的 要因, 그리고 患者特性要
因을 함께 살펴보도록 한다.

여기서 통제적 요인은 소유권자인 시정부의 병원에 대한 인사, 예산, 경
영관리 등 전반에 걸친 통제와 지방공사의 경우 경영실적평가를 포함한다.
또한 의료서비스의 특수성상 의료기관의 경영성과는 병원의 입지적 요인에
의해서도 영향을 받는다. 이를테면 주변에 경쟁병원의 존재여부나 그 지역
의 소득수준이나 인구수 등에 의해서도 경영성과 차이가 발생할 수 있으므
로 입지적 요인도 성과에 영향을 미치는 매개변수로 포함하여 살펴보도록
한다. 이에 더하여 병원을 찾는 환자의 특성에 의해서도 성과차이가 발생
할 수 있다. 의료보호환자나 저소득층 생활보호대상자가 주고객인 경우 성
과에 영향을 미칠 수 있다.

따라서 의료서비스 성과에 영향을 미치는 매개변수는 시정부의 통제적
요인과, 경쟁정도와 소득수준, 인구수 등을 포함하는 입지적 요인, 그리고
환자의 특성요인이 병원의 경영성과에 영향을 미치는 매개변인으로 고려하
여 분석한다. 그러나 엄밀하게 환자의 특성은 입지적 요인에 포함된다고
할 수 있다.

기타, 분석기간 중 발생한 외부환경적 변화요인도 종합적 성과평가에 반
영하였다. 예컨대, 국제통화기금(IMF)관리체제로 접어든 이후 환자진료실
적에 있어 일정부분 영향을 미쳤으리라고 판단되기 때문이다.

특히 의료서비스는 공공재적 성격이 보다 강조되는 가운데 공공부문과
민간부문에서 함께 생산되는 재화로서 그 생산이 사회 전체에 상당한 파급
효과를 가져온다. 이 때문에 그 사용과 편익이 비배타적이며 집합적으로
간주되는 準集合財的 특징으로 인해 응익자부담원칙에서 일부 예외나 경감

을 인정할 수밖에 없다. 이러한 공익진료기능으로 인한 재정손실분은 지방 정부가 재정보조금 지원 등을 통해 적자보전을 해 주거나 의료수가의 차등 적용이나 다양한 복지정책을 통해 제도적으로 뒷받침해 주고 있다.

　특히 공공의료기관의 경우에는 민간의료서비스보다 공공성이 보다 더 강조된다. 공공의료기관은 설립목적과 운영상의 목표 자체에서 이미 대체 로 공공성을 강조하고 있다. 이를테면 의료서비스 전달체계상 민간부문이 담당하기를 기피하거나 외부효과가 크고 가치재적 성격을 갖는 질병예방과 건강증진, 그리고 의료취약계층인 저소득층에 대한 의료서비스 제공을 통 하여 의료공급의 형평성을 실현하고자 하는 의도가 있기 때문에 공공의료 기관의 공공성은 병원경영에 있어 중요한 운영목표가 되어야 하는 것이다. 그러나 공공성을 지나치게 강조하다 보면 기업성이 도외시되어 재정적자가 상대적으로 커지게 되고 그만큼 소유권자인 지방정부의 재정부담 압박은 커지게 되는 딜레마 현상을 초래하게 된다. 한편 공익진료기능을 수행하면 병원의 경영성과에도 차질을 빚게 만든다. 왜냐하면 의료수가의 차등적용 으로 인해 의료보호환자나 행려환자 등의 진료실적이 높을수록 병원의 경 영성과는 떨어지기 때문이다. 그러나 그렇다고 해서 공공의료기관의 공공 성을 외면할 수는 없는 것이다. 따라서 병원경영에 있어 공익성은 기업성 (수익성)과 함께 수레의 두 바퀴처럼 함께 굴러가야 한다. 이런 의미에서 공공성과 수익성의 두 가지 경영목표는 공공의료기관의 경영성과 분석 전 반에 걸쳐 영향을 미치기에 경영성과 분석을 하는 과정에서 공익진료기능 수행으로 인해 성과에 미친 영향정도를 설명하고 있다.

　본 연구는 앞서의 이론적 논의를 바탕으로 지방공공의료서비스의 조직 운영형태별 성과평가를 하고자 한다. <그림 2-2>는 연구 분석의 틀을 그 림으로 나타낸 것이다.

<그림 2-2> 분석의 틀

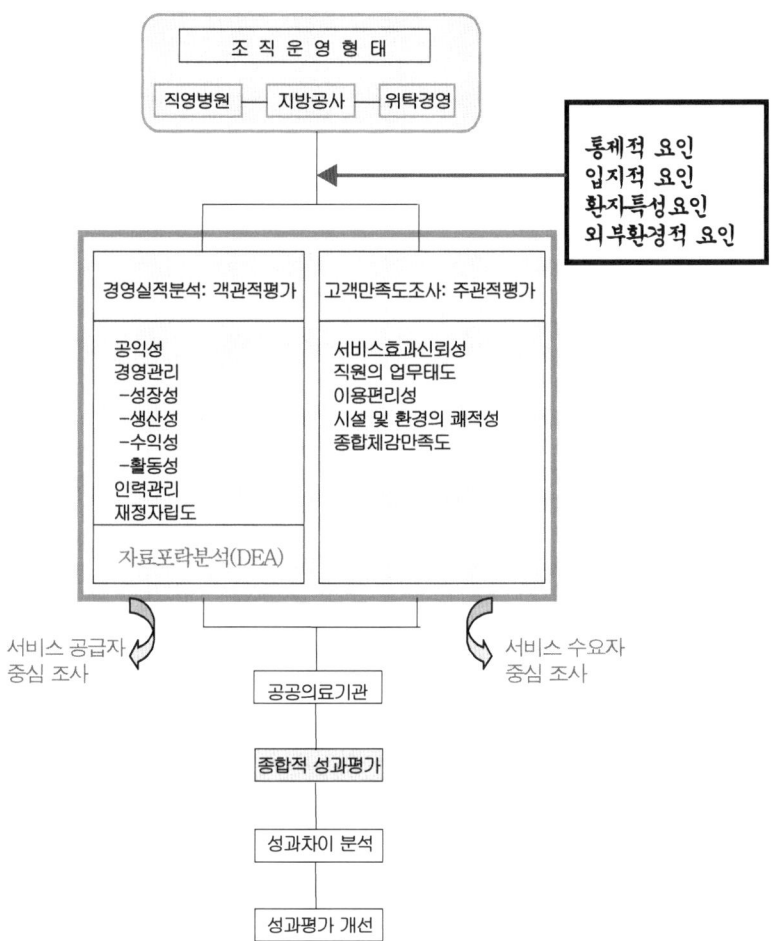

第3章 組織運營形態別 經營成果의 評價

第1節 서울시 公共醫療서비스의 現況

1. 병원조직의 현황 및 특성

1) 서울시 공공의료기관의 실태

시 산하병원은 크게 나누어 6개 병원과 1개 요양원으로 구성되어 있다. 이들 시 산하병원은 운영형태(직접운영, 민간위탁, 지방공기업), 병원기능 (일반 진료기능, 특수진료 기능; 종합병원, 전문병원 등), 재정상태, 의료수준, 병원의 지향점(2차 병원 대 3차 병원) 등 여러 면에서 다양한 특징을 가지고 있다. 민간위탁의 경우도 요양병원의 경우는 시비지원 없이 운영되고 있는 위탁형태이다. 이들 산하병원의 주요 기능과 운영형태별 개요는 <표 3-1>과 같다.

<표 3-1> 시산하병원 개요

		운영 형태	진료과목	병상수	인력 규모 (명)	주기능
종합 병원	강남병원 보라매병원 동부병원	지방공 기업 위탁 직영	내과 등 25과 내과 등 19과 내과 등 16과	500 531 200	552 708 194	일반종합 일반종합 일반종합
특수 병원	서대문병원 은평병원 아동병원	직영 직영 직영	결핵과 등 8과 정신과 등 3과 소아과 등 4과	340 200 250	185 124 224	전염병, 결핵 정신질환, 마약중독 아동진료
요양 병원	중계노인복지관 백암정신병원 용인정신병원	강남 병원 위탁 위탁	정신신경과 정신신경과	200 400	32 80	정신질환자 〃 〃
계		요양병원 제외 2,021병상 포함 2,621병상			2,099명	

위에서 보듯이 현재 서울시 산하에는 동부병원, 아동병원, 은평병원, 서대문병원의 4개 직영병원과 지방공사 형태로 운영되는 강남병원, 그리고 위탁형태로 운영되는 3개 병원인 보라매병원, 용인정신병원과 백암정신병원(민간위탁)을 합하여 도합 8개의 시립병원이 있다[35].

---

35) 서울시를 제외하고 지방자치단체가 운영하는 병원조직은 대체로 지방공사의 형태로 운영되고 있으나 최근 민간위탁으로 전환하고자 하는 지방의료원이 늘고 있는 추세이다.

<그림 3-1> 서울시 산하병원의 운영형태별 현황

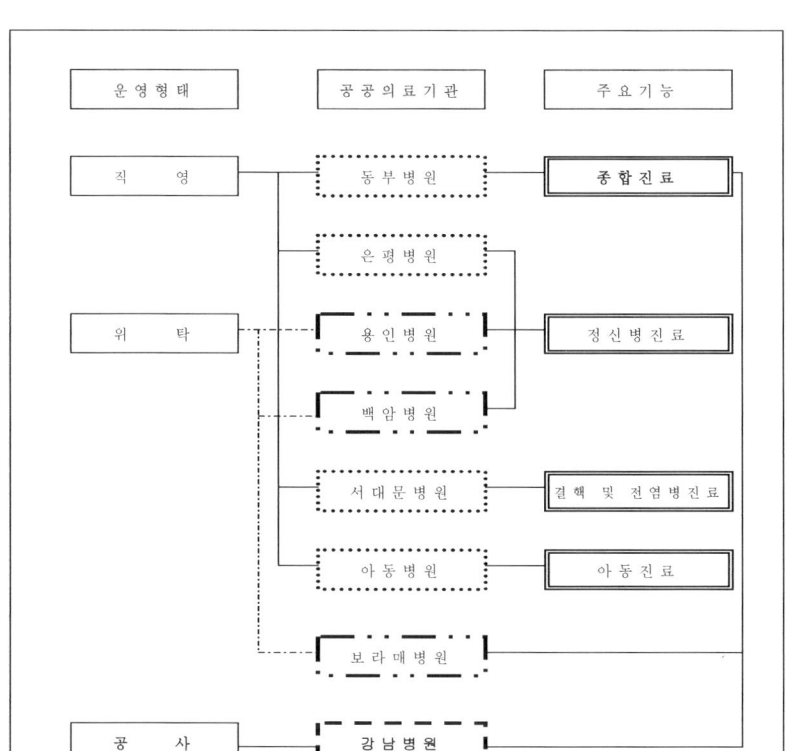

기능별로 보면 동부병원은 행려, 의료보호 및 중저소득층 시민을 대상으로 하는 일반진료를 위주로 하면서 일부 행려 및 의료보호환자를 진료하고 있다. 나머지 5개 병원은 각각 정신, 결핵 및 전염병, 아동진료 등 특수기능을 가진 특수병원이다.

시산하병원 각각의 설립 및 운영근거를 보면 직영병원이 동부병원, 아동병원, 은평병원, 서대문병원은 서울특별시립병원 설치조례에, 지방공사 강남병원은 지방공기업법 제49조 및 지방공사 강남병원 설치조례에, 위탁병원인 보라매병원은 서울특별시립병원 설치조례와 보라매병원 위탁운영에 관한 조례, 보라매병원 위탁운영 계약서에, 나머지 민간위탁병원이 용인정신병원과 백암정신병원은 각각의 위탁운영에 관한 협약에 사업주체에 대한 설치근거와 분장사무가 마련되어 있다.

본 연구에서는 이들 시산하병원 중 일반병원기능을 수행하고 있는 강남병원과, 보라매병원, 그리고 동부병원을 중심으로 성과평가 및 고객만족도 평가를 할 것이므로 이들 병원을 중심으로 주요 현황 및 특징을 보도록 한다.

<표 3-2> 각 병원 현황

	시설 및 인력 현황	진료 과목	조직현황	법적성격
강남병원	· 병상수: 500 · 인원: 548명	25진료과 (2지원실; 방사선실, 검사실)	5부(기획원무부, 총무부, 교육연구부, 약제부, 간호부) 9팀(감사팀, 기획팀, 원무팀, 진료비관리팀, 총무팀, 물류관리팀) 25진료과, 1센터(건강관리센터), 3지원실(의무기록실, 방사선실, 검사실)	* 지방공사 - 지방공무원법에 의거 예산, 직제, 이사 선임 등 중요사항에 대하여 시장승인 - 직원은 공무원 신분이 아니므로 공무원법 적용을 받지 아니하고 병원이사회의 추천을 받아 시장이 임명한 원장과 시장의 승인을 받아 병원장이 임명한 이사 및 감사가 있고 직원은 병원장이 임명함. (준 공무원 신분)
보라매병원	· 병상수: 531병상 -일반 382 -행려 32 -노인 117병상 · 인원: 747명	진료과: 19과 7실 4센터 1병동	2부(진료부, 관리부) 2실(기획조정실, 교육연구실) 5과(간호과, 약제과, 서무과, 원무과, 기획과, 의료정보과) 11실(영양실, 의공실, 공급실, 의무기록실)	* 위탁 - 서울시의 예산으로 설립하여 위탁운영 계약에 의거 시설, 장비 일체를 의료법인 또는 비영리법인 등에 일정한 기간 위탁 운영 - 계약 내용에 따라서 의료수가의 경우 시립 병원 의료수가 조례의 규정 적용 - 서울시 의료보호 환자에 대한 일정비율 책임 진료
동부병원	· 병상수: 200병상 -행려 70병상 · 인원: 198명	16진료과	진료부 16진료과 4과(원무과, 약제과, 간호과)	직영 - 특별자치단체인 서울시 산하 사업소로서 지방공무원법에 의거 서울시의 직접적인 감독을 받음

자료: 각 병원 2000년 2월 현재 내부자료

2) 병원의 기능 및 역할

직접경영방식인 시립동부병원, 지방공사 강남병원, 서울대학교 병원에서 위탁경영하고 있는 시립보라매병원의 개요는 다음과 같다

(1) 지방공사 강남병원

일반종합진료기능을 담당하며 3차 병원을 지향하고 있다. 주로 강남구(환자수비율: 35.7%), 송파구일대(29.2%)의 중저소득층의 일반진료를 담당하고 있으며, 노인병·정신병진료기능과 응급의료기능도 함께 수행하고 있다.

강남병원은 중풍, 치매, 하반신마비 등으로 일상생활이 곤란한 65세 이상의 노인환자를 유치·진료하고 있으며, 응급의료센타로 지정되어 11개 소방서의 119구급대원들을 대상으로 응급의료처치임상교육을 실시하고 있다. 또한, 별도의 정신병동을 두고 있으며 병상수는 31병상이다.

(2) 서울대병원위탁 시립보라매병원

시립보라매병원의 위탁주체는 서울대학교병원으로서, 관악구·동작구를 중심으로 한 일반종합진료기능을 主機能으로 하고 있으며, 從機能으로 노인병진료를 수행하고 있는 바, 총 병상수 531병상 가운데 노인병상이 117병상으로 22.0%를 점하고 있다. 또한 현재 300병상 규모의 노인 및 장애인을 위한 특수질환 전문병원을 2002년 완공 목표로 건립할 계획에 있다.

(3) 직접운영병원 동부병원

동부병원은 저소득층, 의료보호환자 및 행려환자진료를 중심으로 한 2차병원으로 강북지역 특히 동대문구(총환자수의 27.7%), 성동구(17.0%), 노원구(11.8%) 지역의 영세서민층을 대상으로 한 일반진료서비스 제공기능을 수행하고 있다. 1999년도의 총 환자수의 구성을 조정환자수 기준으로 보면 보험환자가 30.79%, 보호환자가 63.55%, 일반환자가 5.66% 순이다. 환자비

율에서 보다시피 저소득층 및 행여환자와 같은 의료취약계층을 대상으로 주로 진료가 이루어지고 있는 바, IMF체제가 본격적으로 시작된 1998년부터 의료보호환자수가 급증하고 있는 추세이다.

3) 병상 및 인력현황

3개 시립병원의 인력은 총 1,493명으로 1,231개 병상을 보유하고 있어 100병상당 121.3명의 인력을 보유하고 있다.

<표 3-3> 각 병원의 인력

구분	병상수	계	의사	간호사	약사	의료기사	사무·기술직	기능직등	기능	운영형태
강남병원	500	548	147	193	12	42	91	63	종합	공사
보라매병원	531	747	153	235	20	71	67	201	종합	위탁
동부병원	200	198	39	79	8	17	13	42	종합	직영

주 1) 2000년 2월 현재 정원기준
  2) 각 병원의 전문의 수는 강남 54명, 보라매 64명, 동부 28명임.

<표 3-3>에서 보는 바와 같이 서울시산하 3개 일반병원의 인력 1,493명은 의사 339명(23%) 간호사 507명(34%), 약사 40명(2.7%), 의료기술직 130명(9%), 사무기술직 171명(8%), 기능직 306명(20%)으로 의사·간호사·약사·의료기사를 포함한 의료 인력이 1,016명(68%), 지원인력이 477명(32%)을 차지하고 있다. <그림 3-2>는 의료 인력의 분포현황을 보이고 있다.

<그림 3-2> 3개 병원의 의료 인력 분포현황

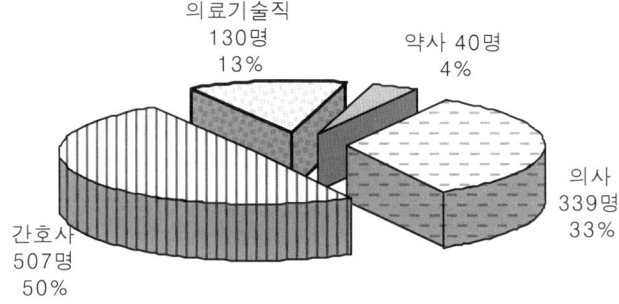

2. 공공의료서비스의 특성과 역할

1) 지방공공의료기관의 역할 및 내·외부 환경의 변화

(1) 공공의료기관의 역할

공공의료정책은 정치·사회·경제적 여건의 변화와 더불어, 사업의 내용과 대상, 그리고 서비스전달방식에 있어 커다란 변화가 요구되고 있다. 뿐만 아니라 지방자치단체인 서울시는 중앙정부 및 민간부문과 상호보완적이면서도 차별화된 서비스영역의 설정과 정책추진이 필요한 시점이다(이혁주·이상수, 1997). 우선 사업내용에 있어서는 과거 전염병관리와 가족계획 위주의 사업에서 현대적 질환과 생활특성에 맞는 사업내용으로 방향전환을 요구하고 있다. 사업대상에 있어서는 비단 취약계층만을 대상으로 하는 보건의료서비스의 제공에서 일반 시민 모두를 대상으로 하는 사업으로 확대할 필요성이 대두되고 있다. 또한 사업량 측면에서는 일반시민을 대상으로 사업대상의 확대를 요구하면서도 여전히 서비스량이 절대 부족한 취약계층에 대한 보건의료서비스사업의 강화가 필요한 실정이다. 이러한 보건의료 분야의 각종 현안과제는 지방자치시대를 맞이하여 중앙정부 차원의 대응만으로는 해결이 힘들고, 지방자치단체인 서울시의 적극적인 정책대응이 요구되고 있다고 하겠다.

공공의료는 중앙 및 지방정부차원에서 관리되어야 할 의료서비스로, 의료서비스 전달체계상 민간부문이 담당하기를 기피하거나 외부효과가 크고 價値財的 성격을 가지는 질병예방 및 건강증진, 그리고 민간의료 취약계층인 저소득층에 대한 의료서비스 제공의 향상을 통한 의료 공급의 형평성에 목적을 두어야 한다.

이에 따라 시립병원은 서울시 보건의료정책의 실현수단으로써 설치·운영되어야 하며, 이러한 의미에서 산하병원의 운영목표는 민간의료기관과 뚜렷이 구별되어야 한다. 그러나 산하병원의 조직운영형태의 차이로 인해 발생되는 시립병원 설립목적과 운영목표 간의 괴리로 인한 內的 整合性 (internal consistency) 不在로 다양한 문제점이 제기되고 있고, 그 결과 公益性과 收益性 간의 갈등이 첨예하게 드러나고 있는 실정이다. 즉, <표 3-7>과 <표 3-8>에서 보듯이 이른바 시산하병원이 사업의 공익성을 표방하면서도 실제로는 병원이 주요 정책목표집단인 의료보호환자의 진료를 등한시하거나 이들로부터 외면당하고 있어, 최우선 정책목표의 달성에 있어서조차 미흡하다는 점이다(이혁주·이상수, 1996: 40). 나아가 일부계층에 대한 의료복지서비스가 아닌 모든 시민을 대상으로 하는 보편적 서비스의 확대가 필요한 시점에 와 있음에도 불구하고 공공의료수준은 여전히 낙후된 수준에 머무르고 있는 실정이다. 아래 <그림 3-3>은 공공의료기관의 역할을 도식화하여 보여주고 있다.

<그림 3-3> 공공의료기관의 역할 및 의료 환경의 변화

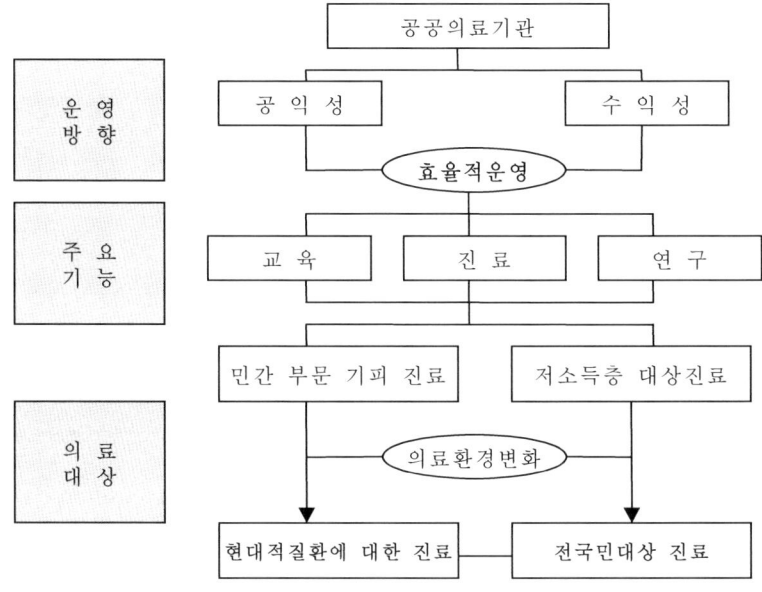

따라서 향후 공공의료정책은 경제수준이 고도화되고 사회여건이 변화됨에 따라 국민들의 의료접근성 및 이용편의성을 제고하는 방향으로 개선해야 할 필요성이 요청된다. 특히, 저소득층에 대한 포괄적인 의료서비스의 보장과 효율성을 증대시킬 수 있는 방향으로 공공의료서비스의 질적 향상을 도모해야 할 필요성이 있다. 또한, 각종 재난이나 교통사고로 인한 인명피해의 증가, 높은 산업재해율과 만성퇴행성 질환의 증가에 따른 응급의료체계의 확립이 시급하나 채산성요인으로 인해 민간부문에서 기피하고 있는 실정이므로 공공의료기관에서 관심을 가지고 체계적으로 투자해야 할 실정이다.

(2) 의료 환경의 변화에 대한 대응필요

시대적 변화에 따라 질병발생 패턴 또한 변화되어 가고 있어 이에 대한 공공의료서비스의 적극적인 대응이 필요하다. 즉, 사회와 경제가 고도화 되어갈수록 공공의료기관은 결핵, 전염병, 행려환자 등 취약계층을 상대로 한 진료에서 정신질환, 암, 교통사고, 노인병 등의 증가로 인한 현대적 질환 진료에 중점을 두어야 할 것이며, 저소득층만을 대상으로 한 진료에서 전 국민을 대상으로 하는 양질의 의료서비스 제공에 초점을 두는 보건의료정책방향의 변화가 필요하다.

<그림 3-4> 시대적 변화에 따른 상병발생의 변화 양상

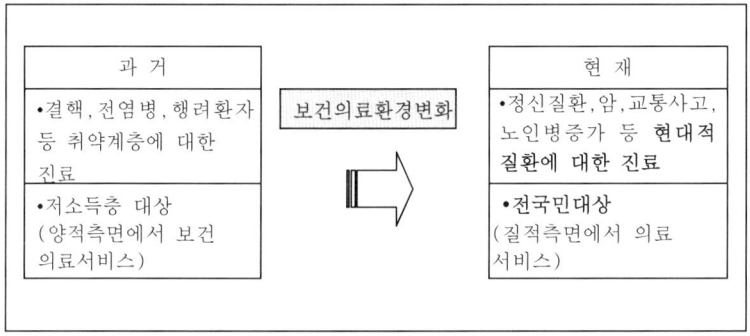

이와 같이 傷病발생 양상의 다양화와 특수질환자를 위한 특수병원에 대한 민간부문의 투자기피로 인해 중앙 및 지방정부의 공공의료에 대한 체계적이고 종합적인 정책수립의 필요성이 대두되고 있다.

<그림 3-5> 공공의료서비스의 대응

상병발생양상의 다양화	특수병원에 대한 민간부문의 투자 기피
1. 복잡 다양한 현대사회에 적응하지 못한 정신질환자의 증가 2. 노인인구 증가에 따른 만성퇴행성 질환 및 노인성치매환자 증가 3. 임산부의 약물복용, 음주, 환경오염 등으로 인한 선천성 기형아 출생 증가 4. 성인병 증가와 교통사고 등 재해로 인한 사망자 증가	1. 정신, 암, 재해, 치매등 특수질환자에 대한 고투자비용과 치료기간의 장기화 등으로 인해 민간부문에서 투자기피 2. 지방자치제의 본격실시로 특수병원의 지역주민 입주 반대

중앙 및 지방정부차원에서 체계적이고 종합적인 대책 필요

2) 공공의료서비스의 특성을 통해본 서비스제공의 필요성

(1) 공공의료기관의 역할수행상의 딜레마

공공병원과 관련하여 항상 논의의 대상이 되는 주요문제는 설립목적이자 운영목표인 공공성과 기업성을 어떻게 적절히 조화시켜 운영할 것인가 하는 것이다[36]. 병원을 공공성과 기업성(수익성)의 비중을 가지고 분류하면 아래 <그림 3-6>과 같다.

<그림 3-6>을 보면 서울시의 직영병원들은 공익성은 높으나 기업성은 낮으며, 일부 공공병원들은 비효율적으로 경영됨으로써 기업성이 낮을 뿐만 아니라 공익성도 저조하여 이용환자들의 불만을 초래하고 있다. 정부에서 지방공기업법을 제정하여 시도립병원들을 지방공사체계로 전환한 것은 공공병원들이 공익성외에 기업성도 가미하여 경영하도록 함으로써 공익성과 기업성을 모두 추구하도록 하기 위한 것이다. 서울대병원이나 부산대병원, 경북대병원 등 국립대학교병원들이 의과대학부속병원에서 특수법인으

---

36) 이 책에서 公共性과 公益性, 企業性과 收益性은 엄격한 구별을 하지 않고 동일한 개념으로 보고 混川하여 기술하였다.

98

로 전환된 것도 동일한 맥락으로 볼 수 있다.

<그림 3-6> 공공의료기관의 공익성과 기업성 Grid

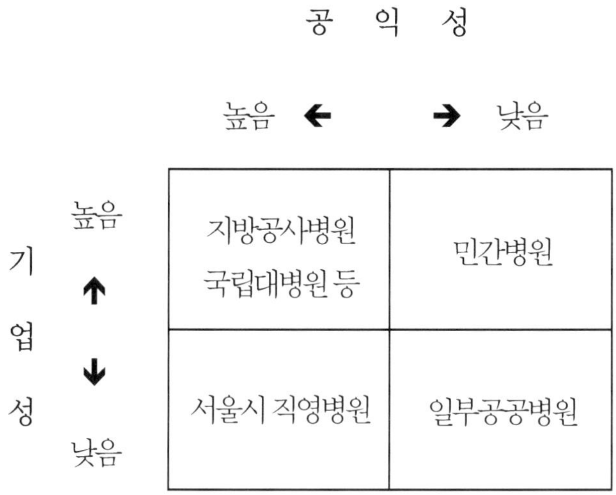

공 익 성

높음 ←　　→ 낮음

기업성	높음 ↑ ↓ 낮음		
		지방공사병원 국립대병원 등	민간병원
		서울시 직영병원	일부공공병원

이처럼 공익성과 기업성을 동시에 추구하기 위하여 공기업형태로 병원의 체계를 전환하였으나 현실적으로는 만족스럽게 운영되어온 병원이 많지 않은 실정이다. 지방공사형태인 병원의 경우 지금까지 뚜렷한 운영지침이 설정되지 않아 원장직을 누가 수행하는가, 도지사나 시·도청의 기획관리실장, 보건국장, 공기업과장등이 어떤 생각을 하는가에 따라 운영방향이 변화되어 왔다. 일부간부 중에는 지방공사 병원과 같은 기관이 왜 필요한가 하는 의문을 갖고 매년 시·도청에서 많은 보조금을 주어야 하는 병원을 민간에 위탁하는 것이 더 효율적이 아닌가 하는 생각을 갖고 있는 사람도 있는 것이 사실이다. 이처럼 민간병원에 위탁하고자 하는 견해에도 나름대로 이유가 있는데 대부분의 지방공사 병원들은 실질적인 주인이 없는 곳이므로 임직원들의 주인의식이 결여되어 방만하게 운영되어온 결과 결손이

누적된 예가 많기 때문이다.

　그러나 사회복지의 관점에서 볼 때 의료서비스는 경제적 능력에 비례하여 제공되어야 할 재화가 아니라, 건강상 필요에 의해 제공되어야 할 재화(남궁근·박창제, 1993)라는 점을 고려할 때 경제적 취약자 및 의료빈곤층(the medically needy)[37]에게 최소한의 의료복지서비스를 제공하기 위해 공공의료기관의 설립목표인 공익성에 충실할 필요가 여전히 존재한다.

(2) 공공의료서비스 특성을 통해본 공급의 필요성

　서울시의 공공의료공급 현황 통해 공공의료서비스의 필요성을 보면　다음과 같다. 서울시의 생활보호대상자수는 1998년도 현재 전체 서울시 인구 10,389천명 대비 0.76%인 79,078명(39,227가구)으로 이는 전국 생활보호대상자 1,098,922명의 3.6% 수준임에 비해 서울시의 의료보호대상자수는 생활보호대상자보다 50%가량 많은 126천명(1997년도 기준)이다.

<표 3-4> 서울시 생활 보호 대상자 현황

(단위: 명)

구 분		1993	1994	1995	1996	1997	1998
서울시	가구	42,536	44,988	43,587	40,421	39,289	39,227
	인구 (시전체인구 대비)	107,840 (0.98%)	112,673 (1.03%)	104,403 (0.97%)	90,784 (0.83%)	83,596 (0.80%)	79,078 (0.76%)
전국 생활 보호 대상자		1,918,168	1,821,414	1,754,904	1,506,010	1,336,896	1,098,922

---

37) US Dept. of Health and Human Services(1986:408)는 빈곤을 경제적 빈곤과 의료적 빈곤으로 나누고 있다. 경제적 빈곤은 의식주에 해당되는 최저생계비를 스스로 해결하지 못하는 상태를 의미하며, 의료적 빈곤은 질병치료를 위한 진료비를 스스로 해결하지 못하는 상태를 의미한다. 일반적으로 경제적 빈곤은 의료적 빈곤을 수반한다.

<표 3-5> 서울시민의 의료보호대상자 현황

(단위: 천명)

구 분	의 료 보 험				의료보호	합계
	지역	직장	공,교	합계		
인원 (비율)	5,167 (34%)	8,835 (58%)	1,134 (8%)	15,136 (99.2%)	126 (0.8%)	15,262 (100%)

주) 1997년도 기준

　따라서 이들 생활보호대상자나 저소득층과 같이 경제적 능력이 없는 시민에게는 국가나 사회의 비용으로 서비스를 제공해야 하며, 경제적 능력이 있는 시민이라고 하더라도 능력 이상의 의료비를 부담해야 할 경우에는 국가나 사회가 나서서 이 문제를 해결하지 않을 수 없다. 사회복지 영역에서는 양자를 의료적 빈곤층으로 규정하고 국가에서 그 비용을 부담하고 있다. 법적 빈곤층으로 분류되어 생활보호를 받는 시민과 과중한 의료비가 생계에 큰 영향을 미치는 시민에게 제공되는 의료보호[38]는 의료서비스의 공공성을 기초로 한 프로그램이다(정윤수·허만형, 1999).

　의료서비스 공급주체인 병원은 비록 민간병원이라고 하더라도 공공성에서 자유로울 수 없다. 민간병원이 의료비의 부담능력을 가지고 있는 시민에게 의료서비스를 제공하는 공급주체라면, 시립병원과 같은 공립병원은 의료적 빈곤층에 대한 의료서비스 공급주체로서의 역할을 한다. 따라서 시립병원의 존재가치는 공익진료 기능을 적극적으로 수행하여 빈곤층뿐만 아니라, 저소득층과 중간소득계층 시민들이 진료비 부담 없이 건강상 필요할 때는 언제든지 병원을 찾을 수 있도록 하는 데 있다. 이와 같은 이유에서 진료비 부담으로부터 자유로울 수 없는 의료적 빈곤층에 대한 의료서비스

---

38) 1종과 2종으로 분류하여 의료보호를 실시하고 있다. 거택보호대상자와 시설보호대상자는 1종의료보호를 받고, 자활보호대상자는 2종의료보호를 받고 있다.

제공은 수익성을 근간으로 하는 민간병원에 맡길 수 없으며, 국가나 지방
자치단체가 설립한 공립병원이 책임질 수밖에 없다(정윤수·허만형, 1999).

　이와 같은 논의는 의료서비스의 공공재(public-goods)적 성격에 기인하
는 데 좀 더 정확하게 의료서비스의 준집합재(quasi-collec- tive goods)[39]
적 특징으로 인해 민간의료기관이라 할지라도 應益者負擔原則의 일부예외
나 경감을 인정할 수밖에 없는 것이고, 공공진료기능 수행으로 인한 손실
은 국가가 재정보조금 지원 등을 통해 제도적으로 뒷받침해 주고 있는 것
이다[40]. 이는 사회복지부문에서 있어서 모든 국민에게 형평성을 확보해 주
는 것이 국가의 책임이기 때문이다.

　따라서 Kaldor-Hicks기준(criterion)이나 파레토 기준(Pareto criterion)보
다는 Rawls기준에 좀 더 근접한 시각에서 의료서비스의 준집합재적 성격
을 설명할 수 있다[41]. 그러나 이러한 형평성기준을 굳이 논하지 않더라도
공공의료기관의 사명은 사회형평성 확보차원에서 의료서비스가 공급되어져
야 한다. 즉, 공공의료기관은 이익극대화에 기초한 수익성 원리에 의해 움
직이는 민간의료기관의 의료서비스 공급영역으로부터 死角地帶에 방치되어
있는 의료취약계층－저소득층이나 의료보호환자 및 노인, 행려환자, 그리고
노숙자(homeless)나 실직자 등－의 의료서비스 접근 가능성을 높이고 이들
에 대하여 기본적인 의료서비스를 제공해야 하는 것이다. 이런 관점에서

---

39) 준집합재란 공공부문과 민간부문에서 생산되는 재화로서 구체적이지만
　　그 생산이 사회 전체에 상당한 파급효과를 가져오기 때문에 그 사용과
　　편익이 비배타적이며 집합적인 것으로 간주되는 재화를 말한다.
40) 이를테면 의료보험종류별로 의료수가의 차등적용이나 국가보건복지정
　　책 등을 들 수 있다.
41) Kaldor-Hicks기준이란 능률면에서 순이익(총편익－총비용)이 있고, 이
　　익을 얻은 집단이 손해를 본 집단에게 보상을 할 수 있다면 그 사회상
　　태가 이전의 사회상태보다 개선되었다고 보는 형평성의 기준이고,
　　Pareto기준은 어떤 사람의 복지도 악화됨이 없이 적어도 한 사람 이상
　　의 복지가 향상된다면 그 사회상태가 그 이전의 상태보다 더 낮다고
　　진술하는 형평성의 기준이다. 이에 비해 John Rawls의 형평성 기준은
　　최악의 사회상태에 있는 사회구성원의 복지에 이익을 가져온다면 그것
　　이 다른 사회상태보다 더 낮다고 보는 관점이다.

시립병원의 공익진료기능은 매우 중요한 의미를 지닌다.

이와 같은 공공의료기관의 필요성에도 불구하고 국공립병원의 재정적자 해소 방안을 통한 경영효율성을 모색하는 관점에서 구조조정과 민영화 또는 민간위탁경영의 주장이 제기되고 있다[42]. 이는 공공의료기관의 공공성보다는 기업성 측면을 보다 강조한 병원운영을 기하기 위함이다. 그러나 공공성이 강한 의료서비스를 시장논리에만 치중하여 제공하도록 한다면 의료빈곤층에 대한 의료서비스 제공에 심한 불균형 현상을 초래할 가능성이 높다. 선진국에서는 의료서비스의 공공성을 중요하게 인식하여 공공병원이 의료서비스에서 차지하는 비율을 높게 잡고 있다. 영국이나 스웨덴 같은 국가는 공공의료부문의 비율이 90% 이상을 차지하고 있으며, 일본은 34%, 미국은 25%를 차지하고 있으나 우리나라의 경우 공공의료부문이 차지하는 비율은 10%에 불과하다(한국능률협회, 1999).

3) 공공의료기관의 발전방향

우리나라의 현실을 감안할 때 수익성을 중심으로 한 의료서비스 제공은 민간의료기관에 일임하고, 공공의료기관은 일반진료와 의료보호 및 생활보호자를 포함하는 중저소득층과 특수진료환자(노인 및 정신질환자 및 재활의료환자)와 같은 의료취약계층을 대상으로 양질의 진료를 제공하는 것이 바람직하다. <그림 3-7>은 향후 공공의료기관의 발전방향을 보여주고 있다.

---

42) 공공의료기관의 비효율성을 극복하는 방안으로 민간매각을 주장하는 사람들의 주장에 따르면 민영화전환 시 발생할 수 있는 저소득층에 대한 의료혜택의 문제해결을 위해 지방정부가 이용권지급제도(vouchers)를 통해 해결할 수 있다고 보고 있으나 공공의료기관의 공익적 성격을 과소평가하고 시장논리에 근거한 수익성만을 중심으로 보는 데서 비롯되는 편향된 주장이라 하지 않을 수 없다.

<그림 3-7> 공공의료기관의 발전 방향

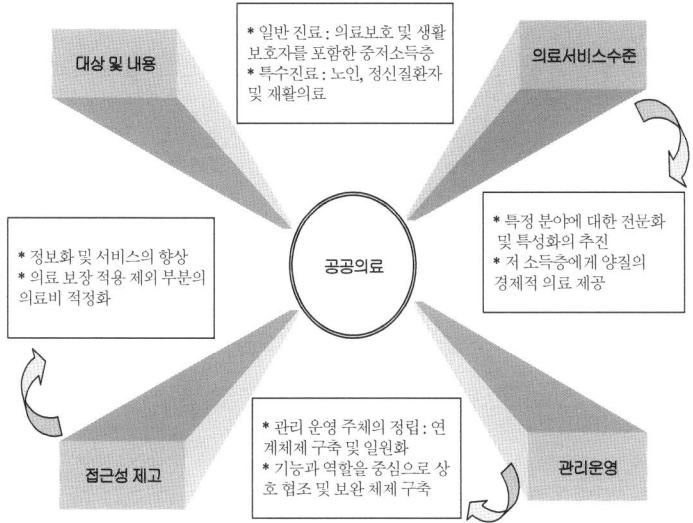

나아가 특정 분야에 대한 전문화 및 특성화를 추진함은 물론 정보화 및 서비스의 질 향상과 적정 진료비를 책정하여 민간의료기관으로부터 외면되는 진료 분야를 담당하는 동시에 일반 서민들의 서비스접근 가능성을 제고시켜야 할 필요성이 있다. 또한, 책임경영체제의 확립으로 인한 경영효율성 향상도 동시에 고려되어 재정자립도 측면도 향상시켜야 한다.

공공의료기관이 우리나라의 국민보건에 양질의 서비스를 제공하기 위해서는 진료기능과 교육기능 및 연구기능이 강화되어 유기적인 관계를 가지고 발전해야 하며 공익성과 함께 수익성도 고려한 경영체제를 갖추어 경영효율화를 기함으로서 대외적인 경쟁력을 갖출 필요성이 있다고 판단된다. 좀 더 구체적으로 첫째, 보건의료자원의 효율적 이용 및 자원의 직접배분을 위해 의료자원의 불균형에 대한 합리적 배분과 실효성 있는 의료전달체계의 확립을 통한 국민들의 의료접근성을 제고시켜야 할 것이다. 둘째, 도시저소득층, 결손가정과 노인, 장애인등에 대한 사회적 부양책과 의료서비스 확충을 기해야 하고, 셋째, 응급의료체계의 확립 및 식품, 의약품 등의 誤·濫用으로 인한 안전관리체계의 확보와 넷째, 생명공학, 의공학 등 보건과학에 대한 민간의 연구개발과 투자유인을 확보하는 데 심혈을 기울여야한다. 이러한 역량과 기능향상을 위해 공공의료기관의 경우 특히 公益性과 企業性의 적절한 조화가 절대적으로 요청되는 동시에 특히 공익성차원의 진료서비스 강화는 결코 외면할 수 없는 설립목적과 경영목표가 되어야 할 것이다. <그림 3-8>은 이를 그림을 통해 보여주고 있다.

<그림 3-8> 공공의료기관의 기능강화 방향

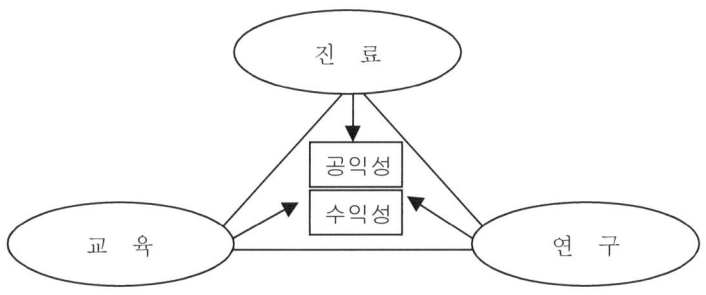

第2節 組織運營形態別 經營成果의 差異

1. 의료서비스의 성과평가

1) 지방공공병원의 의료서비스 성과평가 지표

공공서비스의 성과평가는 그 대상 서비스나 측정하는 사람에 따라 극히 다양한 측정지표를 통해 측정하고 있다. 특히 병원조직의 경우 경영분석의 초점을 어디에 두는가에 따라 다양한 시각에서 분석이 가능하다. 일반적으로 병원조직의 경영성과는 재무적 성과와 비재무적 성과로 대별할 수가 있는데 재무적 성과란 일정기간 동안에 발생한 수입, 비용 및 기타 손익과 관련된 성과를 말하고, 비재무적 성과는 의술수준, 경영자의 경영능력 및 종사원의 자질, 사기와 협동심, 조직 및 관리체계의 합리성 여부, 입지, 설비의 노후정도 등에 관한 것을 말한다. 그러나 이와 같은 기준에 의거해서 경영성과를 평가했을 경우 지방공공의료원의 특수성을 반영하지 못한 엉뚱한 평가결과를 도출할 수 있다. 이를테면 공익성차원의 성과측정을 간과할 수 있는 것이다. 따라서 공공의료기관의 성과평가에는 재무적 평가와 비재무적 평가 이외에 공익성을 반영할 수 있는 의료보호환자진료비율이나 저소득층, 행려환자 등과 같은 취약계층에 대한 역할수행 정도를 함께 측정할 때 병원 설립목표에 부합하는 성과분석 결과를 도출할 수 있다. 또한 환자진료실적과 생산성에 대한 분석도 병행되어야 한다.

병원의 성과평가 기준은 평가주체마다 다양한 지표를 제시하고 있다. 지방의료원의 평가항목으로 한국보건의료관리연구원은 병원경영분석지표로서 재무지표, 생산성지표, 환자진료실적지표, 의료수익지표와 인력지표로 대분류하고, 이 가운데 재무지표를 수익성, 안전성, 활동성, 성장성, 의료수익 대비 원가의 5개 항목을 제시하고 있다.

한국보건의료관리연구원의 경영분석지표가 주로 민간의료기관을 대상으로 한 것임에 비해, 지방공기업으로 운영되는 공공병원에 대한 성과평가는 서울시의 투자기관경영실적평가, 전국지방공사의료원연합회 및 지방자치경영협회에서 각각 다른 지표를 통해 평가하고 있다.

서울시에서 매년 산하 투자기관에 대해 실시하고 있는 경영실적평가의 지표43)는 재정자립도, 환자진료사업, 이용자서비스 향상, 환경관리, 의학연

---

43) 지방공사 강남병원의 경영실적평가에서 사용 중인 경영관리지표(비계량지표)는 크게 종합경영 효율성(책임경영 및 전반적인 공익성, 수익성 제고노력)과 경영

106

구, 의료장비활용도 제고, 병원운영의 내실화 등을 평가지표로 채택하고 있으며, 한편 전국지방공사의료원연합회는 재정자립도, 인력관리, 시설 및 의료기구 이용률, 의료업무의 사회적 기여도, 경영합리화 등의 지표를 이용하여 지방자치단체가 운영하는 지방공사의료원의 경영성과 분석을 실시하고 있다. 또한 지방자치경영협회는 재정자립도, 인력관리, 시설 및 의료기구 이용률, 의료업무의 사회적 기여도, 경영합리화, 인사 및 조직운영의 자율성, 시설투자 및 의학연구 실적 등을 평가지표로 활용하고 있다.

본 연구에서는 재무적 성과와 비재무적 성과를 종합해서 성과분석을 함과 동시에 고객만족도 조사를 통해 서비스수혜자의 서비스 질에 대한 주관적 만족도 평가를 함께 조사하여 종합적인 성과평가를 기하였다.

병원의 경영성과 분석지표는 크게 재무비율분석과, 환자진료실적분석, 생산성분석, 레버리지분석 등으로 나누어지나 본 연구는 재무비율분석과 함께 병원의료서비스란 특성을 고려하여 환자진료실적분석과 생산성분석을 함께 하고자 한다. 또한 여기에 더하여 시립병원의 조직인사관리 및 경영관리 전반에 걸쳐 분석을 종합적으로 시도하고자 한다.

재무적 성과에 대한 분석은 재무비율분석이 가장 널리 사용되며 이 방법은 재무제표인 대차대조표와 손익계산서를 중심으로 특정항목과의 관계를 백분율, 회전율 등의 지표로 나타내어 경영상태나 경영성과를 판단하는 방법이다(정기선, 1992).

환자진료실적분석은 병원에서 진료를 제공받는 환자의 수를 件, 인원, 기간 등의 일정단위에 의하여 진료과별·진료비지불형태별(일반, 보험, 의료보호 등)·진료방법별(입원, 외래) 등으로 분류·집계하고, 이를 인력·시설 등의 투입요소와 비교분석하여 얻어진다. 이는 진료통계를 토대로 행하여지며 병원이 투입한 인력과 시설을 가지고 얼마나 효율적으로 환자를 진

합리화(세부 지표로 인사관리·조직운영·노사관계관리·재무 및 회계제도의 적정화·내부평가제도의 운영·투자 및 자산관리·장기경영계획·원무관리제도의 적정화 등이 있음)로 나누어 평가하고 있다.

료하였는가를 알기위한 데 그 목적이 있다.

2) 성과평가지표의 선정 및 평가항목

(1) 성과평가의 차원 및 지표선정

이에 따라 본 연구의 실적평가지표는 공익성, 경영관리, 인력관리, 재정자립도 등으로 평가차원을 구분하여 각 차원별로 하위평가지표를 설정하여 시직영병원, 지방공사병원, 위탁운영병원 간에 어떠한 차이가 발생되는지 면밀하게 분석하였다. 선정기준은 시립병원의 경영실적의 특성을 가장 잘 반영하는 지표를 선택하였으나 단, 경영관리차원의 평가지표는 시립병원의 특성상 민간병원과의 회계방식상의 차이를 고려하여 측정 가능하고 비교 가능한 지표를 중심으로 하위평가지표를 엄선하였다. 각 차원별 하위평가지표는 다음과 같다.

먼저 공익성차원은 의료업무의 사회적 기여도를 평가하고자 하는 것으로 시립병원의 설립목표 중의 하나인 공공성을 측정하기 위한 것이다. 즉, 의료보호 및 행려환자 등 저소득층 시민에 대한 의료서비스 제공과 경제적으로 취약계층에 대한 의료복지 증진을 위한 진료실적을 평가하고자 하는 것으로 본 연구에서는 하위측정지표로 의료보호환자비율, 의료보호환자증가율과 함께 외래환자 대비 응급환자비율, 그리고 응급환자입원율을 선정하였다.

경영관리의 효율성 차원에 대한 평가는 경영합리화 정도를 알아보고자 하는 것으로 다시 평가지표로 성장성, 수익성, 생산성, 활동성으로 분류하고 아래와 같이 각 평가지표별 세부평가지표를 선정하였다.

성장성이란 前期에 비해 의료수익이나 자본, 또는 환자수가 증가한 정도를 가리키는 것으로 지방공사의료원연합회와 지방자치경영협회의 의업수입

증대노력을 의미하며 본 연구에서는 하위측정지표로 의료수익증가율과 조정환자수증가율을 선정하였다.

수익성지표는 투입된 자본과 이익과의 비율이 적정한가를 판단하기 위한 지표이자 의료수익에 의해 실현한 이익의 적정성 여부를 판단하기 위한 지표를 의미하는 데 여기서는 의료수익순이익률과 의료수익의료이익률을 채택하였다. 수익성 지표의 각종 이익률은 높을수록 수익성이 양호하다는 것을 의미한다.

생산성은 투자된 비용의 효율성 정도를 보고자 하는 것으로 창출한 부가가치를 총자본이나 인건비, 조정환자 1인당 및 병상당 월평균 부가가치, 의료기기 투자효율 대비 부가가치 등을 측정하고자 하는 것인 데, 본 연구에서는 인건비 투자효율과 조정환자 1인당 인건비, 조정환자 1인당 진료비, 그리고 100병상당 1일평균조정환자수를 채택하였다.

활동성 지표는 투입된 자본의 활용 정도와 자본관리 활동에 의한 효과를 말하는 데 병원에 투입된 자본이 의료수익의 증대에 얼마나 효과적으로 기여하였는가를 판단하고 재고자산과 미수채권관리 등 업무활동의 성과를 평가하는 지표이다. 활동성지표 산출에서의 의료수익에는 입원수익, 외래수익 및 기타 의료수익에 의료부대수익을 더하고 의료수익조정계정을 가감한 의료사업수익이 쓰여진다. 서울시와 지방공사의료원연합회 및 지방자치경영협회에서는 이를 병원운영의 내실화나 경영합리화정도를 판단하기 위한 기준으로 활용하고 있으며 본 연구에서는 총자본회전율과 의료미수금회전율 및 의료미수금회전기간을 하위측정지표로 선정하였다.

인력관리의 효율성에 대한 평가는 인력규모의 적정성이 경영성과에 미치는 영향이 작지 않기 때문에, 각 병원의 업무량에 비추어 각 직종별 인력규모의 적정성 여부를 파악하고자 하는 것이다. 병원조직의 인력규모를 파악하기 위한 가장 적합한 측정지표는 조정환자 100명당 인력을 보는 것으로 본 연구에서는 전체인력과 함께 직종별로는 의사, 간호사, 사무직원수를 보았다. 이 지표는 환자의 진료량을 고려하여 인력규모의 적정성을 판

단하기 위한 것으로, 이 지표의 값이 높을수록 환자진료량에 비해서 인력
이 과도하게 고용되어 있다고 할 수 있다.

재정자립도는 서비스 창출로 거둬들인 자체수익으로 지속적인 조직운영
과 서비스생산을 외부의 재정적 보조 없이 얼마나 독자적으로 경영할 수
있는가를 가늠할 수 있는 재정적 독립을 의미하는 지표로 독립채산제의 원
칙에 얼마나 충실한가를 보고자 하는 것이라 할 수 있다. 그러나 본 연구
의 대상사례 가운데 동부병원은 서울시의 일반회계에 의해서 운영되고 있
기 때문에 자본의 개념이 존재하지 않는 관계로 본 연구에서는 이를 고려
하여 병원조직의 의료수입 가운데 의료비용에 충당되는 비율을 의미하는
의업수지비율을 선정하였다.

그러나 위 평가지표 중 공익성을 제외한 여타 평가차원인 경영관리, 인
력관리, 재정자립도 등은 크게 보아 공공의료기관의 기업성 내지는 수익성
을 평가하는 지표로 대별할 수 있다. 본 연구는 위에서 제시한 성과평가지
표를 이용하여 성과평가차원별로 각 병원의 차이를 보다 타당성 높게 도출
해 내기 위해 1995년도부터 1999년도 5개년치의 환자진료통계와 손익계산
서, 대차대조표를 일일이 분석함과 동시에 의료서비스관련 전문가의 자문
과 조직진단을 포함한 병원실무자와의 면담조사를 통해 경영실적분석결과
의 適實性 확보와 說明力을 높이기 위해 심혈을 기울였다.

(2) 성과평가지표의 計算式

아래 <표 3-6>은 시립병원의 성과평가지표와 각 지표의 계산식을 보여
주고 있다. 각 평가지표의 계산식은 한국병원협회의 계산식을 준용했다.

110

<표 3-6> 성과평가지표 및 계산식

평가 차원		측 정 지 표	단위	산 술 식
공익성		· 의료보호환자비율	(%)	$\dfrac{\text{의료보호환자수}}{\text{전체환자수}} \times 100$
		· 의료보호환자 증감률	(%)	$\dfrac{(\text{당기 의료보호환자수} - \text{전기 의료보호환자수})}{\text{전기 의료보호환자수}} \times 100$
		· 외래환자 대비 응급환자비율	(%)	$\dfrac{\text{응급환자수}}{\text{외래환자수}} \times 100$
		· 응급환자 입원율	(%)	$\dfrac{\text{응급환자 중 입원한 환자수}}{\text{총 응급환자수}}$
경영관리	성장성	· 조정환자수 증감률	(%)	$\dfrac{(\text{당기 의료조정환자수} - \text{전기 의료조정환자수})}{\text{전기 의료조정환자수}} \times 100$
		· 의료수익 증가율	(%)	$\dfrac{(\text{당기 의료수익} - \text{전기 의료수익})}{\text{전기 의료수익}} \times 100$
	생산성	· 인건비 투자효율	(%)	$\dfrac{\text{부가가치}}{\text{인건비}} \times 100$
		· 조정환자 1인당 진료비		$\dfrac{\text{진료비}}{\text{조정환자수}}$
		· 조정환자 1인당 인건비	(원)	$\dfrac{\text{인건비}}{\text{조정환자수}}$
		· 100병상당 1일평균조정 환자수	(명)	$\dfrac{\text{연조정환자수} \div 365}{\text{평균병상수} \div 100(\text{병상})}$
	수익성	· 의료수익 순이익률	(%)	$\dfrac{\text{당기순이익}}{\text{의료수익}} \times 100$
		· 의료수익의료이익률	(%)	$\dfrac{\text{의료이익}}{\text{의료수익}} \times 100$
	활동성	· 총자본 회전율	(회)	$\dfrac{\text{의료수익}}{\text{총자본}}$
		· 의료미수금 회전율	(%)	$\dfrac{\text{의료수익}}{\text{평균의료미수금}}$
		· 의료미수금 회전기간	(일)	$\dfrac{\text{의료미수금잔액}}{\text{의료수익}} \times 365$

평가 차원	측 정 지 표	단위	산 술 식
인력 관리	·조정환자 100명당 전체인력수준	(명)	$\dfrac{전체인력수 \times 365}{조정환자수 \div 100(명)}$
	·조정환자 100명당 의사수	(명)	$\dfrac{의사수 \times 365}{조정환자수 \div 100(명)}$
	·조정환자 100명당 간호 인력수	(명)	$\dfrac{간호 인력수 \times 365}{조정환자수 \div 100(명)}$
	·조정환자 100명당 사무직원수	(명)	$\dfrac{사무직원수 \times 365}{조정환자수 \div 100(명)}$
재정 자립도	·의업수지비율	(%)	$\dfrac{의료수익}{의료비용} \times 100$

주: 1) 연인원 기준으로 조정환자수(=외래환자수/3+입원환자수)를 적용하여 계산함.
   2) 의사=전담의+레지던트+인턴
   3) 인건비: 봉급, 상여금, 정액수당, 초과근무 및 기타수당, 비정규직보수, 일용잡급
   4) 부가가치란 병원이 생산한 총생산가치에서 그 병원이 생산을 위하여 타기업으로부터 구입·소비한 생산
      가치를 공제한 부분이다〔부가가치=의료수익-(재료비기타+소모품비+동력비+의료장비구입비+외주
      용역비)〕.
   5) 저소득층 및 행려환자진료실적은 의료보호환자진료실적에 포함되어 있는 관계로 생략함.

2. 조직형태별 경영성과 차이 분석

1) 각 병원의 환자진료 실적

<표 3-7> 진료실적 현황 추이(조정환자 기준)

(단위: 명, %)

병원 \ 연도		1991	1992	1993	1994	1995	1996	1997	1998	1999
강남병원	계	230,144	223,624	229,817	224,033	238,653	246,950	250,171	245,805	264,778
	의료보험	134,202 (58.31)	131,821 (58.95)	134,599 (58.57)	134,613 (60.09)	131,250 (55.0)	134,727 (54.56)	142,063 (56.83)	14,0457 (57.14)	139,001 (52.50)
	의료보호	53,433 (23.22)	49,567 (22.17)	54,812 (23.85)	51,995 (23.21)	59,418 (24.9)	67,048 (27.15)	62,765 (25.09)	68,818 (28.0)	92,128 (34.79)
	일반	24,974 (10.85)	26,449 (11.83)	27,276 (11.87)	26,553 (11.85)	38,684 (16.21)	34,684 (14.04)	31,069 (12.42)	27,504 (11.19)	24,326 (9.18)
	자동차보험	10639	9798	8388	6905	7,201 (3.02)	7,165 (2.90)	10,718 (4.28)	6,712 (2.73)	6,921 (2.61)
	산재보험	6896	5989	4742	3967	2,100 (0.88)	3,326 (1.35)	3,556 (1.42)	2,314 (0.94)	2,402 (0.90)
보라매병원	계	91,602	206,043	217,929	231,597	240,719	256,952	315,412	331,603	336,455
	의료보험	46,212 (50.45)	151,593 (73.57)	163,212 (74.89)	178,334 (77.00)	188,065 (78.13)	197,399 (76.82)	234,638 (74.39)	243,946 (73.57)	241,488 (71.77)
	의료보호	40,078 (43.75)	42,399 (20.58)	43,614 (20.01)	39,027 (16.85)	38,561 (16.02)	40,380 (15.71)	57,534 (18.24)	62,614 (18.88)	70,090 (20.83)
	일반	5,311 (5.80)	12,051 (5.85)	11,103 (5.09)	14,236 (6.15)	14,093 (5.85)	16,288 (6.34)	18,063 (5.73)	20,231 (6.10)	20,489 (6.09)
	자동차보험	–	–	–	–	–	2,316 (0.90)	4,426 (1.40)	3,497 (1.05)	3,381 (1.00)
	산재보험	–	–	–	–	–	569 (0.22)	751 (2.38)	1,315 (0.39)	10,07 (0.29)
동부병원	계	75,624	76,816	87,820	67,551	56,149	46,474	42,536	52,880	61,257
	의료보험	32,470 (42.94)	32,251 (41.98)	37,104 (42.25)	29,482 (43.64)	24,739 (44.06)	20,506 (44.12)	16,701 (39.26)	18,886 (35.71)	18,859 (30.79)
	의료보호	33,295 (44.03)	34,023 (44.29)	42,421 (48.30)	30,326 (44.89)	25,032 (44.58)	19,722 (42.44)	20,857 (49.03)	30,592 (57.85)	38,929 (63.55)
	일반	9,859 (13.04)	10,543 (13.73)	8,295 (9.45)	7,743 (11.46)	6,378 (11.36)	6,246 (13.44)	4,978 (11.70)	3,402 (6.43)	3,469 (5.66)
	자동차보험	–	–	–	–	–	–	–	–	–
	산재보험	–	–	–	–	–	–	–	–	–

주: 1. 조정환자수 적용(조정환자수＝외래환자/3＋입원환자)
    2. 행려환자진료실적은 의료보호진료실적에 포함시킴.
    3. 보라매병원의 1995년 이전과 동부병원 진료실적은 자동차보험과 산재보험을 따로 구분하지 않고 일반환자통계실적에 포함한 진료실적임.
자료: 강남병원 연보(1995-1999년), 보라매병원 진료통계(1995-1999년), 동부병원 업무보고서(1995-1999년)의 환자진료실적을 조정환자기준으로 재구성.

<표 3-7>은 시립병원의 지난 10년간의 진료실적 추이를 조정환자[44]를 기준으로 보여 주고 있다[45].

<그림 3-9> 환자진료실적 변화 추이(조정환자 기준)

(단위: 명)

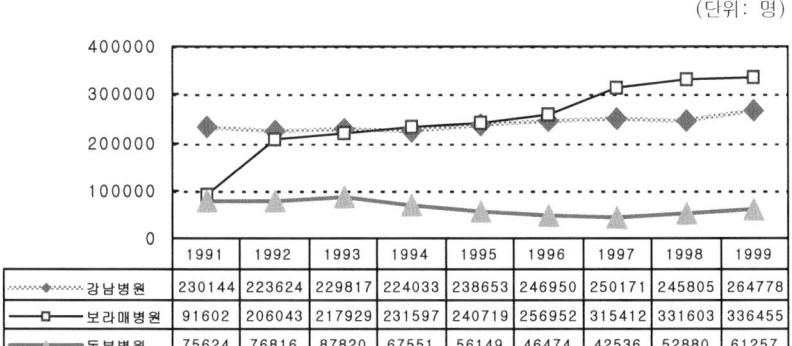

	1991	1992	1993	1994	1995	1996	1997	1998	1999
강남병원	230144	223624	229817	224033	238653	246950	250171	245805	264778
보라매병원	91602	206043	217929	231597	240719	256952	315412	331603	336455
동부병원	75624	76816	87820	67551	56149	46474	42536	52880	61257

<표 3-7>과 <그림 3-9>에서 보듯이 강남병원과 동부병원의 환자진료 실적은 점진적인 증가추세를 보이고 있으나 동부병원의 경우 1994년을 기 점으로 하락세를 보이다가 1998년부터 다시 증가하는 추세를 보이고 있기

---

44) 조정환자란 해당 병원에서 진료한 모든 환자들을 입원환자를 기준으로 환산하기 위한 것으로서, 조정환자수는 [입원환자 연인원＋외래환자 연 인원$\times \frac{\text{외래환자 1인1일당 평균진료비}}{\text{입원환자 1인1일당 평균진료비}}$]의 산식에 의해 산출되나 본 연구 에서는 통상적으로 병원에서 조정환자수로 계산하는 방식인 [$\frac{\text{외래환자}}{3}$ ＋입원환자]산식을 적용해 산출하였다.

45) 보험종듀벌 환사송튜에 따라 외래, 입원, 퇴원환자를 다음과 같이 구분 한다. 일반환자는 일반수가의 적용을 받는 환자를 말하고, 의료보험환 자는 의료보험법과 공무원 및 사립학교교직원 의료보험법에 의하여 의 료보험 적용대상이 되는 환자, 산재보험환자는 산업재해보상보험법에 의하여 산재보험적용 대상이 되는 환자, 의료보호환자는 의료보호법, 생활보호법 등에 의하여 의료보호 적용대상이 되는 환자, 그리고 자동 차보험환자는 자동차 손해배상보험법에 의하여 자동차보험 적용대상이 되는 환자를 가리킨다.

는 하나 환자진료실적이 90년대 초반에 비해 격감하고 있음을 알 수 있다. 강남병원과 보라매병원의 경우 1996년을 기점으로 환자증가세의 차이를 示顯하고 있는 데 그 이유는 보라매병원이 1996년 11월말에 117병상의 노인병동을 개원하면서 기존의 405병상에서 531병상으로 확대·증설되었기 때문으로 1997년 환자증가율이 전년 대비 22.75%의 비약적 성장을 기록하고 있다. 이와 같은 이유로 1996년까지는 강남병원과 보라매병원 간 환자수가 비슷한 양상을 보이다가 1997년부터 큰 차이로 격차가 벌어지고 있다.

진료비유형별로 1999년의 진료실적을 살펴보면 강남병원의 경우 총 조정환자 264,778명 중 의료보험환자가 139,001명으로 52.5%를 차지하고 있고, 의료보호는 92,128명으로 34.79%, 일반환자는 9.19%의 비율을 보이고 있다. 보라매의 경우 총 조정환자 336,455명 중 의료보험환자가 241,488명으로 71.77%, 의료보호가 70,090명으로 20.83%이고, 일반환자가 6.09%를 차지하고 있다. 강남과 보라매병원의 진료실적은 1996년 이후 격차가 서서히 벌어지다가 1999년의 경우 총조정환자 기준으로 71,677명으로 큰 차이를 보이고 있어 상대적으로 높은 성장률을 보이고 있다. 이에 반해 동부병원은 총조정환자 61,257명 중 의료보험이 18,859명으로 30.79%, 의료보호환자가 38,929명으로 63.55%, 그리고 일반환자가 3,469명으로 5.66%를 보이고 있어, 보라매병원과 비교해서 18.2%, 강남병원과 비교해서는 23.1% 정도의 진료실적을 보이고 있으며, 의료보호환자의 비중이 대단히 높은 비중을 차지하고 있다. 그러나 병원의 규모, 진료과목의 수, 병상수와 의료진수 등에 있어 차이가 있기 때문에 전체진료실적을 단순 비교하는 것은 의미가 없다. 따라서 진료비유형별로 환자구성비율을 보는 것이 바람직하다.

동부병원 환자가 90년대 초반 이후 계속적인 하락세를 보이고 있는 것은 시설과 장비의 낙후와 환경의 열악으로 인해 의료서비스의 질적 수준 저하를 불러온 결과 來院환자의 격감이 그 직접적 원인이겠지만 병원 구성원들의 적극적인 진료증대 노력의 결여에서 찾을 수 있다. 이는 시 직영병원의 경우 기본적으로 사업소로 운영되고 있기 때문에 직제상 병원의 실질적인 경영이 원장과 행정직 시공무원에 의해 주도되고 있으며, 병원의 핵인 의사는 계약직 신분으로서 병원의 의사결정에 참여할 수 있는 공식직제가 마련되어 있지 않다. 이에 따라 진료부서가 소외되고 환자들에 대한 신속한 진료업무 처리가 때에 따라서는 지연되고 진료부서 간에 협진체제 또한 미진한 실정이다. 그 결과 서무과는 진료각과에 대한 지원부서적 성격보다는 상위감독관청의 성격과 유사한 행정명령을 집행하고 감독하는 부서로서의 기능이 강하다 보니 서비스기관 본래의 성격에 충실하기보다는 관료주의적 경직성이 작용하고 있는 현실이다. 더구나 행정직원의 경우 순환보직으로 인해 병원경영 및 병원의 특성에 대한 전문성을 갖추기도 전에 타 기관으로 전출되고, 간호사의 경우 보건소와의 순환보직으로 전문성이 떨어지고 있어 전반적으로 직원의 낮은 조직몰입도(organizational commitment)를 보이고 있다.

더구나, 의사들에 대한 낮은 보수로 근무의욕 저하와 간호부서의 노령화로 인한 고임금화, 그리고 병원으로서 필수인원인 의무기록사, 사회복지사, 열관리사가 없어 제대로 된 진료기능을 수행하기가 용이하지 않은 데에도 그 원인이 있다. 더구나 과거 보건소장 출신의 전문성 없는 병원장 임용으로 인해 경영개선이 어려웠다는 점도 한 요인이다46). 이런 상황에서 主人意識이 생겨날 리 없으며 所有權 不在로 비효율성이 누적된 것이라고 볼 수 있다47).

---

46) 최근에 들어 외부 전문병원경영인을 공모하여 병원장에 임명한 것은 진일보한 인사관리라고 할 수 있으나 직원의 임명 및 발령권 등 제반 인사권한이 주어지지 않고 있을 뿐만 아니라 자율적인 예산집행권 또한 가지고 있지 않아 의욕적인 경영개선 작업을 펼치기에는 제도적 취약성이 너무 크다.

47) 시식영병원의 주인의식 결여와 소유권 부재와 관련해서 本人-代理人關係理論(Waterman & Meier, 1998; 곽채기, 1995 참조)으로 설명이 가능하다. 이 이론에 의하면 공기업은 정부가 임명한 경영자에 의해 운영되고 따라서 공기업의 경영자는 본인-대리인이론에서 설정하고 있는 전형적인 대리인의 한 유형이라는 것이다. 이러한 공기업부문의 본인-대리인 관계는 사적소유권하의 본인-대리인 관계와 달리 이윤극대화를 추구하지 않을 뿐만 아니라 소유권이 거래되지 않기 때문에 자구적 경영개선 노력이나 '기업통제를 위한 시장'이 존재하지 않는다

2) 病院別 經營實績 分析

(1) 公益性次元 성과평가

공익성차원은 의료서비스의 사회적 기여도를 측정하기 위한 것이다. 민간병원의 경우 공익성지표는 큰 의미가 없으나 시립병원의 경우 설립목적과 운영목표에 비추어 볼 때 공익성지표는 중요한 의미가 있다.

왜냐하면 현행 의료보험이나 의료보호환자에 대한 수가가 원가에 적정한 이윤을 부합시켜 산정한 것이 아니기 때문에 민간병원의 경우 의료보호환자를 많이 진료할수록 적자를 보게 되며, 의료보험환자의 경우도 일부 수익성이 낮은 진료에 있어서는 적자가 발생함으로 수익성이 없는 의료보호환자나 수익성이 낮은 일부진료를 기피할 수밖에 없다. 그러나 공공병원의 경우 설립목적과 운영목표에 저소득층과 의료보호환자에 대한 의료서비스 제공을 우선적으로 제공해야 함을 명문화[48]하고 있는 데서 알 수 있듯이 공익진료기능은 조직 존재의 의미를 부여하고 존립의 정당성을 확보할 수 있는 중요한 평가지표인 것이다.

는 데 그 원인을 찾을 수 있다. 물론 이 과정에서 공공재의 특성인 非競合性으로 인해 競爭유인이 제공되지 않고, 실적에 대한 인센티브도 주어지지 않는다는 점에서 시직영병원의 비효율성의 원인을 찾아 볼 수 있다.

48) 시립동부병원은 설립목적에 '일반종합병원으로서 무의탁 노인, 생활 보호 대상자와 그 가족, 행려 환자, 최근에는 실직 노숙자 및 저소득층의 환자들을 대상으로 양질의 의료서비스를 무상으로, 또는 저렴하게 제공하는 데 그 목적이 있다'라고 명문화되어 있고, 지방공사 강남병원은 '서울특별시지방공사 강남병원 설치 조례' 제1조에 '진료와 의학연구를 통하여 시민의 보건향상을 도모하고 의학발전에 기여하기 위하여 지방공사 강남병원을 설립'한다고 규정하고 있어 저소득시민의 진료를 직접적으로 명시하고 있지는 않으나 운영목표에 '민간의료가 부담하기 힘든 공익진료 향상'이라고 분명히 반영되어 있고, 보라매병원은 '서울특별시립보라매병원 위탁운영에 관한 조례' 제1조에 '시민의 의료복지증진을 위하여 저소득시민의 진료를 주로 담당하는' 것으로 운영목적을 규정하여 저소득시민의 진료가 병원의 주된 목적임을 명시하고 있다.

　시립병원 의료서비스의 공공성을 측정 가능한 객관적인 통계수치로 가
장 잘 나타내주는 대표적인 지표는 전체환자진료실적에서 의료보호환자가
차지하는 비율을 보고 판단내릴 수 있다. 이 이외에도 행려환자진료실적이
포함되나 이는 의료보호환자진료통계에 포함되기 때문에 따로 구분할 타당
한 이유가 없으며, 기타 공공진료사업실적은 객관적인 수치로 환산하기 어
려운 문제점이 있을 뿐만 아니라 각 병원의 의료자원 규모가 상이한 관계
로 일률적인 비교가 어려운 관계로 본 연구에서는 의료보호환자진료실적과
비율, 그리고 증감률을 토대로 공익성 분석을 하고자 한다.
　이 이외에 공익성차원을 분석할 수 있는 측정 가능한 지표로 응급환자
비율과 응급환자입원율이 대표적인 데, 응급의료는 국민생명과 직결된 공
공의료적 성격을 지니므로 공익성차원을 분석할 수 있는 지표로서 기능한
다. 일반적으로 응급환자는 외래환자로 취급되어 외래환자실적에 포함되므
로 본 연구에서는 1998년과 '99년 2개년치의 외래환자 대비 응급환자비율
이 병원조직형태별로 어떻게 달리 나타나는지를 보고, 다시 응급환자 중
입원환자비율을 살펴보았다.

(가) 의료보호환자비율 및 증가율

　아래 <표 3-8>은 연도별 의료보호환자비율과 증가율을 보이고 있다.

<표 3-8> 연도별 의료보호환자비율 및 의료보호환자증가율

(단위: 명, %)

병원 \ 연도		1991	1992	1993	1994	1995	1996	1997	1998	1999
강남병원	계	230,144	223,624	229,817	224,033	238,653	246,950	250,171	245,805	264,778
	의료보호환자수(비율)	53,433 (23.22)	49,567 (22.17)	54,812 (23.85)	51,995 (23.21)	59,418 (24.9)	67,048 (27.15)	62,765 (25.09)	68,818 (28.0)	92,128 (34.79)
	의료보호환자증감률	–	-7.23	10.58	-5.14	14.28	12.84	-6.39	9.64	33.87
보라매병원	계	91,602	206,043	217,929	231,597	240,719	256,952	315,412	331,603	336,455
	의료보호환자수(비율)	40,078 (43.75)	42,399 (20.58)	43,614 (20.01)	39,027 (16.85)	38,561 (16.02)	40,380 (15.71)	57,534 (18.24)	62,614 (18.88)	70,090 (20.83)
	의료보호환자증감률	–	5.79	2.87	-10.52	-1.19	4.72	42.48	8.83	11.94
동부병원	계	75,624	76,816	87,820	67,551	56,149	46,474	42,536	52,880	61,257
	의료보호환자수(비율)	33,295 (44.03)	34,023 (44.29)	42,421 (48.30)	30,326 (44.89)	25,032 (44.58)	19,722 (42.44)	20,857 (49.03)	30,592 (57.85)	38,929 (63.55)
	의료보호환자증감률	–	2.19	24.68	-28.51	-17.46	-21.21	5.75	46.67	27.25

주: 조정환자수 적용(조정환자수=외래환자/3+입원환자)
자료: 강남병원 연보(1995-1999년), 보라매병원 진료통계(1995-1999년), 동부병원 업무보고서(1995-1999년)의 환자진료실적을 조정환자기준으로 재구성.

지난 10년간 의료보호환자진료실적 변화 추이를 보면 전반적인 환자진료실적의 증가와 함께 세 병원 모두 점진적인 증가추세를 보이고 있다. 의료보호환자진료실적 순위는 강남병원이 가장 높고, 그 다음으로 보라매, 동부병원 순으로 이어지고 있다.

그러나 이를 조정환자수 대비 의료보호환자비율로 보면 1999년의 경우 동부병원이 63.55%로 가장 높고, 강남병원은 34.8%임에 반해 보라매병원은

20.8%에 불과하다.

<그림 3-10> 의료보호환자진료실적 변화 추이(조정환자 기준)

(단위: 명)

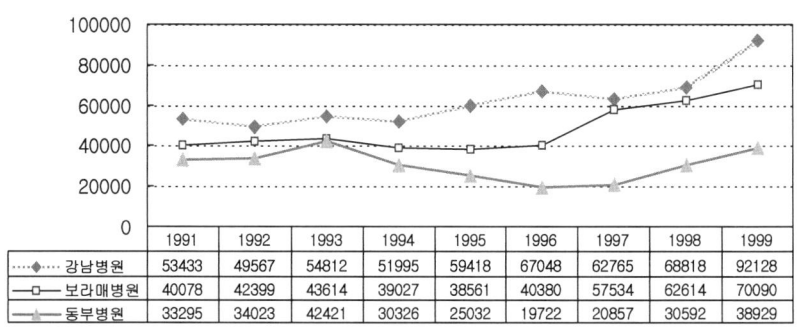

	1991	1992	1993	1994	1995	1996	1997	1998	1999
강남병원	53433	49567	54812	51995	59418	67048	62765	68818	92128
보라매병원	40078	42399	43614	39027	38561	40380	57534	62614	70090
동부병원	33295	34023	42421	30326	25032	19722	20857	30592	38929

전년도 대비 의료보호환자 증가율을 보면 1999년에 보라매병원이 11.9%, 동부병원이 27.3%임에 반해 98년 대비 33.9%의 높은 상승세를 기록하고 있으며 동부병원의 경우 98년의 경우 46.7를 보이고 있다. 이로 미루어 볼 때 국제통화기금(IMF) 관리체제로 접어든 이후 우리사회의 의료보호층이 증가하고 있음을 알 수 있다.

주목할 점은 전체환자진료실적에서 1999년 보라매병원이 336,455명으로 강남병원의 264,778명보다 71,677명이나 많음에도 불구하고, 의료보호환자 수는 강남병원이 92,128명으로 보라매병원의 70,090명보다 22,038명이나 많은 것으로 나타나 공익성측면에 있어서 보라매병원은 대단히 낮은 수준을 보이고 있다.

이와 같은 결과는 앞서 지난 5년간 병원의 환자진료실적 증가율에 비추어 볼 때, 보라매병원의 경우 강남병원과 동부병원에 비교해서 낮은 증가 추이를 보이고 있음을 알 수 있다.

또한 지난 10년간 의료보호환자 비율변화 추이를 보면 구 영등포시립병

원에서 서울대의대로 민간위탁초기에는 43.75%의 비율을 보이다가 점차적
으로 낮아져 1999년에는 20.83%를 기록하고 있다. 뒤에서 의료수익과 환자
1인당 진료비 지표를 토대로 좀 더 면밀한 분석이 이어지겠지만 이와 같은
감소추세는 병원경영목표를 공익성보다는 기업성(수익성)에 더 치중해서
경영한 결과하고 해석할 수 있다.

동부병원의 경우 특징적인 사항은 지난 1993년 이후 전체환자진료실적
이 급감함에도 불구하고 의료보험환자의 비율은 감소하는 데 반해 의료보
호환자비율이 점진적으로 증가되어 99년의 경우 63.55%까지 상승하여 저
소득층과 의료보호환자 중심의 의료서비스가 제공되고 있음을 알 수 있다.
물론 공익성 차원에서 볼 때 의료보호환자비율의 증가를 긍정적으로 평가
할 수 있으나 의료보험자인 일반시민들에게는 외면되고 있는 것으로 해석
할 수 있어 향후 병원의료서비스 개선의 여지가 크다는 것을 반증해 주는
것이라 할 수 있다.

<그림 3-11> 조정환자수 대비 의료보호환자수 비율 변화 추이

(단위: %)

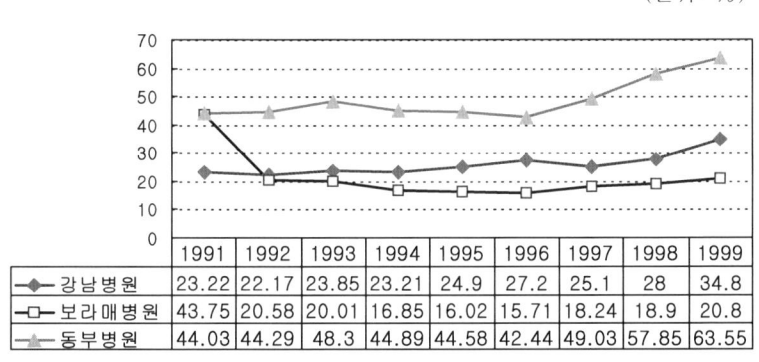

	1991	1992	1993	1994	1995	1996	1997	1998	1999
강남병원	23.22	22.17	23.85	23.21	24.9	27.2	25.1	28	34.8
보라매병원	43.75	20.58	20.01	16.85	16.02	15.71	18.24	18.9	20.8
동부병원	44.03	44.29	48.3	44.89	44.58	42.44	49.03	57.85	63.55

(나) 외래환자 대비 응급환자비율 및 응급환자 입원율

한편 외래환자 대비 응급환자 비율을 통해 공익성차원을 살펴보자. 응급환자율은 연외래환자 중에서 응급환자가 차지하는 비율을 의미하는데 응급환자 중에는 입원진료를 요하는 환자가 상대적으로 많기 때문에 응급환자율이 높다는 것은 입원잠재력이 높다는 것을 의미하며, 또한 지역사회주민의 병원에 대한 신뢰도를 간접적으로 시사해 주는 지표라 할 수 있다. 즉, 외래환자 중 응급환자 비율이 높다면 이 병원은 지역사회에서 응급병원으로서의 역할을 한다고 볼 수 있으므로 공익진료기능을 수행하고 있다고 볼 수 있으므로 응급환자비율은 공익성 지표로 기능한다.

이를 살펴보면 1998년의 경우 보라매병원이 28,867명, 6.63%로 동부병원의 6.26%와 강남병원의 4.97%를 상회하는 비율을 보이고 있으며, 1999년의 경우 각각 7.33%와 6.4%, 5.47%를 보이고 있어 외래환자 대비 응급환자비율은 보라매병원이 가장 높게 나왔다.

〈표 3-9〉 외래환자 대비 응급환자비율 및 응급환자입원율 현황

(단위: 명, %)

		외래환자수	응급환자수	비율	응급환자입원율
강남병원	1998	279,410	13,892	4.97	3,369명(24.3%)
	1999	297,360	16,253	5.47	3,394명(24.5%)
보라매병원	1998	435,561	28,867	6.63	19.0%
	1999	464,189	34,008	7.33	
동부병원	1998	53,052	3,323	6.26	23.0%
	1999	63,015	4,034	6.40	

주: 응급환자입원율(%) = $\dfrac{\text{응급환자 중 입원한 환사수}}{\text{총응급환자수}}$

　그런데 병원의 지리적 여건에 따라 응급환자수가 많을 수도 있고 적을 수도 있으므로 단순히 응급환자수와 비율만을 보는 것은 큰 의미가 없다. 왜냐하면 응급환자는 응급처치 후 입원, 귀가, 사망 등으로 분류되는데 응급실에 온 환자의 상당수가 의료진의 무성의로 다른 병원으로 후송되거나 적절한 진료가 이루어지지 않게 된다면 그 병원은 지역사회로부터 신뢰를 잃게 될 것이다(정기선, 1992: 110). 이런 의미에서 응급환자비율에 더하여 응급환자들 중 입원환자비율을 보는 것이 공익진료기능을 평가하는 좀 더 적확한 공익성차원을 가늠할 수 있는 지표기능을 수행한다고 볼 수 있다.

　대체로 응급환자의 입원율은 병원에 따라 차이는 있으나 상당히 높은 편이며, 응급환자비율이 높으면 입원하는 환자도 많을 가능성이 크다. 그런데 <표 3-9>의 1998년 각 병원 응급환자 중 입원으로 이어지는 비율을 보면 강남병원 24.3%, 동부병원 23%, 보라매병원 19%순으로 나타나 응급환자비율과 정반대로 세 병원 중 보라매병원의 응급환자입원율이 가장 낮은 실망스러운 결과를 보이고 있어 의아하게 만든다. 물론 입원을 요할 정도의 重傷者가 적어 그럴 수도 있겠으나 어느 정도의 개연성을 가정한다 할지라도 다른 두 병원과 비교해서 납득할 수 없는 부분이다.

　이상의 공익성차원의 평가를 종합할 때 동부병원이 병원의 특성상 가장 높은 의료보호환자비율을 보이고 있고, 다음으로 강남병원과 보라매병원 순으로 이어지고 있다. 강남병원과 보라매병원을 비교 평가하면 강남병원의 의료보호환자실적이 더 높고, 보라매병원은 응급환자비율에 있어서는 가장 높으나 입원으로 이어지는 비율은 제일 낮아 전반적으로 평가할 때 공익성차원의 기능수행이 비교대상 두 병원에 비해 대단히 미약한 수준이라고 판단된다.

(2) 經營管理次元 成果評價

(가) 성장성비율 분석

　成長性 지표는 의료수익·총자본·환자수 등이 전기와 비교하여 증가하였는가의 여부를 판단하는 지표로 비율이 높을수록 병원의 규모 또는 진료실적이 커지고 있음을 의미한다. 본 연구에서는 성장성 분석지표로 조정환자수증가율과 의료수익증가율을 보았다. 아래 <표 3-10>은 3개 시립병원의 성장성과 생산성 추이현황을 보이고 있다.

<표 3-10> 성장성과 생산성 추이 현황

(단위: 명, %, 원)

병원 \ 연도		1995	1996	1997	1998	1999
강남병원	조정환자수	238,653	246,950	250,171	245,805	264,778
	조정환자 증감률	6.53	3.48	1.30	-1.74	7.72
	조정환자 1인당 진료비 / 전체환자	90,684	103,950	122,446	130,488	135,868
	조정환자 1인당 진료비 / 의료보호	78,705	81,678	96,944	110,513	115,022
	조정환자 1인당 인건비	52,169	57,243	62,085	49,408	45,507
	인건비 투자효율	123.0	121.8	131.6	168.8	177.3
	100병상당 1일평균 조정환자수	142.1	147.1	149.0	134.7	145.1
보라매병원	조정환자수	240,719	256,952	315,412	331,603	336,455
	조정환자 증감률	3.94	6.74	22.75	5.13	1.46
	조정환자 1인당 진료비 / 전체환자	112,261	120,966	126,630	138,544	142,295
	조정환자 1인당 진료비 / 의료보호	108,348	100,365	88,475	104,281	132,437
	조정환자 1인당 인건비	49,010	54,988	56,784	54,200	56,152
	인건비 투자효율	147.8	141.1	144.7	173.0	170.1
	100병상당 1일평균 조정환자수	143.4	153.0	162.7	171.1	173.6
동부병원	조정환자수	56,149	46,474	42,536	52,880	61,257
	조정환자 증감률	-16.88	-17.23	-8.47	24.32	15.84
	조정환자 1인당 진료비 / 전체환자	55,021	63,624	63,048	66,301	67,878
	조정환자 1인당 진료비 / 의료보호	50,423	58,724	62,289	58,216	61,346
	조정환자 1인당 인건비	83,172	102,344	92,933	76,878	67,769
	인건비 투자효율	57.6	67.0	110.8	95.7	81.1
	100병상당 1일평균 조정환자수	76.9	63.7	58.3	72.4	83.9

자료: 각 병원 각 년도 결산서, 강남병원 각 년도 연보, 보라매병원 진료통계, 동부병원 업무
보고서.

① 조정환자수 증가율

　<그림 3-11>의 지난 5년간 각 병원별로 조정환자수 증가율을 보면 보라매병원이 계속적인 성장세를 유지하는 가운데 1996년 말 노인병동 개설로 97년에는 22.75%의 비약적 성장을 기록하면서 지속적인 증가율을 보이고 있고, 강남병원의 경우 보라매병원에 비해서는 그 성장폭이 약하나 지속적인 증가를 보이고 있는 가운데 1999년 들어 7.72%의 비교적 높은 성장률을 기록하고 있다.

<그림 3-12> 조정환자 증가율 변화 추이

(단위: %)

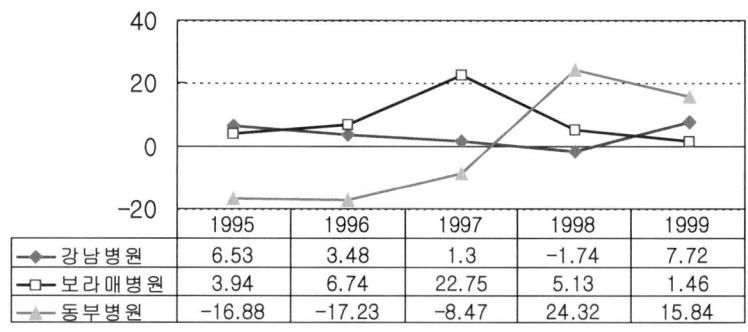

	1995	1996	1997	1998	1999
강남병원	6.53	3.48	1.3	-1.74	7.72
보라매병원	3.94	6.74	22.75	5.13	1.46
동부병원	-16.88	-17.23	-8.47	24.32	15.84

　동부병원의 경우 90년대 초반부터 계속적인 환자격감을 보이다가 1998년 24.32%의 성장률을 기점으로 99년에 15.84%를 기록하며 다시 상승세를 유지하고 있다. 그러나 아직 90년대 초반의 진료실적에도 미치지 못하고 있어 대대적인 경영개선작업과 함께 적극적인 환자유치대책을 수립해야 할 것이다. 환자감소의 원인은 다양한 요인에서 찾을 수 있으나 병원시설과 장비의 낙후로 인한 원인도 일부 있는 것이 사실이다. 그러나 현재 신축중인 건물이 완공되면 이러한 문제는 상당부분 완화될 것이다. 이상의 조정환자 증가율을 비교 평가하면 보라매병원이 가장 높고, 다음으로 강남병원, 그리고 보라매병원 순으로 이어지고 있다.

② 의료수익 증가율

<표 3-11>는 각 병원의 연도별 의료수익증가율을 보이고 있다.

<표 3-11> 연도별 의료수익 증가율 비교

(단위: 백만 원, %)

연도 병원	1992 의료 수익	1993 의료 수익	증 가 율	1994 의료 수익	증 가 율	1995 의료 수익	증 가 율	1996 의료 수익	증 가 율	1997 의료 수익	증가 율	1998 의료 수익	증 가 율	1999 의료 수익	증 가 율
강남 병원	16,101	18,914	17.5	20,301	7.3	21,642	6.6	25,670	18.6	30,632	19.3	32,075	4.7	35,975	12.2
보라매 병원	15,689	20,234	29.0	23,057	14.0	27,126	17.6	31,082	14.6	39,941	28.5	45,942	15.0	47,876	4.2
동부 병원	-	3,377	-	3,578	6.0	3,359	-6.1	7,945	136.5	8,335	4.9	7,956	-4.5	7,518	-5.5

주: 의료수익증가율＝(당기의료수익－전기의료수익/전기의료수익×100)
자료: 강남병원과 보라매병원 각 병원 각 년도 결산서(995-1999년), 동부병원 업무보고서(1995-
　　　1999년)를 토대로 재구성.

　의료수익이란 입원환자나 외래환자로부터의 진료비수익이나 종합건강검
진에 따른 검진수익, 진단서발급수수료수입, 타 기관에서 의뢰한 검사수입,
직원에 대한 식권판매수입 등과 같은 의료부대수익을 모두 포함한 것으로
의료 활동을 통해 거둬들인 수익전체를 가리킨다.

　전년도 대비 의료수익 증가율을 살펴보면 보라매병원이 연평균 17.6%의
성장률을 보이며 가장 높은 성장률을 보이고 있고, 강남병원은 연평균
12.3%를, 동부병원은 -5% 내외의 負(－)의 성장을 보이고 있다. 1999년에
강남병원이 12.2%의 높은 성장률을 기록한 것은 대대적인 경영개선 노력
의 결과로 해석된다. <그림 3-13>은 지난 5년간 의료수익증가율 변화 추
이를, <그림 3-14>는 의료수익증가 변화 추이를 보이고 있다.

<그림 3-13> 의료수익증가율 변화 추이

(단위: %)

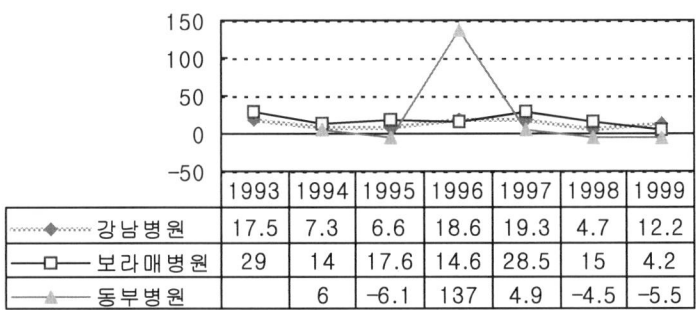

	1993	1994	1995	1996	1997	1998	1999
◆ 강남병원	17.5	7.3	6.6	18.6	19.3	4.7	12.2
□ 보라매병원	29	14	17.6	14.6	28.5	15	4.2
▲ 동부병원		6	-6.1	137	4.9	-4.5	-5.5

<그림 3-14> 의료수익증가 변화 추이

(단위: 백만 원)

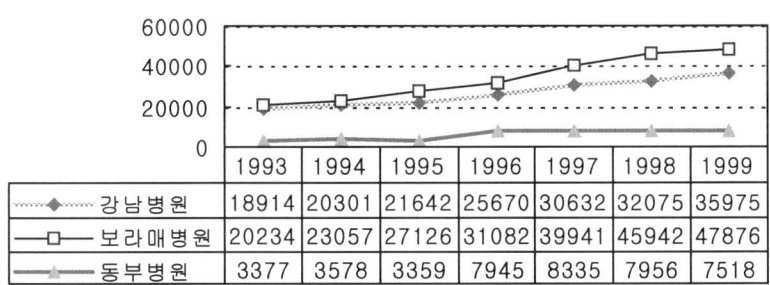

	1993	1994	1995	1996	1997	1998	1999
◆ 강남병원	18914	20301	21642	25670	30632	32075	35975
□ 보라매병원	20234	23057	27126	31082	39941	45942	47876
▲ 동부병원	3377	3578	3359	7945	8335	7956	7518

　이와 같이 강남병원과 보라매병원은 지속적인 증가를 보이고 있어 매년 경영수익 개선이 이루어지고 있으나 동부병원의 경우 1996년을 제외하고 의료수익이 매년 감소하고 있어 경영압박이 커지고 있음을 알 수 있다. 동부병원 의료수익 감소의 주원인은 비교대상 두 병원에 비해 환자 1인당 진료비가 현저히 낮을 뿐만 아니라 의료수가가 낮은 의료보호환자의 비중이 60% 이상을 차지하기 때문인 것으로 해석된다.

128

(나) 생산성비율 분석

생산성비율 분석지표로는 인건비 투자효율과 조정환자 1인당 진료비와 인건비, 그리고 100병상당 1일평균조정환자수를 선정하였다.

① 100병상당 1일평균조정환자수

먼저 100병상당 1일평균 조정환자수는 보유병상을 기준으로 환자진료실적을 분석함으로써 진료량을 측정하고자 하는 지표로 인원이 많으면 많을수록 좋다. 이를 보면 보라매병원이 지난 5년간 가장 많은 환자수를 기록하고 있는데 1999년 한 해를 보면 173.6명으로 가장 높고, 그 다음이 강남병원으로 145.1명을, 동부병원이 83.9명을 보이고 있다. 따라서 병상수 기준으로 볼 때 보라매병원이 가장 많은 환자유치를 하여 의료수익 증대를 가져왔다고 할 수 있다. 뿐만 아니라 지난 5년간 지속적인 증가율을 보이고 있어 환자유치에 있어 세 병원 중 가장 앞서고 있는 것으로 판단된다.

<그림 3-15> 100병상당 1일 평균 조정환자수

(단위: %)

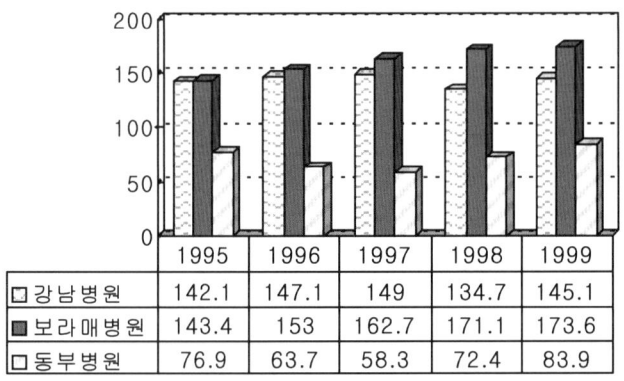

	1995	1996	1997	1998	1999
□강남병원	142.1	147.1	149	134.7	145.1
■보라매병원	143.4	153	162.7	171.1	173.6
□동부병원	76.9	63.7	58.3	72.4	83.9

② 조정환자 1인당 진료비

조정환자 1인당 진료비는 병원경영 전체에 걸쳐 의료수익을 결정할 뿐만 아니라 저소득층이나 의료보호환자들 입장에서는 병원의 접근성을 결정 짓는 중요한 지표이다. <그림 3-16>의 지난 5년간의 환자 1인당 진료비를 보면, 전기간 동안 보라매병원이 가장 높고, 다음으로 강남병원, 동부병원 순으로 낮은 진료비가 책정되고 있음을 알 수 있다. 특히 동부병원은 최근 들어 1인당 진료비 差額이 점점 커져 1999년에는 두 병원의 절반에도 미치지 못하는 67,878원이라는 저렴한 비용을 보이고 있다.

1999년을 기준으로 각 병원의 조정환자 1인당 진료비를 보면 강남병원이 135,868원이고, 보라매병원이 142,295원, 그리고 동부병원이 67,878원을 보이고 있어 보라매병원의 환자 1인당 진료비가 가장 높게 책정되고 있다. 이는 강남병원보다 6,427원이 많고, 동부병원은 보라매병원의 47.7%에 못 미치는 낮은 진료비가 책정되고 있어 진료비부담에 있어 보라매병원이 가장 높다. 보라매병원의 진료비가 높은 이유는 각종 검사실적에 있어 강남병원보다 더 높기 때문이다(이혁주·이상수, 1996).

<그림 3-16> 연도별 조정환자 1인당 진료비 비교

(단위: 원)

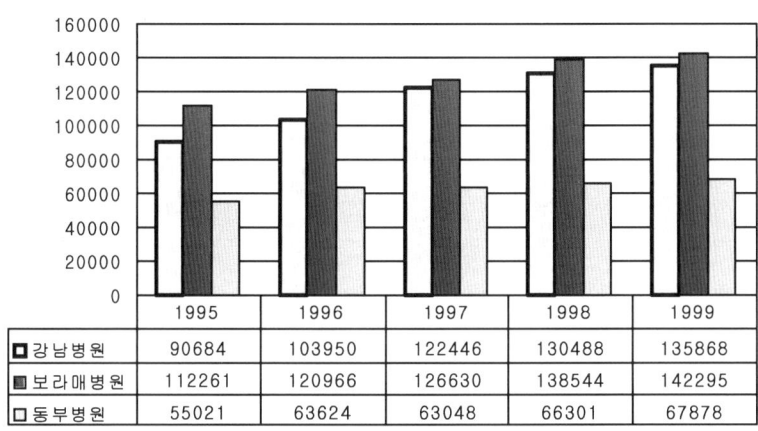

	1995	1996	1997	1998	1999
☐ 강남병원	90684	103950	122446	130488	135868
■ 보라매병원	112261	120966	126630	138544	142295
☐ 동부병원	55021	63624	63048	66301	67878

한편, 조정환자기준으로 의료보호환자 1인당 진료비를 보면 그 차이가 더욱 커진다. <그림 3-17>은 1999년의 경우만을 보이고 있는데, 보라매병원 의료보호환자의 진료비 132,437원은 동부병원 의료보호환자진료비 61,346원의 2.2배에 달하고, 강남병원 의료보호환자 115,022원보다 17,415원이나 많아 전체 조정환자 1인당 진료비 차액 6,427원보다 2.7배 더 높게 책정되고 있음을 알 수 있다. 더욱 흥미로운 사실은 강남병원의 경우 동부병원에 비해 전체환자 1인당 진료비는 2.0배 많으나, 의료보호환자 1인당 진료비는 1.87배로 더 낮은데 반해, 보라매병원의 경우 전체환자는 2.1배이나 의료보호환자는 2.16배 많아 전체환자진료비보다 의료보호환자진료비가 오히려 더 높을 뿐만 아니라 강남병원과 비교해서 逆進的인 구조를 보이고 있다.

<그림 3-17> 전체환자 대비 의료보호환자 1인당 진료비
비교(1999년)

(단위: 원)

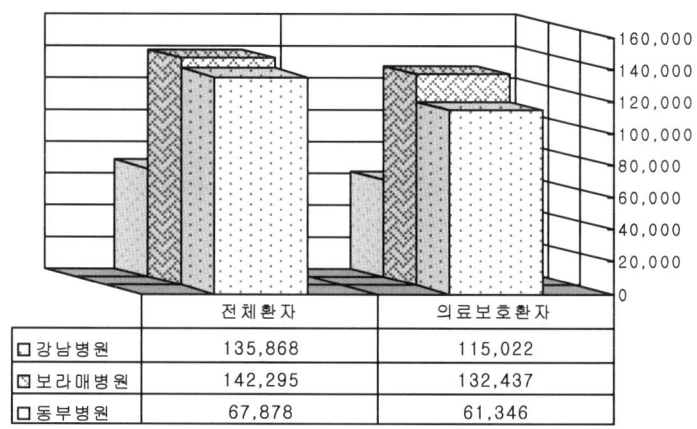

	전체환자	의료보호환자
□ 강남병원	135,868	115,022
▨ 보라매병원	142,295	132,437
□ 동부병원	67,878	61,346

따라서 보라매병원이 의료수익이나 의료수익순이익률 등 기업성 측면에서 가장 높은 실적을 보이고 있다 할지라도 저소득층이나 의료보호환자 및 의료사각지역에 방치되어 있는 소외계층에게 있어 보라매병원의 문턱은 상대적으로 높은 편으로, 설립목적과는 배치되는 방향으로 병원경영이 이루어지고 있다고 하겠다.

이러한 사실은 보라매병원의 의료보호환자비율이 왜 가장 낮은지를 간접적으로 설명해 준다. 제5장의 병원방문이유를 묻는 질문에서 지리적 근접성을 제외하고는 저렴한 진료비 때문에 병원을 방문한다는 응답이 가장 높게 나와 공공병원의 주요 특성인 민간병원에 비해 상대적으로 낮은 비용이 병원을 찾는 높은 동기 유발 요인이 되는 것이다. 더구나 의료보호환자들의 경우 응답비율은 더 높다. 이런 점에 비추어 봤을 때 보라매병원은 시립병원의 공공성을 도외시한 채 흡사 민간병원과 유사하게 운영되고 있다고 볼 수 있다.

이러한 현상은 '목표의 전치현상(goal displacement)'을 단적으로 보여주

는 것으로서, 저소득층과 의료보호환자에게 보다 질 높은 의료서비스를 제
공하기 위하여 운영을 위탁한 병원이 원래의 설립목적은 달성하지 못하고
위탁운영기관의 부속기관화한 듯한 모습을 보여 주고 있는 것이다(정윤
수·허만형, 1999).

예컨대, 의료보호환자의 지불형태별 구성비율을 비교해 보면 확연히 드
러난다. <표 3-12>는 보라매병원의 의료보호환자 구성비가 비교대상 두
병원에 비하여 월등히 낮으며, 민간 종합병원과 유사한 수준임을 보여 주
고 있다.

<표 3-12> 서울시 소재 병원 입원환자의 지불형태별 구성비(%)

유형	병원	보라매병원	강남병원	동부병원	3차병원	3차제외 종합병원
실인원	의료보험	89.71	69.05	50.00	89.87	81.78
	의료보호	4.89	22.69	47.10	2.29	4.94
	기타	5.40	8.25	2.90	7.83	13.28
연인원	의료보험	79.72	55.75	34.76	83.73	62.68
	의료보호	10.85	34.60	64.40	3.66	9.02
	기타	9.43	9.65	0.84	12.61	28.30

자료: 한국보건산업진흥원. (2000). 서울특별시립 보라매병원 장기발전계획연구. p.179
에서 인용.

여기서 흥미로운 사실을 발견할 수 있는 바, 연인원으로 보면 동부병원
이 64.4%, 강남병원이 34.6%, 보라매병원 10.85% 순으로 의료보호환자비율
이 나타나고 있으나, 실인원으로 보면 동부병원 47.1%, 강남병원 22.69%,
그리고 보라매병원은 단 4.89%로 나타나 대단히 낮은 수준을 보이고 있음
을 알 수 있다49). 이와 같은 차이가 발생하는 이유는 연인원의 경우 동일

---

49) 환자를 중심으로 집계한 인원은 실인원이고, 방문회수를 중심으로 집
  계한 수치는 연인원이다. 환자 3명의 연간 방문회수가 각각 3회라면 실

환자의 진료건수가 누적적으로 기록되는 데 반해 실인원은 실제 서비스를 이용한 환자의 머릿수를 기준으로 계산한 때문이다[50]. 이로 미루어 판단하건대 보라매병원은 의료보호환자의 在院期間을 늘림(장기간입원)으로써 그나마 연인원수를 부풀려 진료실적을 높이고 있음을 간파할 수 있다.

③ 조정환자수 1인당 인건비

한편, 조정환자 1인당 인건비 지표분석은 투입된 인건비가 환자진료에 얼마나 효율적으로 쓰였는지를 지출된 화폐기준으로 알 수 있어 생산성 측정에 유용하다. 비교대상 세 병원의 연도별 비교를 보면 환자진료실적 증가 및 경영개선의 영향으로 점차적으로 인건비 지출이 축소되어 전반적으로 인건비 효율성이 높아지고 있음을 알 수 있다.

이를 병원별로 분석하면 <그림 3-18>에서 보듯이 동부병원의 환자 1인당 인건비가 가장 높고, 1997년 이후 보라매병원이 그 다음을 차지하고 강남병원이 제일 낮게 나타나고 있다. 이를 통해 보라매병원의 경우 조정환자 1인당 인건비가 지속적인 증가경향을 보이고 있고, 동부병원의 경우 환자감소로 인건비 비중이 상대적으로 높아지고 있음을 알 수 있다. 주목할 점은 비교대상 두 병원과 달리 강남병원의 환자 1인당 인건비가 지속적인 감소추세를 보이고 있으며 1999년의 경우 가장 낮은 45,507원을 보이고 있어, 보라매병원과 비교할 때 96년 이전 상황을 역전시키고 있다는 점이다.

인원은 3명이고, 연인원은 9명이 된다.

50) 일반적으로 각 병원별로 의료보호환자진료실적 현황을 보고할 때 대부분의 경우 실인원보다는 연인원으로 보고하고 있다. 이에 대해 정윤수·허만형(1999)은 이것이 병원의 의료서비스 공공성을 부풀리는 결과를 초래한다고 지적하며, 연인원과 함께 실인원에 대한 분석 필요성을 제안하고 있다.

134

<그림 3-18> 연도별 조정환자 1인당 인건비 비교

(단위: 원)

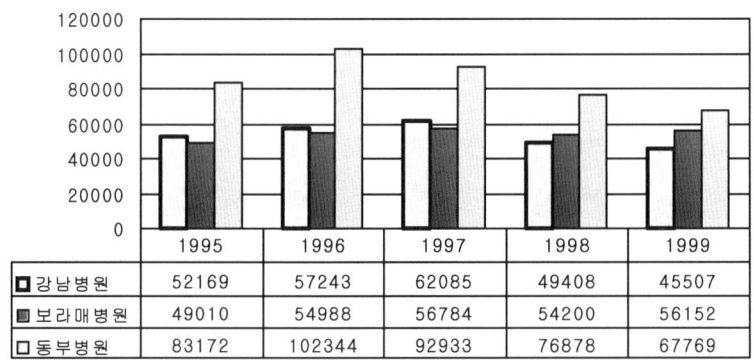

	1995	1996	1997	1998	1999
□ 강남병원	52169	57243	62085	49408	45507
■ 보라매병원	49010	54988	56784	54200	56152
□ 동부병원	83172	102344	92933	76878	67769

이러한 현상은 적극적인 환자유치운동 전개와 구조조정을 통한 과거의 중층구조를 대폭 축소하고 불요불급한 업무의 외주화(out- sourceing) 등으로 조직 슬림화를 단행한 결과51)로 판단된다. 뿐만 아니라 기존에 내부 조직구조상의 문제점으로 진료지원 및 관리부문조직의 비대화와 중간관리 층 이상의 고직급 비대화, 이로 인한 의사결정경로의 다단계화 등이 지적 (이혁주·이상수, 1996)되었으나, 국제통화금융(IMF) 관리체제를 거치면서 98년과 99년에 걸쳐 대대적인 조직구조조정으로 기능별·계층별 단계의 축소와 기능 재설계, 그리고 업무통합에 따른 인력재배치 등의 조직구조 및

---

51) 강남병원의 관리부서는 1995년의 1관리이사 3관리부 5관리과체제에서 몇 차례의 구조조정을 통해 2000년 1월 현재 1관리이사 2관리부 5팀으로 축소 편제되었으며, 인력도 〈표 3-20〉에서 보는 바와 같이 97년 574명에서 552명으로 축소되었다. 이는 96년까지 460병상에서 500병상으로 40병상이나 증가한 데 따른 인력수요 요인이 발생했음에도 불구하고 오히려 인력감소를 보이고 있다는 점에서 더욱 의의가 크다. 그러나 동기간 동안 보라매병원의 경우 병상수가 405병상에서 531병상으로 增床된 이유도 있지만 1995년 609명에서 708명으로 대폭적으로 증가되었다.

경영개선 결과로 해석된다.

④ 인건비 투자효율

인건비 투자효율(Value Added to Personnel Expenses)이란 병원에서 일
정기간에 투입한 인건비에 비하여 새로 창출한 부가가치는 얼마나 되는가를
나타내는 지표로 이 지표가 높을수록 노동생산성이 크다는 것을 의미한다.

<그림 3-19>에서 보듯이 인건비 투자효율로 각 병원의 경영효율성을
살펴보면, 1998년까지 보라매병원이 가장 높은 수준을 유지하고 있었으나
1999년에 접어들어서는 강남병원이 177.3%를 기록하여 가장 높은 효율성
을 보이고 있고, 다음으로 보라매병원이 170.1%이고, 동부병원은 절반에도
미치지 못하는 81.1%에 그치고 있다.

<참고그림> 지방공사 강남병원 조직기구(5부9팀25진료과, 1센터, 3지원실)
참조

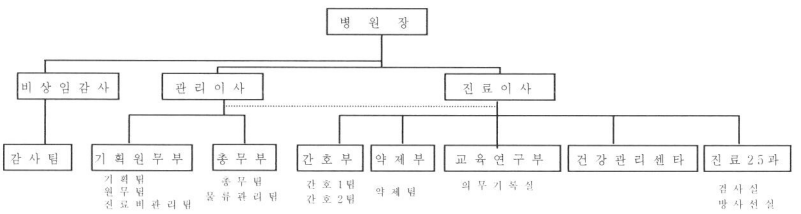

<그림 3-19> 인건비 투자효율 변화추이

(단위: %)

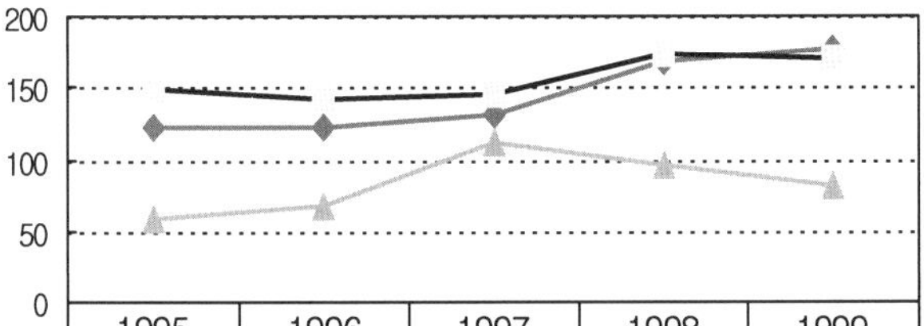

	1995	1996	1997	1998	1999
강남병원	123	121.8	131.6	168.8	177.3
보라매병원	147.8	141.1	144.7	173	170.1
동부병원	57.6	67	110.8	95.7	81.1

따라서 강남병원이 지난 5년간 지속적인 노동생산성 증가를 보이다가 지난 1999년에는 세 병원 중 가장 높은 노동생산성을 보이고 있음을 알 수 있다. 그러나 동부병원의 경우 비교대상인 간접경영방식의 두 병원에 비해 대단히 낮은 노동생산성을 보이고 있어 직영병원의 비효율성을 단적으로 드러내고 있음을 발견할 수 있다.

이와 같은 사실은 1996년의 전체병원의 인건비투자효율 157%보다는 낮은 수치이나 300병상 이상 대도시 종합병원 138.1%와 비교할 때 강남병원은 더 낮으나 보라매병원은 높은 수준을 보이고 있고, 1998년과 1999년의 경우 비교적 높은 비율을 보이고 있어 인력관리에 있어서 민간의료기관과 비교할 때 대등하거나 좀 더 우수한 성과를 보이고 있다고 할 수 있다. 그러나 직접경영방식인 동부병원의 경우 유사한 수준인 160-299병상의 대도시 종합병원 148.6%에 비해 대단히 낮은 수준을 보이고 있어 인력관리의 비효율성을 여실히 보여주고 있다(1997 병원경영분석 참고)[52].

이상의 조정환자 1인당 인건비와 인건비투자효율을 종합할 때 1999년을

---

52) 〈참고표〉 인건비 투자효율 비교(1996년 기준)

기준으로 강남병원이 세 병원 중 가장 우수하게 나왔고, 보라매병원은 양호
한 수준을 보이고는 있으나 지속적인 상승세를 보이는 강남병원과 비교할
때 99년의 경우 열등한 노동생산성을 보였으며, 동부병원은 과대한 인건비
지출과 대단히 비효율적인 인건비투자효율을 보이고 있음을 알 수 있다.

한편 <그림 3-20>은 조정환자 1인당 인건비와 진료비를 비교 평가하여
보여 주고 있다. 진료비는 보라매병원이 가장 높은 반면, 인건비는 동부병
원이 가장 높아 비효율성을 보이고 있다. 간접경영형태의 두 병원을 비교
할 때 두 평가지표 모두 강남병원이 훨씬 양호한 모습을 보이고 있으며,
직접경영형태인 동부병원은 낮은 진료비를 책정하여 저소득 의료보호환자
에게 의료서비스 접근 가능성은 높였으나 인력운영이 대단히 비효율적으로
이루어지고 있어 병원경영상의 한계를 지적할 수 있다.

단위 % (Unit %)

	전체 평균	일반병원(General)					병원	특수병원(Special)				
	Total	평균 Subt.	3차 Tert.	300+	160+	160-	Hosp.	정신 병원 Mental	전염성 병원 TB	한방 병원 Orntl	치과 병원 Dental	
전체병원	157.0	155.2	161.5	143.3	149.3	135.7	164.4	164.8	-	169.4	180.1	All Hospitals
대 도 시	162.2	160.9	160.5	138.1	148.6	124.7	183.2	171.2	-	165.2	195.7	Metropolitans
중소도시	159.9	158.7	165.5	148.6	150.0	141.8	171.8	161.2	-	180.8	-	Other Cities
읍　면	128.5	125.6	-	-	147.5	138.0	120.4	160.7	-	-	-	Rural Area
민간병원	159.1	157.2	157.4	143.8	153.7	135.2	167.0	174.3	-	169.4	180.1	Private Hositals
공공병원	141.7	142.5	173.6	139.8	133.9	137.7	126.0	121.1	-	-	-	Public Hospitals

자료: 한국보건산업진흥원, 1997 병원경영분석. www.khidi.or.kr 참고 바람.

<그림 3-20> 조정환자 1인당 진료비와 인건비 비교(1999년)

(단위: 원)

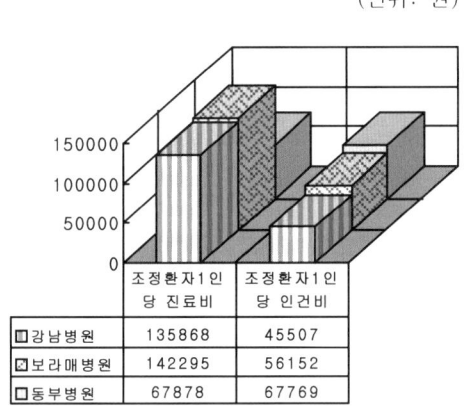

	조정환자1인 당 진료비	조정환자1인 당 인건비
▣ 강남병원	135868	45507
▨ 보라매병원	142295	56152
▢ 동부병원	67878	67769

(다) 수익성비율 분석

收益性이란 일반적으로 일정기간의 경영성과를 말하는 것으로 병원의 여러 가지 경영활동의 집약된 결과라 할 수 있다. 수익은 자본의 운용에 의하여 얻어지는 것으로서 수익성은 일반적으로 투하된 자본과 이익 또는 의료수익과 이익과의 관계에 의하여 측정되는데 일반적으로 투입한 자본이나 의료수익에 의해 실현한 이익의 적정성 여부를 의미한다. 본 연구의 수익성분석 지표로는 의료수익순이익률과 의료수익의료이익률을 보았다.

① 의료수익순이익률

의료수익순이익률은 회계기간 동안 각 병원조직이 획득한 의료수익 가운데 당기순이익[53]이 차지하는 비율을 측정하기 위한 것으로 의료수익의료이

---

53) 국·시립병원의 당기순이익은 세입총액에서 관유물대여금, 잡수입, 전기이월금, 전입금, 기타수입 등을 제외한 병원수입액에서, 세출총액에서 자본적 지출, 시설비, 시설부대비, 예비비, 차기이월금을 제외한 금액을 차감한 금액임. 한국의료관리연구원. (1995). 「병원경영지표 해설」 참조.

익률과의 차이점은 외료외적 수익과 비용이 포함되는 점이다. 이 중 시립병원의 경우 서울시가 매년 지급하는 보조금수익도 한 부분을 차지한다.

<표 3-13>의 연도별 의료수익순이익률을 살펴보면, 세 병원 모두 아직까지 전반적으로 負(-)의 성장률을 보이고 있으나 매년 적자폭이 감소하고 있는 추세로 경영수지가 조금씩 나아지고 있음을 알 수 있는 바, 이는 공공의료행위로 인한 손실 등에 그 원인이 있는 것으로 판단된다.

<그림 3-21>을 통해 조직운영형태가 다른 각 병원별로 의료수익순이익률 변화추이를 분석하면 다음과 같다. 강남병원의 경우 1997년 8.9%, 98년 13.1%의 의료수익순이익률을 기록하다가 99년에는 -4.63%로 순이익률이 떨어졌으나 세 병원 중 비교적 가장 높은 성장세를 보이고 있다. 보라매병원 역시 97년에 -0.8%, 98년에 -0.3%, 99년에는 -0.6%를 보이며 비교적 양호한 수익률을 보이고 있다.

<표 3-13> 연도별 의료수익 순이익률 추이

(단위: 백만 원, %)

구분		당기순이익 (A)	의료수익(B)	의료수익순이익률 (A/B×100)	비고
강남 병원	1995	-4,432	21,642	-20.5	
	1996	-4,166	25,670	-16.2	
	1997	2,724	30,632	8.9	'97. 7. 24 기존 460에서 500병상 운영허가
	1998	4,195	32,075	13.1	
	1999	-1,665	35,975	-4.63	
보라 매병 원	1995	-1,425	27,126	-5.3	
	1996	-1,896	31,082	-6.1	
	1997	-312	39,941	-0.8	96. 11. 20. 노인병동 개원
	1998	126	45,942	-0.3	기존 405에서 531병상으로 확대
	1999	-305	47,876	-0.6	
동부 병원	1995	-4,000	3,359	-119.1	
	1996	-5,094	7,945	-64.1	
	1997	-5,237	8,335	-62.8	
	1998	-4,516	7,956	-56.8	
	1999	-3,564	7,518	-47.4	

자료: 각 병원 각 년도 결산서

강남병원의 경우 97년에 이어 98년에는 13.1%의 높은 의료수익순이익률을 보이고 있는 가장 큰 이유는 97년 이전에 보류되었던 서울시의 운영보조금을 소급하여 지급받은 영향도 있으나 그것을 감안한다 할지라도 상당부분 경영개선이 이루어진 결과로 보아야 한다. 이는 매년 수행되는 서울시 투자기관 경영실적평가의 긍정적 결과에 의한 것으로 판단된다. 즉, 병

원경영진들이 병원 經營收支改善을 위해 지속적으로 노력한 결과 경영효율
성이 실현된 것이다.

　동부병원의 경우 의료수익순이익률이 세 병원 중 가장 떨어지는 데 의
료보호환자가 차지하는 비중이 상대적으로 높은 데 그 원인이 있는 것으로
해석된다. 하지만 추세분석을 통해 보면 1995년에 -119.1%에서 1999년
-47%로 매년 적자율이 감소하고 있어 경영수지 개선이 지속적으로 이루어
지고 있는 것으로 판단된다.

<그림 3-21> 의료수익 순이익률 변화 추이

(단위: %)

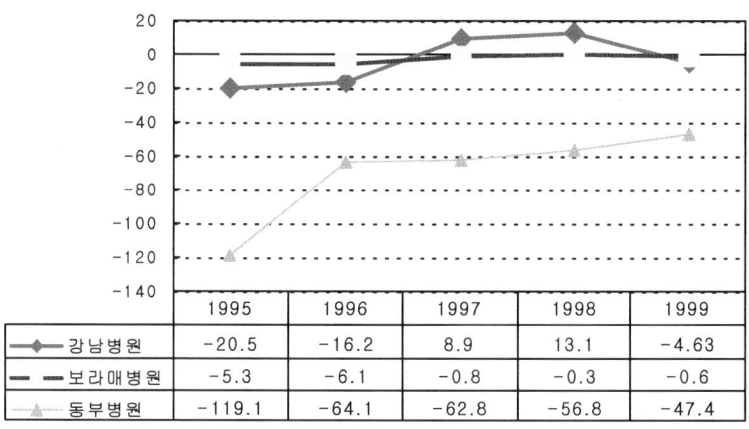

	1995	1996	1997	1998	1999
강남병원	-20.5	-16.2	8.9	13.1	-4.63
보라매병원	-5.3	-6.1	-0.8	-0.3	-0.6
동부병원	-119.1	-64.1	-62.8	-56.8	-47.4

　이들 시립병원의 의료수익순이익률을 한국병원경영연구원에서 분석한
<표 3-14>의 우리나라 전체병원의 경영수지와 비교해 볼 때에도 강남병원과
보라매병원의 경우 더 우수한 성적을 거두고 있다. 우리나라 전체병원의 경영
수지 또한 매년 조금씩 나아지고는 있으나 의료수익 순이익률 지표는 지난
1994년 이래 부의 수익율을 나타내고 있는 바, 1997년에 종합병원의 경우
-3.6%를 보이고 있는 데 반해 강남병원은 8.9%, 보라매병원은 -0.8%를 보이

142

고 있어 훨씬 양호한 편이다. 그러나 동부병원의 경우 -62.8%를 보여 유사규
모병원의 -0.8%에 비해 매우 취약한 수익률을 보이고 있음을 알 수 있다. 이
는 동부병원이 의료보호환자 및 저소득층환자를 주고객대상으로 진료하는 데
따른 손실분이라 할지라도 1990년대 초반 이후 계속 격감하는 환자수와 의료
보험환자뿐만 아니라 의료보호환자에게까지 외면당할 정도로 병원의 시설과
장비가 낙후되어 있고 인력의 질적 수준 저하와 병원장의 경영합리화 노력의
결여 등으로 인해 전반적인 서비스 질이 시민들의 기대수준에 부합하지 못했
기 때문이라 할 수 있다.

<표 3-14> 우리나라 전체병원의 연도별 의료수익 순이익률 추이

구분	평균	종합병원				병원
		종합병원	300병상 이상	160-299병상	160병상 미만	
1994	-0.8	-2.5	-3.0	-5.6	-3.5	2.6
1995	-2.5	-4.9	-3.1	-4.4	-3.3	-0.9
1996	-2.0	-2.5	-3.9	-3.2	-4.5	-0.3
1997	-0.3	-3.6	-1.0	-0.8	-2.0	1.5

출처: 이용균. (1999). 최근 변화하는 의료정책과 병원경영. 한국병원경영연구원. 1999.
12. 10

② 의료수익의료이익률

의료수익의료이익률은 회계기간 동안 각 병원조직이 획득한 의료수익[54]
가운데 의료이익이 차지하는 비율을 측정하기 위한 것으로 일반기업의 매

---

54) 국·시립병원의 의료수익은 세입총액에서 관유물대여금, 잡수입, 전기
이월금, 전입금, 기타수입을 제외한 병원수입액을 말하며, 의료비용은
세출총액에서 배상금, 자본적 지출, 시설비, 시설부대비, 이자, 전출금,
예비비, 차기이월금을 제외한 금액임. 한국의료관리연구원. (1995). 「병
원경영지표 해설」 참조.

출액 순이익(net profit)과 동일한 개념이라고 할 수 있기 때문에 병원조직
의 수익성을 측정하기 위한 또 다른 지표의 하나다. 이 지표는 병원조직의
경영개선 노력을 파악하는 데 유용하며 이 비율이 높을수록 수익성이 좋은
것이다.

　일반적으로 기업회계기준을 적용하는 조직의 수익성은 경상이익률을 통
해 측정하나 일반회계로 계리되고 있는 동부병원과 독립채산제로 운영되고
있는 강남병원이나 보라매병원 모두 서울시로부터 재정보조금을 교부받고
있는 실정이므로 보조금까지 포함하여 계상되는 경상이익률을 사용할 경우
각 병원의 경영개선노력 이외에 보조금의 크기에 따라서 경영성과가 달리
나타날 수 있으므로 순이익률 개념인 의료수익의료이익률이 수익성 측정에
보다 유용하다(한인섭, 1999: 112).

　<표 3-15>는 세 병원을 서울시의 재정보조금을 제외한 의료수익의료이
익률로 비교 평가한 결과치를 보이고 있다.

<표 3-15> 연도별 의료수익의료이익률 및 의업수지비율 변화 추이

(단위: 백만 원, %)

구분		의료수익(A)	의료비용(B)	의료이익 (C=A-B)	의료수익 의료이익률 (C/A×100)	의업수지비율 (A/B×100)
강남병원	1995	21,642	27,764	-6,122	-28.3	77.9
	1996	25,670	31,348	-5,678	-22.1	81.9
	1997	30,632	35,976	-5,344	-17.4	85.1
	1998	32,075	37,220	-5,145	-16.0	86.2
	1999	35,975	39,444	-3,469	-9.6	91.2
보라매병원	1995	27,126	29,236	-2,110	-7.8	92.8
	1996	31,082	34,067	-2,984	-9.6	91.2
	1997	39,941	43,824	-3,883	-9.7	91.1
	1998	45,942	49,064	-3,123	-6.8	93.6
	1999	47,876	51,027	-3,151	-6.9	93.8
동부병원	1995	3,359	7,359	-4,000	-119.1	45.6
	1996	2,851	7,945	-5,094	-178.7	35.9
	1997	3,098	8,335	-5,237	-169.0	37.2
	1998	3,440	7,956	-4,516	-131.3	43.2
	1999	3,954	7,518	-3,564	-90.1	52.6

자료: 각 병원 각 년도 결산서

한편 <그림 3-22>는 지난 5년간의 각 병원의 의료수익의료이익률 변화 추이를 그림으로 보이고 있다. 이를 보면 강남병원의 경우 95년 -28.3%의 의료손실을 보이고 있으나 매년 계속적인 의료이익률 증가를 보이다가 1999년에 의료이익률이 대폭 개선되어 -9.6%의 의료수익의료이익률을 기록하고 있다. 보라매병원은 95년 -7.8%, 96년 -9.6%, 97년 -9.7로 약간 악화하다가 98년 이후 -6.8%대의 한 자리수의 적자폭을 기록하며 5년간에 걸쳐 비교적 안정적인 수익률을 보이며 외견상 가장 양호한 수준을 보이고 있다.

<그림 3-22> 의료수익 의료이익률 변화 추이

(단위: %)

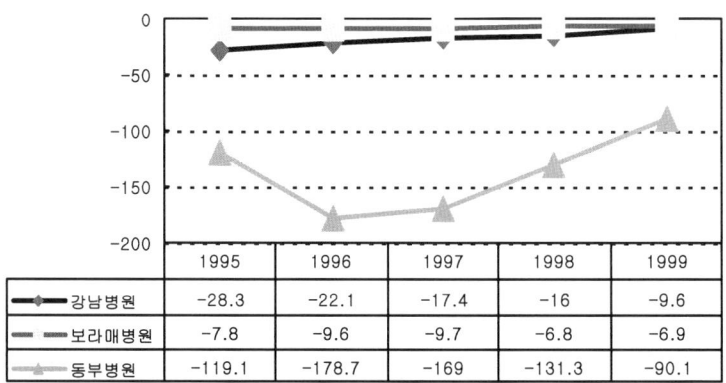

	1995	1996	1997	1998	1999
강남병원	-28.3	-22.1	-17.4	-16	-9.6
보라매병원	-7.8	-9.6	-9.7	-6.8	-6.9
동부병원	-119.1	-178.7	-169	-131.3	-90.1

그러나 이는 분석상 주의를 요한다. 왜냐하면 보라매병원의 경우 강남병원이나 동부병원과 달리 <표 3-10>에서 보듯이 환자 1인당 진료비면에서 보라매병원이 6,427원(1999년)이나 비싸고, 앞서 분석한 의료보호환자 구성비율 면에서도 강남병원의 34.8%에 비해 20.8%에 불과한 현실을 비교해 볼 때 강남병원과 비교해서 상대적으로 높은 의료손실을 나타내고 있다고 봐야 한다. 이는 두 병원에 비해 상대적으로 수익성을 강조하는 병원경영 방식을 취하고 있는 점을 고려할 때 객관적인 수치에서는 보라매병원이 우월하게 나타났으나 오히려 강남병원의 경영실적이 더 우월하게 나타나고 있는 것이다.

이에 비해 동부병원은 1996년 이후 매년 개신되고는 있으나 두 병원과는 비교할 수 없을 정도로 의료이익률의 차이를 보이고 있는 바, 근본적인 경영수지 개선이 요구된다. 하지만 의료수익의료이익률의 상승세에 있어 동부병원은 강남병원과 함께 매년 개선의 기미가 확연히 드러나고 있다.

이상의 의료수익의료이익률을 종합하면 外見上 서울의대에서 위탁경영을 하고 있는 보라매병원이 가장 양호한 의료이익률을 거두고 있고, 이어 지방공사 강남병원, 시직영사업소로 운영되고 있는 동부병원 순으로 이어지고 있음을 알 수 있다. 그러나 의료보호환자 구성비율이나 1인당 진료비로 인한 의료수익 손실폭, 전반적인 병원의 성장률 등에 비추어 봤을 때 1999년의 경우 오히려 강남병원이 보라매병원을 앞서는 의료이익을 거둬 좀 더 양호한 경영실적을 거두었다 할 수 있다.

(라) 활동성비율 분석

동성은 병원이 수익획득을 위하여 보유하고 있는 자산을 어느 정도 효율적으로 운용하고 있는가를 표시하는 개념으로 투입된 자본의 활용 정도와 자본관리 활동에 의한 효과를 측정하고자 하는 지표로써 구체적으로 대차대조표상의 항목과 의료수익을 대비하여 나타낸다.

본 연구에서는 총자본회전율과 의료미수금회전율 및 의료미수금회전기간을 평가지표로 선정하여 분석했다.

① 총자본회전율

먼저 연도별 총자본회전율이란 투입된 자본에 대한 의료수익의 비율 즉, 의료수익에 대한 자본의 회전속도를 판단하는 비율로서 투하된 자본이 일정기간 동안에 의료수익의 실현을 위하여 얼마나 효율적으로 활용되었는가를 나타내며 이 비율이 높을수록 투입된 자본을 적극적으로 활용했다는 것을 의미하므로 자본회전율이 높을수록 좋다. 그러나 서울시 직접운영병원인 동부병원은 기본적으로 사업소로서, 관청회계로 計利됨과 동시에 일반회계로 편성되어 집행되고 있는 관계로 자본의 개념자체가 없다. 따라서 강남병원과 보라매병원만을 대상으로 분석한 것이 <표 3-16>이다.

<표 3-16> 연도별 총자본회전율 변화 추이

(단위: 백만 원, %)

구분		의료수익(A)	총자본(B)	총자본회전율 (A/B)
강남 병원	1995	21,642	8,922	2.43
	1996	25,670	10,122	2.54
	1997	30,632	14,596	2.10
	1998	32,075	18,791	1.71
	1999	35,975	17,023	2.11
보라매병 원	1995	27,126	11,013	2.46
	1996	31,082	11,107	2.80
	1997	39,941	27,051	1.48
	1998	45,942	31,097	1.48
	1999	47,876	31,815	1.50

주: 동부병원은 일반회계로 운영되고 있어 자본개념 자체가 없어 생략함.
자료: 강남병원과 보라매병원의 각 년도 결산서.

<그림 3-23>의 연도별 총자본회전율 변화추이를 비교하면 강남병원의 경우 1995년과 96년에는 2.43회와 2.54회로 보라매병원의 2.46회와 2.8회를 약간 밑도는 자본회전율을 보였으나 97년 이후 보라매병원을 앞서는 회전율을 보이고 있으며 99년의 경우 2.11회로 보라매병원의 1.5회를 상회한다. 따라서 강남병원이 자본 활용 정도가 보라매병원을 앞서 보다 효율적으로 활용되고 있는 것으로 나타났다.

<그림 3-23> 연도별 총자본회전율 변화 추이 비교

(단위: 회)

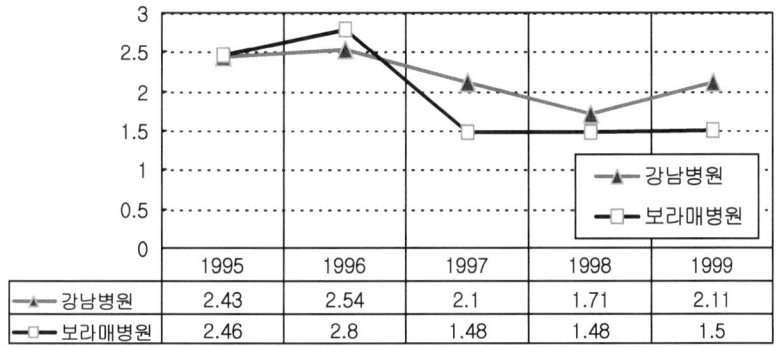

	1995	1996	1997	1998	1999
강남병원	2.43	2.54	2.1	1.71	2.11
보라매병원	2.46	2.8	1.48	1.48	1.5

② 의료미수금회전율

한편 의료미수금회전율과 회전기간을 통해 경영효율성을 평가하면 다음과 같다. 의료미수금은 진료활동의 결과 발생된 수익이 회계기간이 경과후에도 환자로부터 거둬들여지지 않은 진료비를 말한다. 따라서 의료미수금액이 클수록 병원의 자산 활용도는 떨어지게 마련이고, 병원경영을 압박하는 주요인으로 작용하게 되므로 각 병원은 의료미수금을 최대한 줄이기 위해 노력하게 된다. 여기서는 의료미수금회전율과 의료미수금회전기간을 분석하였는바, 의료미수금회전율은 의료미수금에 대한 의료수익의 비율을 비교해 봄으로써 의료미수금의 과다여부를 알기 위한 지표로 이 비율이 높을수록 의료미수금의 적체가 적다는 것을 의미한다.

<표 3-17> 의료미수금 회전율 및 의료미수금 회전기간(현원기준)

병원	평가지표	단위	1995	1996	1997	1998	1999
강남병원	의료수익	백만 원	21,642	25,670	30,632	32,075	35,975
	의료미수금		5,542	7,153	8,032	6,785	7,222
	회전기간	일	93.5	101.7	95.7	77.2	73.3
	회전율	회	3.9	3.6	3.8	4.7	5.0
보라매병원	의료수익	백만 원	27,126	31,082	39,941	45,942	47,876
	의료미수금		6,693	8,105	9,880	8,913	14,543
	회전기간	일	90.1	95.2	90.3	70.8	110.9
	회전율	회	4.1	3.8	4.0	5.1	3.3
동부병원	의료수익	백만 원	3,359	2,851	3,098	3,440	3,954
	의료미수금		605	702	603	782	613
	회전기간	일	18.0	24.6	19.5	22.7	15.5
	회전율	회	5.5	4.1	5.1	4.4	6.4

주: 의료미수금회전기간＝의료미수금잔액/의료수익×365
　　의료미수금회전율＝의료수익/의료미수금

<표 3-17>에서 보듯이 1999년의 강남 병원과 보라매 병원의 미수금 규모는 연 의료수익의 20.1%에서 30.4% 내외 수준에 이르고 있어 병원경영을 압박하는 주요인으로 작용하고 있다.

한편 <그림 3-24>를 통해 각 병원의 의료미수금회전율을 비교해 보면 동부병원이 지난 5년 평균 가장 우수한 회전율을 보이고 있고, 보라매병원의 경우 1995년부터 98년까지 계속 강남병원을 약간 상회하는 회전율을 보이다가 1999년에는 떨어지고 있다. 이를 1999년 기준으로 보면 동부병원이 6.4회로 가장 높고, 다음으로 강남병원이 5회이고, 보라매병원이 3.3회의 회전율을 보이고 있어 매년 호전되고는 있으나, 아직 민간병원의 60% 수준

에 머물러 있는 것으로 분석되었는바 의료미수금의 조기회수를 위한 방안
이 적극적이고 체계적으로 모색되어야 할 것으로 판단된다.

<그림 3-24> 의료미수금회전율 변화 추이 비교

(단위: %)

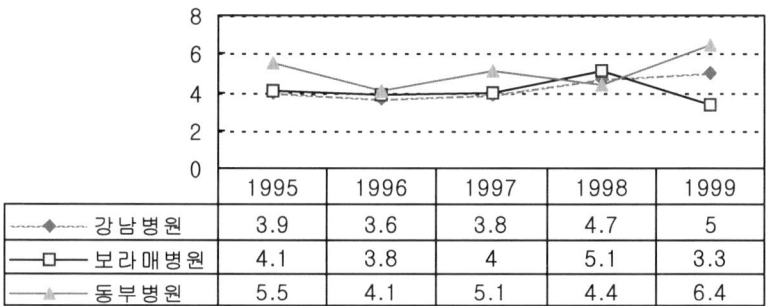

	1995	1996	1997	1998	1999
강남병원	3.9	3.6	3.8	4.7	5
보라매병원	4.1	3.8	4	5.1	3.3
동부병원	5.5	4.1	5.1	4.4	6.4

③ 의료미수금 회전기간

1의료미수금회전기간은 의료미수금 잔액이 며칠 분의 의료수익에 해당하
는가를 알기 위한 지표로서 이 비율이 길수록 의료미수금의 관리가 부실하여
의료미수금이 적체되고 있다는 것을 의미하므로 짧을수록 좋은 것이다.

<그림 3-25> 의료미수금 회전기간 비교

(단위: 일)

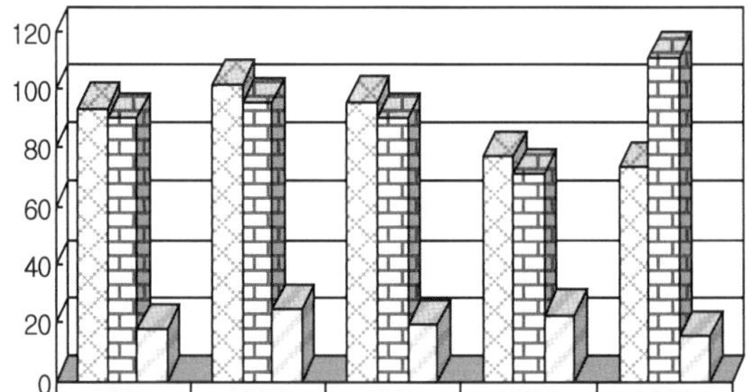

	1995	1996	1997	1998	1999
□강남병원	93.5	101.7	95.7	77.2	73.3
■보라매병원	90.1	95.2	90.3	70.8	110.9
□동부병원	18	24.6	19.5	22.7	15.5

<그림 3-25>를 통해 의료미수금 회전기간을 보면 마찬가지로 시직영사업소인 동부병원이 5년 전체에 걸쳐 가장 짧고, 간접운영형태의 두 병원 중에서는 98년까지는 보라매병원의 회전기간이 더 짧았으나 99년의 경우 강남병원이 73.3일이고, 보라매병원이 110.9일로 가장 높게 나오고 있어 99년의 경우 강남병원의 자산 활용 정도가 더 높게 나왔는데 이는 전자문서 교환방식(E.D.I) 시스템 도입운영으로 진료비 청구과정을 대폭 단축시켰으며 장기입원환자의 진료비를 조기에 분리 청구하여 의료미수금을 많이 줄인 결과이다(서울특별시 '98투자기관경영실적평가, 1999: 249).

<표 3-18> 전체 의료미수금 대비 의료보호환자 미수금 현황

(단위: 천원)

병원 \ 미수금		전체의료미수금	의료보호미수금
강남병원	1998	6,784,907	3,949,738(58.2%)
	1999	7,222,029	4,109,867(56.9%)
보라매병원	1998	8,912,606	4,508,637(50.6%)
	1999	14,543,182	6,217,515(42.7%)
동부병원	1998	782,135	738,237(94.4%)
	1999	613,552	541,191(88.2%)

한편 병원경영을 압박하는 요인 가운데 저소득층 진료에 따른 경영 부담이 병원경영의 중요한 경영압박요인으로 작용하는 바, 전체 의료미수금 중 의료보호환자미수금이 차지하는 비율을 보면 <표 3-18>과 같다. <표 3-18>에서 보듯이 1998년과 99년에 걸쳐 세 병원 모두 의료보호환자미수금이 전체의료미수금의 절반 이상을 넘어서고 있고, 동부병원은 무려 94.4%(1999년)가 의료보호환자 미수금이다.

이와 같은 이유로 의료보호환자진료실적이 많을수록 병원의 자산 활용 정도는 떨어질 확률이 높다. 그런데 1999년도에 세 병원 중 보라매병원의 의료보호환자미수금이 42.7%로 강남병원의 58.2%와 동부병원의 94.4%에 비해 낮은 수준임에도 불구하고 의료미수금회전율이 3.3회로 가장 낮고, 회전기간도 110.9일로 가장 길어 활동성차원의 비효율성이 가장 높게 나타나고 있는 것으로 지적된다.

(3) 人力管理次元 成果評價

조직의 경영효율성을 제고하기 위해서는 효과적인 조직과 인력관리가 대단히 중요하다. 대체로 조직의 축소는 인력감축을 수반하는 것이나 때에 따라서는 조직 감축이 인력감축과 연동되지 않고 유리되어 작용함으로써 조직의 비효율성과 노쇠화를 촉진시키는 요인으로 작용하기도 한다.

특히 병원의 경우 매년 악화되고 있는 외적여건의 변화에 따라 경영합리화를 통한 원가절감을 위하여 배전의 노력을 기하게 된다. 그런데 의료비용 중 인건비가 차지하는 비중이 대략 50% 내외를 차지하고 있으므로 인건비는 원가절감의 제1의 대상이 되고 있다. 따라서 조직운영에 적합한 최소인력으로 효과적으로 인력관리를 하는 것이 매우 중요하다.

본 연구에서는 인력관리 차원을 평가하기 위해 조정환자 100명당 인력현황을 각 직종별로 검토하였다. 이는 일정기간중의 평균재직 직원총수 또는 직종별 직원수를 조정환자 100명 단위로 환산하여 산출한 것으로 조정환자 100명당 직원수가 많을 경우에는 인력의 낭비가 없는지를, 적을 경우에는 인력부족으로 인하여 업무수행에 지장을 초래하지 않는지를 분석 검토해 보아야 한다. 아래 <표 3-19>는 시립병원의 연도별 인력현황을 제시한 것이다.

<표 3-19> 연도별 인력현황(현원기준)

(단위: 명)

구분		병상수	계	의사	간호사	약사	보건직	사무·기술직	기능직	기능	운영형태
강남병원	1995	460	580	139	198	12	40	88	103	종합	지방공사
	1996		600	145	201	12	45	107	90		
	1997	500	574	130	195	12	45	107	85		
	1998		573	138	197	11	44	105	78		
	1999		552	138	191	12	44	94	73		
보라매병원	1995	405	609	129	196	14	51	56	163	종합	위탁
	1996		654	127	220	14	57	45	191		
	1997	531	692	130	232	14	68	53	195		
	1998		709	140	231	19	70	52	197		
	1999		708	138	229	20	69	57	195		
동부병원	1995	200	227	43	91	7	17	15	54	종합	직영
	1996		214	43	83	7	17	14	50		
	1997		214	45	83	7	17	14	48		
	1998		190	38	79	7	16	14	36		
	1999		194	35	79	8	17	13	42		

주 1) 각 병원의 전문의 수는 강남 54명, 보라매 64명, 동부 28명임.
   2) 의사(현원)＝전문의＋레지던트＋인턴
자료: 각 병원 각 년도 결산서, 강남병원 각 년도 연보, 보라매병원 진료통계, 동부병원 내부자료

<표 3-19>에서 보는 바와 같이 강남병원의 경우 전체인력에 있어 1995년 580명에서 552명으로 축소되었는데, 이는 96년까지 460병상에서 500병상으로 40병상이나 증가한 데 따른 인력수요 요인이 발생했음에도 불구하고 오히려 인력감소를 보이고 있다는 점에서 인력감축을 통한 조직 긴축경영이 가장 효과적으로 이루어졌음을 알 수 있다. 그러나 동기간 동안 보라매병원의 경우 병상수가 405병상에서 531병상으로 增床된 이유도 있지만 1995년 609명에서 708명으로 대폭적으로 증가되었다. 동부병원의 경우 약

간의 인력감축이 있었으나 환자진료실적의 대폭적인 減少趨勢에 비교할 때 세 병원 중 遊休人力의 여지가 가장 큰 것으로 나타나고 있다.

한편, <표 3-20>의 조정환자 100명당 인력현황을 보면 지난 5년간 병원 전체인력은 동부병원이 가장 많고, 강남과 보라매병원 간에는 비슷한 수준을 보이고 있다. 그러나 직종별 비교를 보면 의사수와 간호사수에 있어서는 강남병원과 보라매병원사이에 차이가 나는데 보라매병원의 인력효율성이 약간 돋보이고 있다. 동부병원의 경우는 전 직종에 걸쳐 환자진료량에 비해 상대적으로 인력이 과다한 것으로 나타나 인력의 비효율성이 세 병원 중 가장 크다.

<표 3-20> 조정환자 100명당 연도별 인력현황(현원기준)

(단위: 명)

			1995	1996	1997	1998	1999
강남병원	조정환자 100명당	전체인력	88.7	88.7	83.7	85.1	76.1
		의사수	21.3	21.4	19.0	20.5	19.0
		간호사수	30.3	29.7	28.4	29.2	26.3
		사무직수	13.5	15.8	15.6	15.6	13.0
보라매병원	조정환자 100명당	전체인력	92.3	92.9	80.1	78.0	76.8
		의사수	19.6	18.0	15.0	15.4	15.0
		간호사수	29.7	31.2	26.8	25.4	24.8
		사무직수	8.5	6.4	6.1	5.7	6.2
동부병원	조정환자 100명당	전체인력	147.6	168.1	183.6	131.1	115.6
		의사수	27.9	33.8	38.6	26.2	20.8
		간호사수	59.2	65.2	71.2	54.5	47.1
		사무직수	9.7	11.0	12.0	9.7	7.7

전체인력을 비교하면 1999년의 경우 동부병원이 115.6명으로 인력 비효
율성이 가장 크고, 강남병원은 76.1명, 보라매병원은 76.8명으로 비슷한 수
준을 유지하고 있다.

<그림 3-26> 조정환자 100명당 인력수준 비교(1999년)

(단위: 명)

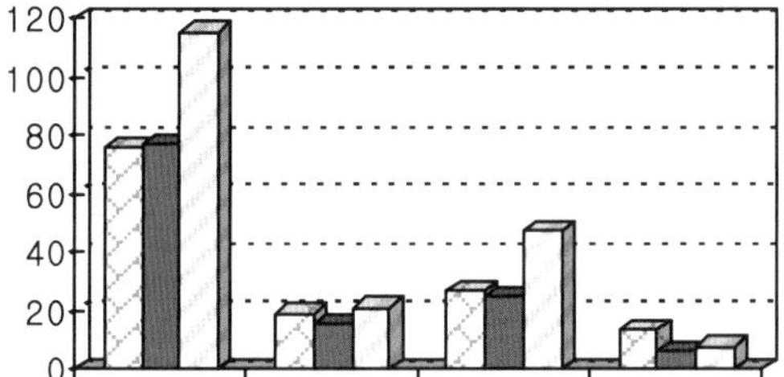

	전체인력	의사수	간호사수	사무직수
강남병원	76.1	19	26.3	13
보라매병원	76.8	15	24.8	6.2
동부병원	115.6	20.8	47.1	7.7

그러나 직종별로 보면 의사수에 있어서는 보라매병원이 15명으로 가장
낮고, 다음으로 강남병원이 19명, 동부병원이 20.8명으로 나와 보라매병원
의 의사의 효율성이 가장 높게 나왔다. 이는 역으로 의사들의 업무부하량
(labor load)이 두 병원에 비해 상대적으로 더 높음을 의미한다. 간호사의
경우 또한 동부병원이 47.1명으로 비효율성이 가장 심각하고 강남병원이
26.3명으로 보라매의 24.8명에 비해 약간 더 많은 편이다. 사무직수에 있어
서는 보라매병원이 가장 적은 6.2명을 보이고 있고, 다음으로 동부병원이
7.7, 그리고 강남병원이 13명으로 상대적으로 강남병원의 사무직인력이
더 많은 것으로 나타나 지방공사의 관리부서의 중층구조를 엿볼 수 있는
부분이다. 그러나 전체인력에서는 대동소이한 현상으로 나타나고 있다.

（4）財政自立度次元 成果評價

의업수지비율은 의료 활동에 따른 수지비율을 평가함으로써 재정자립도를 높이기 위한 것으로, 의료수익을 증대시키거나 의료비용을 절감함으로써 수익성을 향상시키고자 하는 것이다[55]. 다시 말해 收入支出適合의 原則에 따라 공기업의 독립채산제의 원칙에 얼마나 충실한지를 보고자 하는 것이다.

<표 3-21> 시립병원의 연도별 의업수지비율 변화 추이

(단위: 백만 원, %)

구분		의료수익(A)	의료비용(B)	의업수지비율 (A/B×100)
강남병원	1995	21,642	27,764	77.9
	1996	25,670	31,348	81.9
	1997	30,632	35,976	85.1
	1998	32,075	37,220	86.2
	1999	35,975	39,444	91.2
보라매병원	1995	27,126	29,236	92.8
	1996	31,082	34,067	91.2
	1997	39,941	43,824	91.1
	1998	45,942	49,064	93.6
	1999	47,876	51,027	93.8
동부병원	1995	3,359	7,359	45.6
	1996	2,851	7,945	35.9
	1997	3,098	8,335	37.2
	1998	3,440	7,956	43.2
	1999	3,954	7,518	52.6

자료: 각 병원 각 년도 결산서

---

55) 의업수지비율 산정 시 의료비용에 감가상각비를 포함하여 산정하여야 하나 각 병원의 감가상각비 대상이나 산정방법이 거의 동일하여 각 병원의 감가상각비를 일정한 것으로 간주하여 제외하여도 큰 무리가 없을 뿐만 아니라 무엇보다도 각 병원마다 제시하고 있는 감가상각비에 관한 자료가 정확성을 결여하고 있어 평가의 정확성을 확보하기 위해서는 현금수지위주로 파악하는 것이 바람직하다고 판단되어 여기서는 의료비용에 감가상각비를 제외하고 의업수지비율을 산정하였다.

　　<표 3-21>에 제시되어 있는 각 병원별 의업수지비율을 보면 강남병원의 경우 1995년 77.9%의 수지비율을 기록한 이후 지속적인 성장세를 示現하다가 1999년에는 91.2%라는 의업수지비율 보이며 재정자립도가 증가하고 있음을 알 수 있다. 이와 같은 결과는 병원이미지 개선으로 경쟁력을 확보하여 의료수익을 증대시키고 감축경영으로 경영수지를 개선하였기 때문이다. 보라매병원의 경우 95년 이후 91-3%대의 비교적 안정적인 의업수지비율을 보이고 있으나 강남병원과 비교할 때 수지비율의 성장세가 더딤을 알 수 있다. 동부병원의 경우 의료수지비율이 50%에도 미치지 못하는 저조한 결과를 보이고 있는 바, 95년 이후 3개년 동안 악화되다가 98년 이후 환자진료실적의 증가로 상승세를 타고 있으나 여전히 낮은 수지비율을 기록하고 있어 향후 경영개선의 여지가 많은 것으로 나타났다.

<그림 3-27> 의업수지비율 변화 추이

(단위: %)

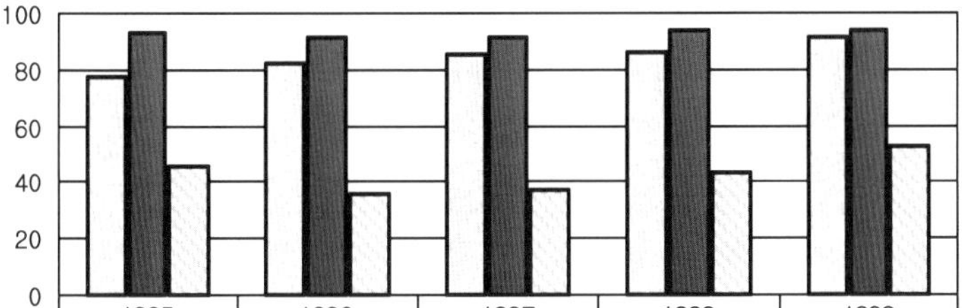

	1995	1996	1997	1998	1999
□강남병원	77.9	81.9	85.1	86.2	91.2
■보라매병원	92.8	91.2	91.1	93.6	93.8
□동부병원	45.6	35.9	37.2	43.2	52.6

　　이상의 논의를 종합할 때 의업수지비율은 강남병원이 지속적인 의료수익 증대와 함께 1999년에는 91.2%로 보라매병원에 육박하는 높은 수준을 보이고 있고, 보라매병원은 93%대의 수지비율을 보이며 비교대상 병원 중 가장 높은 수준을 보이고 있는 반면에 동부병원은 재정자립도가 절반수준밖에 안

되고 있은 편이다. 객관적인 비율에 있어서는 보라매병원이 약간 앞서 있으
나 의료보호환자진료실적에 있어서 강남병원의 34.79%에 비해 20.83%에 불
과하고 환자 1인당 진료비에 있어서도 135,868원보다 많은 142,295원을 받고
있어 이 차이를 감안한다면 오히려 강남병원의 재정자립도가 더 높다고 할
수 있다. 더구나 이런 현실에도 불구하고 1999년에 강남병원의 의업수지비율
이 높은 성장을 기록하며 보라매병원에 육박하는 수준을 보인 것은 자체 경
영개선의 효과가 상당부분 작용한 것으로 판단된다.

3) 분석결과의 종합적 논의

지금까지 살펴본 각 평가지표별 재무비율분석과 환자진료실적 분석 5개
년 치 결과를 종합하여 제시한 것이 <표 3-22>이고, 이를 다시 1999년의
실적을 중심으로 원형도표법(radar chart method)으로 조직형태별 경영실
적 상태를 종합적으로 비교 평가한 것이 <그림 3-28>이다. 그림을 보는
방법은 의료미수금회전기간과 인력관리차원의 조정환자 100명당 의사수,
간호사수와 전체환자수는 원형 밖으로 나올수록 성과가 나쁜 것이고, 그
이외의 지표는 밖으로 나올수록 좋은 것이다.

<그림 3-28> 조직형태별 경영실적의 종합적 비교 원형도표

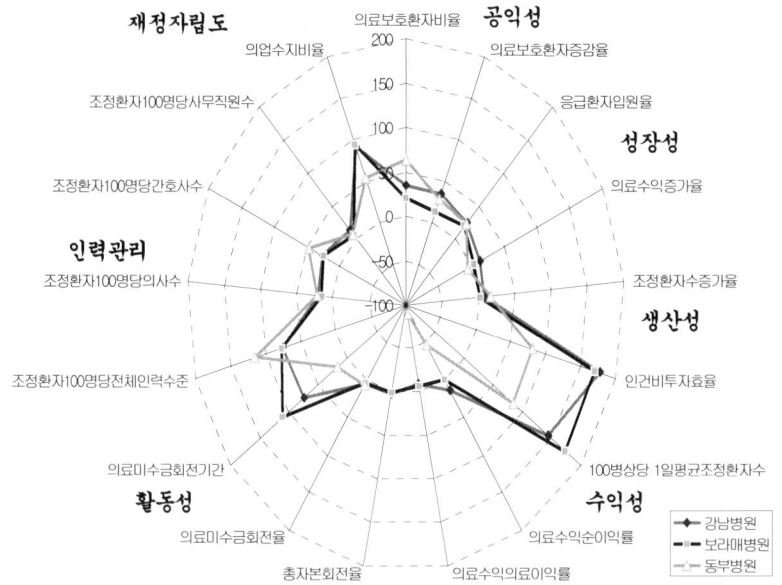

<그림 3-28>을 통해 보면 강남병원과 보라매병원은 겹치는 부분이 많아 평가지표에 있어 경쟁적인 위치를 보여 주고 있다. 그러나 성장성지표를 제외하고 대부분의 지표에서 강남병원이 우월하거나 대등한 모습을 보여 주고 있다. 수익성지표에서는 비슷한 수준을 보이고 있어 겹치게 나타나고 있고, 활동성지표와 공익성지표에 있어서는 강남병원이 단연 우세에 있고, 인력수준에 있어서는 거의 대등한 수준을 보이고 있어 겹쳐 나오고 있다.

〈표 3-22〉 성과평가지표 및 경영실적 분석결과 비교 평가 종합

변수	측정지표	단위	강남병원					보라매병원					동부병원				
			1995	1996	1997	1998	1999	1995	1996	1997	1998	1999	1995	1996	1997	1998	1999
공익성	·의료보호환자 비율	(%)	24.90	27.15	25.09	28.0	34.79	16.02	15.71	18.24	18.88	20.83	44.58	42.44	49.03	57.85	63.55
	·의료보호환자 증가율	(%)	14.28	12.84	-6.39	9.64	33.87	-1.19	4.72	42.48	8.83	11.94	-17.46	-21.21	5.75	46.67	27.51
수익성	·조정환자수 증가율	(%)	6.53	3.48	1.30	-1.74	7.72	3.94	6.74	22.75	5.13	1.46	-16.88	-17.23	-8.47	24.32	15.84
	·의료수익 증가율	(%)	6.6	18.6	19.3	4.7	12.2	17.6	14.6	28.5	15.0	4.2	-6.1	136.5	4.9	-4.5	-5.5
생산성	·인건비 투자효율	(%)	123.0	121.8	131.6	168.8	177.3	147.8	141.1	144.7	173.0	170.1	57.6	67.0	110.8	95.7	81.1
	·조정환자 1인당 진료비	(원)	90,684	103,950	122,446	130,488	135,868	112,261	120,966	126,630	138,544	142,295	55,021	63,624	63,048	66,301	67,878
	·조정환자 1인당 인건비	(원)	52,169	57,243	62,085	49,408	45,507	49,010	54,988	56,784	54,200	56,152	83,172	102,344	92,933	76,878	67,769
	·100병상당 1일 평균 조정 환자수	(명)	142.1	147.1	149.0	134.7	145.1	143.4	153.0	162.7	171.1	173.6	76.9	63.7	58.3	72.4	83.9
활동성	·의료수익 순이익률	(%)	-20.5	-16.2	8.9	13.1	-4.63	-5.3	-6.1	-0.8	-0.3	-0.6	-119.1	-64.1	-62.8	-56.8	-47.4
	·의료수익의료이익률	(%)	-28.3	-22.1	-17.4	-16.0	-9.6	-7.8	-9.6	-9.7	-6.8	-6.9	-119.1	-178.7	-169.0	-131.3	-90.1
	·총자본 회전율	(회)	2.43	2.54	2.10	1.71	2.11	2.46	2.80	1.48	1.48	1.50					
	·의료미수금 회전율	(%)	3.9	3.6	3.8	4.7	5.0	4.1	3.8	4.0	5.1	3.3	5.5	4.1	5.1	4.4	6.4
	·의료미수금 회전 기간	(일)	93.5	101.7	95.7	77.2	73.3	90.1	95.2	90.3	70.8	110.9	18.0	24.6	19.5	22.7	15.5

변수	측정지표	단위	강남병원					보라매병원					동부병원				
			1995	1996	1997	1998	1999	1995	1996	1997	1998	1999	1995	1996	1997	1998	1999
인력관리	·조정환자 100명당 전체인력수준	(명)	88.7	88.7	83.7	85.1	76.1	92.3	92.9	80.1	78.0	76.8	147.6	168.1	183.6	131.1	115.6
	·조정환자 100명당 의사수	(명)	21.3	21.4	19.0	20.5	19.0	19.6	18.0	15.0	15.4	15.0	27.9	33.8	38.6	26.2	20.8
	·조정환자 100명당 간호 인력수	(명)	30.3	29.7	28.4	29.2	26.3	29.7	31.2	26.8	25.4	24.8	59.2	65.2	71.2	54.5	47.1
	·조정환자 100명당 사무직원수	(명)	13.5	15.8	15.6	15.6	13.0	8.5	6.4	6.1	5.7	6.2	9.7	11.0	12.0	9.7	7.7
재정 자립도	·의료수지비율	(%)	77.9	81.9	85.1	86.2	91.2	92.8	91.2	91.1	93.6	93.8	45.6	35.9	37.2	43.2	52.6

　　아래 <표 3-23>은 1999년을 기준으로 이상의 경영실적 분석을 성과평
가지표별로 드러난 분석결과를 종합하여 각 지표별 1위부터 3위를 우수,
양호, 저조로 도식화하여 보여주고 있다. 그러나 이 분류는 해석의 편의를
위해 상대적 순위를 나눈 것이지 성과평가 결과 자체가 그렇다는 절대적인
의미가 아님을 지적해 둔다.

<표 3-23> 성과평가지표별 분석결과의 종합적 비교 평가

평가 차원		측 정 지 표	강남병원	보라매병원	동부병원
공익성		· 의료보호환자수 및 비율	△	×	○
		· 의료보호환자 증감률	△	×	○
		· 외래환자 대비 응급환자비율	×	○	△
		· 응급환자 입원율	○	×	△
경영 관리	성장성	· 조정환자수 증가율	△	○	×
		· 의료수익 증가율	△	○	×
	생산성	· 인건비 투자효율	○	△	×
		· 조정환자 1인당 진료비	△	×	○
		· 조정환자 1인당 인건비	○	△	×
		· 100병상당 1일평균조정 환자수	△	○	×
	수익성	· 의료수익 순이익률	○	△	×
		· 의료수익의료이익률	△	○	×
	활동성	· 총자본 회전율	○	△	
		· 의료미수금 회전율	△	×	○
		· 의료미수금 회전기간	△	×	○
인력 관리		· 조정환자 100명당 전체인력수준	○		
		· 조정환자 100명당 의사수	△	○	×
		· 조정환자 100명당 간호 인력수	△	○	×
		· 조정환자 100명당 사무직원수	×	○	△
재정자립도		· 의업수지비율	○	△	×

주: 1) 1999년 기준
　2) 우수: ○, 양호: △, 저조: ×

  <그림 3-28>과 <표 3-23>을 통해서 종합적인 경영성과를 평가하면 전반적인 경영실적에서 강남병원이 가장 우수한 성과를 거두었음을 알 수 있다.

  직접운영병원인 동부병원의 경우 의료보호환자비율이나 의료보호환자 증감률 등 공익성에 있어서는 제일 앞선 결과를 보이고 있으나 수익성차원의 평가지표나 인력관리, 재정자립도 등에 있어서는 비교대상 두 병원과 비교가 되지 않을 정도로 그 비효율성이 크다.

  이에 비해 간접운영병원인 강남병원과 보라매병원의 경우 거의 모든 평가차원에 걸쳐 대등한 경쟁관계를 보이고 있음을 알 수 있으나 시간이 흐를수록 강남병원이 많은 평가지표에 있어서 약간씩 앞서고 있다. 구체적으로 공익성지표에서는 뚜렷한 우월을 보이고 있고, 수익성지표인 의료수익순이익률은 약간 떨어지고 있으나 98년 이후 보라매병원을 앞서고 있고, 의료수익의료이익률에 있어서는 -9.6%로 보라매병원의 -6.9%에 비해 열세를 보이고 있다. 그러나 이는 단순하게 드러나는 수치로만 판단해서는 정확한 해석을 결여할 수 있다. 왜냐하면 앞서 논의한 바와 같이 의료보호환자진료비율의 상대적 우세와 1인당 진료비용의 差額을 감안할 때 실질적으로 강남병원의 수익성이 보라매병원을 앞서고 있다고 볼 수 있기 때문이다. 따라서 이와 같은 상황을 감안할 때 강남병원이 보라매병원에 비해 전반적으로 양호한 경영실적을 보인 것으로 평가된다. 좀 더 세부적인 분석은 제5장 1절에서 논하기로 하고 여기서는 자세한 논의를 줄이기로 한다.

第3節 자료포락분석(DEA)技法에 의한 公共서비스 成果評價

1. 자료포락분석(DEA)기법을 이용한 공공서비스 성과평가

1) DEA기법을 이용한 효율성 평가의 유용성

이 이외에 자료포락분석(Data Envelopment Analysis)기법을 이용하여 공공서비스효율성을 측정하고자 하는 시도도 있다(이혁주, 1995; 문춘걸, 1998). 일반적으로 효율성이란 조직이 생산한 재화나 서비스의 양, 생산에 투입된 재화에 대한 산출된 재화의 비율 또는 생산 제요소 간의 유효한 이용의 정도, 산출물과 생산요소와의 비율, 최소의 투입으로 최대의 생산을 실현시킨다는 투입과 산출의 능률성 등으로 표현된다. 이에 따라 효율성 개념은 조직 내부에서의 단순한 효율적인 기술적 전환과정을 의미하는 것으로부터 환경에 대한 동태적인 적용과정까지 포함해서 폭넓게 규정되기도 한다. 하지만 통상 효율성과 생산성은 차이를 두지 않고 유사한 개념으로 혼용해서 사용하기도 한다. 본 연구에서는 전통적인 능률성 개념에 효과성과 질의 요소를 더한 것을 효율성 개념이라고 이해하는 입장을 취하도록 한다.

그런데 사업체의 경영에 관한 효율성의 정도는 어떠한 하나의 척도로 측정한다는 것은 불가능할지도 모른다. 왜냐하면 경영효율성은 다차원척도와 상대적 관점으로부터의 종합적인 판단을 필요로 하기 때문이다. 자료포락분석(DEA)기법은 이러한 多次元 尺度로, 상대적인 판단을 필요로 하는 사업체의 경영효율성을 실증적으로 평가하기 위한 OR모델로서 비영리공공단체의 의사결정단위(DMU: Decision Making Unit)[56]의 상대적 효율성을

---

56) 의사결정단위(DMU)란 효율성 분석의 대상이 되는 조직이나 업체의 분석단위를 말하는 것으로 DMU를 선택할 때 지켜져야 할 원칙으로 1) 의사결정단위 간에는 평가상 그 성격에 있어 유사성이 있어야 하고, 2) 투입물과 산출물에

166

평가하기 위해 개발된 선형계획법이다. DEA에서의 효율성57)은 가장 효율적인 생산 Frontier를 기준58)으로 가중치가 주어진 투입요소의 합에 대하여 가중치가 주어진 산출요소의 합이 비율로 표현되어 진다. 따라서 DEA 기법은 기존 회귀모형의 단점59)을 보완할 수 있는 한 대안으로 그 적용가능성을 탐색해 볼 수 있다60). 이 방법에 따르면 의료기관의 상대적인 DEA 효율성이 판명되어 효율적인 프론티어를 이루지 못하고 있는 의료기관의 어느 부분을 개선하면 효율적으로 될 것인가가 시사되어진다. 또한 여러 형태의 비효율성이 '시스템'에 기인하는 것인가, '매니지먼트'에 기인하는 것인가에 대해서도 이 기법을 사용해서 검토할 수 있고, 더욱이 가장 효율

대해서는 확실하고 객관성이 있는 실체여야 하며, 3) 효율성 측정치에 대한 신뢰성이 확보되기 위하여 평가상 적정한 수의 준거집합이 있어야 하고, 4) DMU의 수가 충분한 자유도를 제공할 수 있을 만큼 커야 하며, 5) 측정결과에 대한 효과성을 높이기 위하여 투입물과 산출물의 변수선택과 선택된 변수의 범위 및 개념을 명확히 정의하여야 한다.

57) 경제학에서 효율성은 생산가능곡선(Production Frontier) 내부의 어느 지점에서 생산가능곡선의 방향으로 진행하는 것을 말하는 기술적 효율성과, 주어진 상대가격에 가장 적합한 재화의 조합을 생산하는 것을 의미하는 경제적 효율성 내지는 규모의 효율성으로 구분한다. 그러나 DEA기법에 도입된 효율성의 개념은 배분적 효율과 기술적 효율로 나눌 수 있다. 배분적 효율이란 다른 사람의 효용을 감소시키지 않고 어떤 사람의 효용을 증가시키는 파레토효율을 말하고, 기술적 효율이란 주어진 산출을 생산하기 위한 투입을 최소화하는 개념을 말한다. 이러한 의미에서 기술적 효율은 생산적 효율과 동일한 의미를 가진다할 수 있으며 DEA에 있어서의 효율도 이와 일치한다고 할 수 있다.

58) 여기서 효율적인 생산프론티어(production frontier)란 생산시스템이 가장 효율적으로 운영되었을 때 투입에 대한 최대 산출수준을 의미하는 것이다.

59) 기존에 효율성 평가에 주로 활용되고 있는 회귀분석은 성과에 대한 부분적인 측정을 이용하여 평가를 하기 때문에 전체 투입과 산출사이의 관계를 설명하지 못하고 있으며, 일정한 함수모형을 가정하고 있어 공공부문의 효율성 평가에는 한계가 있다고 하겠다.

60) 이 기법은 본래 비영리조직의 조직효율성을 측정하는 기법으로서, 회귀분석과 같은 통계적 기법과는 달리 분석 대상 조직들 가운데 가장 효율적인 조직을 선정하여 이에 준하는 조직벤치마킹을 통해 조직전체의 효율성을 판단하는 계량적 기법이다. 뿐만 아니라 회귀모형에서는 함수형을 사전에 가정하고 그 모수를 추정하는 데 반해, 이 기법은 이러한 사전 가정 없이 조직효율성을 분석할 수 있고, 특히 투입물과 산출물이 여럿인 조직의 상대적 효율성을 비교 평가할 수 있다.

적인 규모에 관한 구체적인 내용도 기술할 수가 있다(남상요, 1993).

　자료포락분석법이 실증분석에 많이 사용되는 여러 가지 이유 중 하나는 분석에 있어서 투입과 산출자료만 요구된다는 장점 때문이다. 하지만 투입 요소 및 산출물의 가격정보를 사용하지 않기 때문에 원칙적으로 기술적 효율성만 측정 가능하다[61]. 다시 말해 투입요소 및 산출의 자료가 없더라도 투입과 산출자료만을 사용하여 상대적인 의미의 기술적 효율성을 측정하는 것이 가능하고, 효율적 변경함수의 형태가 비모수적(nonparametric)이라는 점이다.

　이와 같이 공공부문 효율성분석에 있어서 DEA기법의 유용성이 돋보이는 이유는 공공서비스의 특수성[62]에 기인하는 데 그 논거는 다음과 같다.

---

61) 자료포락분석법의 대표적인 고전적 문헌으로는 Farrell(1957)과 Charnes, Cooper와 Rhodes(1978)를 들 수 있다. 이 기법은 선형계획법을 사용하여 단면으로 구성된 convex hull로서 표본들의 경계를 구성 또는 표본을 포락하는 방법이다. 이 기법은 최선관측치(best practice observation)에 기준하여 상대적 효율성을 계측할 수 있을 뿐이며, 따라서 표본전체의 비효율의 척도를 계측할 수는 없다. 확률적 소음을 허용하지 않는 결정적인 기법이기 때문에 변경(frontier)으로부터의 내부이탈을 모두 기술적 비효율로 판단하며, 일반적으로 통계적 유의성 검정이 불가능하다. 산출과 투입요소의 종류를 소수에 국한하는 극단적인 생산구조를 가지고 있는 DMU는 주위에 상대적인 실적비교를 가능하게 하는 다른 DMU가 존재하지 않기 때문에 효율적 변경을 구성하는 DMU로 편성되는 약점(극단치에 대한 민감성)을 지닌다. 나아가서 비효율적인 표본(관측치)이 변경에 위치한 효율적인 목표점(준거점)으로 이동함에 따라 파레토 향상(Pareto improvement)은 달성되지만, 파레토 효율성(Pareto efficiency)이 달성된다고는 보장할 수가 없다.

62) DEA기법이 공공서비스 성과측정에 유용한 이유는 공공부문의 특수성에서 찾을 수 있다(문순실, 1998; 39). 전통적으로 공공부문의 실적평가는 어려운 점이 많은 것으로 알려져 있는 데 그 이유는 첫째, 공공부문에서는 산출을 정확히 측정하기 힘들기 때문인데 그 이유는 산출이 본질적으로 정성적인(qualitative in nature) 경우가 많고, 산출의 산정이 가능한 경우에도 여러 가지의 정책적 산출(multiple policy outputs)이 있을 뿐만 아니라 금액으로 환산하기 어려운 복수의 서비스(many outputs denominated in non-homogeneous units)를 생산하고 있기 때문이다. 둘째, 私部門에 비하여 公共部門에서는 법·제도·

첫째, 복수의 투입요소와 복수의 산출물들을 임의적인 가중치를 사용하지 않고서 모형 속에 포함시키는 것이 가능하다. 즉, DEA기법은 총요소생산성의 측정원리에 따라 복수의 개별투입산출비율(single- factor ratios) 대신 전반적인 실적에 상응하는 한 개의 통합적인 투입산출비율로 축약하는 객관적인 가중치 부여체계를 제공한다.

둘째, 다수의 산출물이 창출되는 복잡한 생산구조하에서 생산함수의 구체적인 형태가 알려져 있지 않은 경우에 특정 의사결정단위(DMU; decision making unit)의 효율성을 그와 유사한 DMU와 비교하여 측정 도출할 뿐만 아니라, 비교대상이 되는 효율적 DMU인 준거집단(peer group)을 보여주는 점을 들 수 있다. 비효율적인 개별 DMU에 대하여 준거집단의 구성과 구성원의 가중치를 살펴봄으로써 비효율적인 개별 DMU가 준거집단의 선형결합인 효율적 변경상의 목표점으로 나아가기 위한 효율성 향상의 방안을 제시해 주는 역할을 한다.

2) DEA기법에 의한 의료기관의 효율성 평가

DEA기법에 의한 의료기관의 효율성 평가 시도를 보면 영리기업에 있어서의 효율성은 투입된 자원에 대한 금전적 이익의 발생이나 동일산출에 대한 투입비용을 따져봄으로써 평가가 가능하나 비영리기관인 의료시설의 효

행정·도덕적 제약에 의하여 모든 투입과 산출을 마음대로 조정할 수 없는 측면이 상대적으로 더 강하다고 하겠다. 예를 들어 관할구역의 크기를 투입요소 중 하나로 생각할 때 효율성을 높이기 위하여 관할구역의 크기를 마음대로 조정하기는 현실적으로 어렵다고 하겠다. 또한 공공부문은 효율성만 추구하는 것이 아니라 많은 경우 어느 정도의 형평성(equity) 달성과 거시경제적 고려(성장성, 안정성 등) 등도 해야 하기 때문에 결국 여러 정책목표가 제약으로 작용하는 측면을 들 수 있다. 셋째, 대부분의 공공부문 산출물은 시장에서 거래되지 않기 때문에 시장가격이 존재하지 않는다. 대비적으로 시장가격이 존재하는 민간부문의 경우에는 시장가격에 의거한 산출물의 집계가 가능하고 실적평가가 용이하다.

율성을 화폐단위만으로 평가하는 데에는 여러 가지 문제점이 있다. 또한
의료기관은 단위나 성격이 다른 다양한 인적·물적 자원을 동원하여 여러
종류의 의료서비스를 제공함으로써 이러한 다양한 투입·산출요소를 어떻
게 종합하여 효율성을 평가하느냐하는 문제가 대두된다. 이제까지 의료기
관의 효율성을 평가하는 데 있어 비율분석이나 회귀분석에 의한 방법이 사
용되어 왔으나 비율분석은 기본적으로 두 변수 간의 비율을 보는 것이며,
회귀분석은 평균치에 의해 효율을 평가할 수밖에 없으므로 진정한 의미의
효율성평가로서는 제약이 있다.

　이러한 문제점을 고려하여 평가하게 되는 대상 집단을 효율적인 집단과
비효율적인 집단으로 구분한 Farrel(1957)의 효율성개념에 따라 Charnes,
Cooper, Rhodes(1978)에 의해 개발된 모델이 DEA이다[63]. DEA는 비영리
기관의 효율성을 측정하기 위해 非母數的(non- parametric)인 방법[64]에 의
해 개발된 새로운 OR(Operation Research)모델로서 투입과 산출에 관련된
모든 요소를 동시에 고려하여 투입요소들에 대하여 최대산출물을 생산하는
조직과 비교하여 그 외 조직의 효율성을 상대적으로 평가하는 방법으로 다
음과 같은 특징을 갖고 있다.

　첫째, 단위가 다른 다중투입, 다중산출(multiple-input/multiple- output)
을 종합적으로 고려하여 효율성을 하나의 수치로서 제시한다.

　둘째, 효율적인 기관과 비효율적인 기관을 구분하여 효율적으로 평가된
기관을(효율 Frontier집단) 기준으로 비효율의 정도를 평가하므로 상대적
효율성에 대한 지표를 제공해 준다. 즉 다수의 생산요소를 사용하여 다수
의 산출물이 창출되는 복잡한 생산구조하에서 생산함수의 구체적인 형태가

---

63) Dyson, Thanassoulis와 Boussofiane(1990)는 자료포락분석법(Data En-
　　velopment Analysis)에 대한 기본적인 내용소개를 담고 있으므로 이 논
　　문을 참조 바람.
64) 앞서 지적한 바와 같이 DEA의 가장 큰 장점은 프론티어 추정을 위해 사용되
　　는 투입요소와 산출요소 간의 관계에 대해 명확한 함수형태를 부여하지 않는
　　비모수적 방법이라는 데 있다.

알려져 있지 않거나 그들 간의 투입·산출구조모형을 적절히 기술하기 힘든 경우에 특정 조직의 효율성을 그와 유사한 조직과 비교하여 상대적인 효율성과 비효율성의 정도를 나타내 준다.

셋째, 비효율적으로 평가된 개개의 기관에 대하여 효율개선을 위한 구체적인 투입·산출의 조절량에 대한 정보를 제공한다.

넷째, 임의적인 가중치를 배제한다. 기존의 효율성 평가에 있어서 각 지표에 대한 가중치를 임의적인 방법으로 주어지는 것과 달리 모형 내에서 내생적으로 결정된다.

다섯째, 자료 분석을 위한 투입과 산출요소들이 반드시 화폐액으로 나타나야 할 필요성이 없다. 따라서 투입·산출요소들의 단위를 다양화하여 분석할 수 있으며, 생산함수에 대한 몇 가지의 기본적인 가정 하에서 거의 모든 경험적인 생산함수를 포괄할 수 있으므로 그 적용범위가 넓고 설명력이 높다.

여섯째, 모든 조직의 효율성 값은 상수로 제공하며 아울러 효율성 여부와 함께 비효율적인 부문을 명확하게 제시하여 줌으로써 향후 효율성 개선을 위한 관리정보를 제공하여 주는 특성을 갖고 있다. DEA는 이러한 특성을 보유하고 있기 때문에 의료기관의 효율성측정에서 유용한 방법이라 생각된다(남상요, 1993; pp.4-12).

DEA를 이용한 병원의 효율성 평가에 관한 연구를 보면 Banker (1984)는 North Carolina주의 117개 병원을 대상으로 규모의 효율성과 관련된 최적생산규모를 측정하였다. 이 연구를 수행하기 위해서 간호직, 일반사무직, 의사직의 재직기간, 병상수 등 4개의 투입변수와 14세 미만 환자 재원일수, 14세 이상 65세 미만 환자 재원일수, 65세 이상 환자 재원일수 등 3개의 산출변수를 이용하여 각 병원이 활동하고 있는 규모의 경제에 대한 특성을 파악하였다.

Sherman(1984)은 병원의 생산관계를 추정하는 데 있어서 회귀모형을 이용하고 있으나 이는 효율적인 병원과 비효율적인 병원의 성과가 함께 포함된 평균치 중심의 결과이므로 추정결과에 대한 신뢰성이 약하다는 것을 지적하였으며 DEA모형을 통해 감사수단으로 이용될 수 있음을 제시하였다.

곽영진(1992)은 병원의 효율성 평가를 300병상 이상의 20개 종합병원을 대상으로 효율성을 분석하여 비효율적인 병원의 비효율의 원인분석과 자원의 재배분방향을 제시하고 있다.

Conrad와 Strauss(1983: 341-350)는 병원의 다중산출적 성격(multi-product nature)으로 인해 효율성을 측정하는 데 실패하고 있으나 다중투입ㅡ다중산출 모형을 통해 병원의 비용을 종합적으로 측정할 수 있음을 보여주고 있다.

Banker와 Conrad, Strauss(1986)는 두 개의 다른 측정모형, 즉 초월로그 비용함수(translog cost function)의 경제적 모형과 DEA모형을 적용하여 병원의 비용과 생산을 비교 측정하는 연구를 통해 동일한 자료를 통해 보다 더 강력한 측정기법으로 기능하는 DEA모형의 장점을 제시하고 있다.

2. 자료포락분석(DEA)기법의 모형분석

DEA의 모형은 1978년 Charnes에 의해 기본형이 소개된 이후 다양한 학자들에 의해 많은 모형들이 개발되어왔으나 기본형이라 할 수 있는 CCR (Charnes, Cooper and Rhodes(1978))모형과 BCC(Banker, Charnes and Cooper(1984))모형이 있다[65].

---

65) 기본형 이후에 개발된 모형들로는 加法模型, 雙曲線模型, 가중치를 보여한 加法模型, 乘法模型 등이 있다. 이들 노형은 지향성(orientation)에 따라 두 입물지향성(Input-orientation)과 산출물지향성(Output-orientation)으로 구분되고, 속성(Disposability)에 따라 강성(Strong)과 약성(Week), 분산과 회귀규모(CRS, VRS, NIRS, NDRS, ……), 측정유형(Radial measure, Non- radial measure, Hyperbolic measure, ……) 등에 따라 매우 다양하나 측정대상 생산물의 성격에 가장 적절한 측정모형을 선택하면 된다. 다양한 DEA모형에 대해서는 DEA에 대한 전반적인 소개를 하고 있는 다음 홈페이지를 참조하기 바람. http://www.warwick.ac.uk/~bsrlu/

DEA모형 중 순수한 CCR비율모형을 보면 다음과 같다. n개의 기업이 존재하며 m의 투입요소를 이용하여 균등한 s종의 산출물을 생산한다고 설정하면 다음과 같다.

$$\frac{\sum_{r=1}^{s} U_r Y_{rj}}{\sum_{i=1}^{m} V_i X_{ij}}$$

$$j=1, 2, \cdots, n \qquad (1)$$

U_r : 산출물 r에 주어진 가중치
V_i : 투입물 i에 주어진 가중치
X_{ij} : 의사결정단위 j에 있어서 투입물 i의 양
Y_{rj} : 의사결정단위 j에 있어서 산출물 r의 양

위 식에서 X_{ij}와 Y_{rj}는 투입물과 산출물의 관찰치로서 상수이다. 위 식을 좀 더 일반적인 형태로 나타내기 위하여 CCR비율식에서 의사결정단위 (Decision Making Unit)가 n개이고, 하나의 의사결정단위 DMU_j에 대하여 투입량 DMU_o로 설계된 특정 DMU_j에 대한 각 투입과 산출에 배분하기 위한 값으로 U_r과 V_i는 다음 (2)식의 수리계획모형으로부터 결정된다.

$$\max ho = \frac{\sum_{i=1}^{s} U_r Y_{ro}}{\sum_{i=1}^{m} V_i X_{io}}$$

제약조건

$$\frac{\sum_{i=1}^{s} U_r Y_{ro}}{\sum_{i=1}^{m} V_i X_{io}} \leq 1 : j=1, \ldots, n \qquad (2)$$

$$- \frac{U_r}{\sum_{i=1}^{m} V_i X_{io}} \leq -\varepsilon : r = 1, \ldots, s$$

$$- \frac{V_i}{\sum_{i=1}^{m} V_i X_{io}} \leq -\varepsilon : i = 1, \ldots, m$$

$$\varepsilon \rangle 0, \ U_r \text{: 산출물가중치}, \ V_i \text{: 투입물가중치}$$

여기서 $\varepsilon \rangle 0$는 양의 non-Archimedean 상수로서 ε는 영(0)보다는 크지만 어떤 양의 수보다 작은 무한소수(아주 작은 수)를 나타낸다. 이들 ε값은 해에 이용 가능한 어떤 양의 실수가 음이 되지 않도록 하는 작은 값으로 정의된다. 이 ε값의 사용은 효율성을 측정하는 데 어떤 투입요소나 산출요소가 전체적으로 무시되는 것을 방지함으로써 위 문제의 최적해가 유한비율점에 있음을 보장하게 된다.

(2)식에 제시된 $j = 1, \ldots, n$비율 중 하나의 분모에는 j번째 DMU_j의 투입물이, 분자에는 j번째 DMU_j의 산출물로서 DMU_j는 ($j = 1, \ldots, n$) 제약집합 내에 n개의 DMU_s가 존재하게 된다. 목적식에서 평가되어지는 피평가 DMU_o는 동시에 제약집합의 한 구성요소이기도 하다. 그러므로 (2)식에 대한 해는 어떤 DMU_o에 대하여 목적함수 값이 0과 1사이의 범위가 보장된다.

$$0 \leq \max \frac{\sum_{i=1}^{s} U_r Y_r j}{\sum_{i=1}^{m} V_i X_i j} = \frac{\sum_{i=1}^{s} U_r^{*} Y_r o}{\sum_{i=1}^{m} V_i^{*} X_i j} \leq 1 \quad (3)$$

U_r(산출물가중치)과 V_i(투입물가중치)는 실질승수(virtual multipliers)

라고 부른다. 이들 변수와 대응하는 산출물과 투입물의 곱을 합했을 때 각각 실질산출과 실질투입이 된다. 위 문제에 대한 해는 모든 가중치가 엄밀히 양이 되도록 각 산출요소에 대해 하나의 $U_1, U_2, \dots U_s$를 선택하며, 투입요소에 대해 하나의 $V_1, V_2, \dots V_m$을 선택하여 특정 DMU_o의 실질투입에 대한 실질산출비율이 최대화되도록 선택되어진다.

(2)식은 최대화이기 때문에 각 DMU_o에게는 제약조건이 산출물과 투입물에 대해 적절한 실질승수(=가중치)를 선택함으로써 이용 가능한 가장 높은 효율성 점수나 평가율이 배분된다. 여기서 실질승수는 식(2)의 목적식에 평가대상으로 선정된 $DMU_j = DMU_o$로 설계된 각각의 문제에 모든 DMU_j에 동일한 실질승수가 배분(assigned)된다. 그러므로 최대한 ho값은 관찰된 투입물과 산출물 단위에 독립적인 것이다.

한편, 기본형인 CCR모형의 효율성측정 과정을 보면 다음과 같다. 아래에서 ε은 매우 작은 (+)의 상수, s_i^-는 i번째 투입물의 슬랙, s_r^+은 r번째 산출물의 슬랙, x_{ij}는 j번째 병원의 i번째 투입물의 크기, y_{rj}는 j번째 병원의 r번째 산출물의 크기를 말한다.

$$\min \ ho = \theta - \varepsilon \left[\sum_{i=1}^{m} s_i^- + \sum_{r=1}^{s} s_r^+ \right]$$

제약조건

$$\theta X_{io} - si^- - \sum_{j=1}^{n} x_{ij}\lambda_j = 0 \ i = 1, \dots, m$$
$$- s_r^+ + \sum_{j=1}^{n} y_{rj}\lambda_j = y_{ro}: r = 1, \dots, s$$

모든 i, j, r에 대해 $s_i^-, s_r^+, \lambda_j \geq 0$

$i = 1, \dots, m: \ r = 1, \dots, s: \ j = 1, \dots, n$ \hfill (4)

DEA모형의 의사결정단위(DMU) 간의 상대적 효율성 측정[66]에는 크게

기술적 효율성과 규모적 효율성으로 나눠볼 수 있다. 기술적 효율성
(technical efficiency)이란 투입물의 생산가능집합(product possibility set)
중에서 최대의 산출을 나타내는 범위 내지 영역을 표시하고 이를 Frontier
라고 부를 때, 효율성의 평가대상인 의사결정단위가 이 프론티어상에 있으
면 최대의 성과를 나타내는 것이므로 기술적으로 효율성이 달성되었다고
하고, 반대로 평가대상 의사결정단위가 프론티어 내부나 상부에서 이루어
지면 기술적으로 비효율적이라고 한다67).

---

66) 앞서본 바와 같이 DEA에 있어서 의사결정단위를 평가할 때 사용되는
   효율성 개념은 절대적 효율성(absolute efficiency)을 의미하는 것이 아
   니라 경험적, 이론적 또는 실험적으로 최고에 달할 수 있는 수준 내지
   경계(frontier)를 정해 놓고 그 최고점(best practice point)을 평가기준
   으로 하여 효율성의 정도를 측정하는 상대적 효율성의 개념이다.
67) 기술효율성을 구체적으로 정의하면 다음과 같다. 어떤 산출요소의 증
   가가 최소한 하나 이상의 다른 산출요소의 감소 또는 최소한 하나 이
   상의 투입요소의 증가를 필요로 한다면, 그리고 어떤 투입요소의 감소
   가 최소한 하나 이상의 다른 투입요소의 증가 또는 최소한 하나 이상
   의 산출요소의 감소를 필요로 한다면, 그 생산자는 기술적으로 효율적
   이다. 그러므로 기술적으로 비효율적인 생산자는 동일한 양의 산출을
   생산하면서도 최소한 하나 이상의 투입요소를 더 적게 사용할 수 있거
   나(그럼에도 불구하고 더 적게 사용하지 않거나), 동일한 양의 투입을
   사용하면서도 최소한 하나 이상의 산출을 더 많이 생산할 수 있는(그
   럼에도 불구하고 더 많이 생산하지 않는) 자이다. (Lovell, 1993; 윤경
   준, 1998: 258에서 재인용)

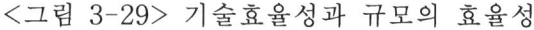

<그림 3-29> 기술효율성과 규모의 효율성

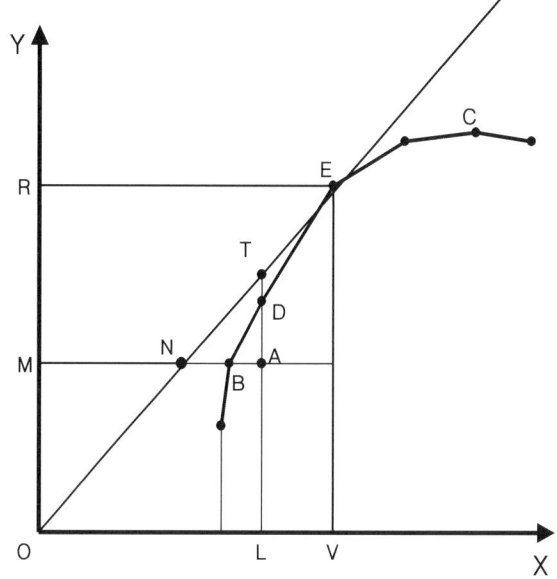

한편, 규모적 효율성이란 투입의 증가에 비례해서 산출물의 산출을 더 이상 증가시킬 수 없거나 투입물의 감소에 비례해서 산출물을 더 이상 감소시킬 수 없는 규모로 운영될 때 규모의 효율성이 있다고 한다. 기술적 효율성은 CCR기본모형에 $\sum_{j=1}^{n} \lambda_j = 1$이라는 제약식이 첨가된 것으로 총효율성을 기술적 효율성으로 나눈 값이 규모적 효율성이다(Banker, 1984: 38).

<그림 3-29>는 기술효율성과 규모의 효율성을 구하는 것을 보여주고 있다. 점 E는 최적생산점으로 A의 효율성은 E점에서의 평균생산량과의 比에 의해서 측정할 수 있다.

$$H_A = \frac{YA}{XA} \div \frac{YE}{XE}$$

$$= [\ \frac{YA}{XA} \div \frac{YB}{XB}\ ] \times [\ \frac{YB}{XB} \div \frac{YE}{XE}\ ]$$

$$= \frac{MN}{MA}$$

$$= \frac{MB}{MA} \times \frac{MN}{MB}$$

여기서 $\frac{MB}{MA}$ 는 점 A의 기술적 효율성이고, $\frac{MN}{MB}$ 는 점 A의 규모적 효율성이다.

따라서 점 A의 규모적 효율성($\frac{MN}{MB}$) = $\dfrac{\text{총효율성}(H_A)}{\text{기술적효율성} (\ \frac{MB}{MA}\ )}$ 가 된다.

본 연구는 연구의 목적을 효과적으로 달성하기 위하여 CCR기본형을 일부 변형한 Thanassoulis and Emrouznejad(1996)에 의하여 개발된 모형과 분석방법[68]을 사용하여 연구대상 3개 병원의 1995년부터 1999년까지 5개년치의 성과지표 항목에 대하여 효율성 측정을 시도하였다. 이 모형은 규모에 따른 수익일정(radial)을 고려하면서 투입·산출요소를 모두 고려하기 위해 투입요소지향성(input orientation), 산출요소지향성(output orientation), 그리고 투입·산출요소지향성(input-output orientation)을 동시에 하나의 모형으로 처리할 수 있으며 계산상의 오류나 퇴화의 방지를 위하여 두 단계의 계산과정을 거쳐서 最適解를 구한다. 또한 주어진 상황이 변할 경우 수시로 수정할 수 있으며, 한 번의 계산으로 의사결정단위의 효율성치 및 여러 가지 유용한 정보를 제공할 수 있다는 장점이 있다(김영래, 1999: 62). 모형의 계산과정을 보면 아래 식 (5)와 (6)과 같다.

1단계 모형:

---

68) 자세한 사항은 Ali Emrouznejad의 DEA(Data Envelopment Analysis) Home page를 참고하기 바란다. http://www.warwick.ac.uk/~bsrlu/

$$Max \quad q_0$$

제약조건

$$\sum_{j=1}^{n} \lambda_j x_{ij} + s_i^- = (1 - w_i q_0) x_{i0} \quad i = 1, \ldots, m$$

$$\sum_{j=1}^{n} \lambda_j x_{rj} + s_r^- = (1 - w_r q_0) x_{r0} \quad r = 1, \ldots, s \quad (5)$$

$$\lambda_j \geq 0, \quad q_0 \geq 0 \quad j = 1, \ldots, n$$

여기서

x_{ij}: 의사결정단위 j의 i번째 투입량

y_{rj}: 의사결정단위 j의 r번째 산출량

w_i: 사용자가 정한 투입요소 가중치(투입요소 우선순위도(Input Priorities))

w_r: 사용자가 정한 산출요소 가중치(산출요소 우선순위도(Input Priorities))

2단계 모형:

$$\sum_{i=1}^{m} F_i^- s_i^- + \sum_{i=1} F_r^+ s_r^+ \quad (6)$$

제약조건

$$\sum_{j=1}^{n} \lambda_j x_{ij} + s_i^- = (1 - w_i q_0) x_{i0} \quad Max \quad i = 1, \ldots, m$$

$$\sum_{j=1}^{n} \lambda_j x_{rj} + s_r^- = (1 - w_r q_0) x_{r0} \quad r = 1, \ldots, s$$

$$\lambda_j \geq 0, \quad q_0 \geq 0 \quad j = 1, \ldots, n$$

여기서

$$F_i^- = \frac{1}{X_i}$$
$$F_r^+ = \frac{1}{Y_r}$$

$$\overline{X_i} = x_{ij}\text{의 평균값}, \quad \overline{Y_r} = y_{rj}\text{의 평균값}$$

2단계에서는 1단계에서 구한 효율성치(q_0)를 대입한 제약식을 갖고 최적해를 구하는 것이다. 이때 1단계 모형은 투입물지향성을 전제로 만들어진 모형으로 투입물 최소화 상태하에서 의사결정단위 j_0의 수익일정(radial) 효율성치(q_0)를 구하는 것으로서 디폴트값(default value)[69]은 $w_i=100\%$이고 $w_r=0$ 이다. 그러나 의사결정자의 목표가 산출물 지향적일 경우에는 디폴트값은 $w_i=0$이고 $w_r=100\%$가 되고, 투입물의 최소화와 산출물의 최대화를 동시에 지향할 경우에는 디폴트값이 $w_i=100\%$이고 $w_r=100\%$가 된다 (Thanassoulis and Dyson, 1988). 본 연구는 규모에 따른 수입일정 상황하에서 투입—산출요소지향(input-output orientation)적일 경우 나타나는 결과치만을 보았다. 따라서 가중치 디폴트값은 $w_i=100\%$, $w_r=100\%$를 준 것이다.

본 연구는 위의 모형을 이용하여 Warwick DEAWIN Software Program을 사용하여 연구대상 3개병원의 1995년부터 1999년까지의 투입·산출지표의 효율성을 살펴보았다. 이때, 의사결정단위(DMU: Decision Making Unit)는 각 병원의 매년도 투입·산출지표값이 된다. 이를 통해 각 병원의 어느 해의 효율성이 가장 높게 나왔는지를 비교 평가할 수 있는 동시에 역으로 비효율적인 해의 효율치도 알 수 있다.

---

69) 디폴트값은 '생략성 값'을 의미하는 것으로 이용자가 특정 가중치값을 지정하지 않은 경우, 컴퓨터가 자동적으로 선택하는 가중치값을 가리키나 여기서는 사용자가 지정한 투입—산출요소의 우선순위도(Input-Output Priorities), 즉 가중치를 말한다.

3. 자료포락분석(DEA)기법을 이용한 실증분석

1) DEA 적용을 위한 투입산출지표 선정

본 연구에서는 앞서 분석한 경영실적분석의 지표결과치를 토대로 이들 지표 중 효율성을 대표하는 지표를 선정하여 자료포락분석(Data Envelopment Analysis)기법을 이용하여 다시 효율성을 측정함으로써 각 병원의 전반적인 효율성에 대해서 재평가해 보았다.

연구대상 병원의 효율성 측정을 위해 모형화의 구성요소인 투입산출요소를 선정하여야 하는 바, 경영분석지표 중 본 연구의 연구목적 달성에 적합하다고 판단되는 일부 변수를 선정하였다. 효율성 평가지표 선정기준은 계량적으로 측정 가능하여 평가결과가 비교 가능해야 하며, 무엇보다도 조직운영형태가 다른 연구대상 3개병원의 효율성의 차이를 검토할 수 있는 지표를 선정기준으로 삼았다.

이에 따라 투입요소는 의료보호환자비율, 인건비투자효율, 의업수지비율을 선정하였고, 산출요소는 의료수익순이익률, 의료수익의료이익률, 의료미수금회전율을 채택하였다. 투입요소의 의료보호환자비율은 공공의료기관의 공익성차원을 평가하기 위한 것이고, 인건비투자효율은 인건비지출의 효율성을 보기 위함인데 이는 인력관리의 효율성을 간접적으로 평가하기 위한 것이며, 의업수지비율은 의료비용 절감을 통해 어느 정도 의료수익을 향상시켜 재정자립도를 보이고 있는지 알기 위하여 선정하였다. 일반적인 효율성 측정을 위한 지표와 달리 의료보호환자비율을 넣은 것은 공공의료기관의 공익진료기능이 중요한 의미를 지니기 때문이다.

산출요소의 의료수익순이익률과 의료수익의료이익률은 수익성을 대표하는 지표이고, 의료미수금회전율은 의료미수금관리가 얼마나 효과적으로 수행되고 있는지를 봄으로써 자본의 활용 정도를 알아보기 위함이다. 사실 활동성을 보기 위해서는 총자본회전율이 보다 바람직하나 동부병원의 경우

일반회계로 計利되고 있어 자본개념 자체가 없기 때문에 계산이 불가능하
여 의료미수금회전율로 대신하였다.

2) DEA에 의한 의료서비스의 효율성 평가 결과

<표 3-24>는 분석결과를 제시하고 있다.70)

<표 3-24> DEA분석결과 각 병원의 연도별·변수별 효율치

(단위: %)

의사결정단위(DMU)		연도별 효율치
강남병원	1995	84.20
	1996	77.66
	1997	100.0
	1998	100.0
	1999	98.06
보라매병원	1995	94.74
	1996	90.68
	1997	91.37
	1998	100.0
	1999	64.34
동부병원	1995	100.0
	1996	90.35
	1997	100.0
	1998	78.76
	1999	100.0
평 균		91.34

1995년부터 1999년까지 각 병원의 연도별 효율치를 보면 강남병원의 경
우 효율적인 병원이 된 빈도는 97년과 98년 2번이고 평균값을 상회하는 빈

---

70) 자세한 분석결과는 부록을 참조 바람.

도는 1999년 1번인데 반해, 보라매병원이 효율적인 병원이 된 빈도는 1998년 1번이고, 평균값을 상회하는 빈도는 1995년과 1997년 2번으로 공익진료기능이 미약하여 이런 결과가 나온 것으로 보인다. 동부병원이 효율적인 병원이 된 빈도는 3번으로 가장 높게 나왔는데 의료보호환자비율이 가장 높은 관계로 효율치가 높게 나온 것으로 분석된다. 분석결과 보라매병원이 효율적인 병원이 된 빈도가 가장 낮게 나와 공공병원으로서의 기능수행에서 가장 미약한 병원이란 것을 알 수 있다.

물론 효율성 측정을 하는 데 있어 일반적인 의미의 효율성측정지표와 달리 의료보호환자비율이 효율성측정치로 기능하느냐는 의문을 제기할 수도 있겠으나 본 분석에서는 공공병원의 공익진료기능을 중시한다는 차원에서 이를 포함하여 각 병원의 상대적 효율성을 계측해 본 관계로 일반적인 의미의 '투입에 대한 산출의 능률성'이란 효율성 개념과는 차이가 있을 수 있다.

DEA분석방법에 의해 각 병원의 연도별 효율치를 구해보았으나 아래와 같은 몇 가지 한계를 지적하지 않을 수 없다.

첫째, 변수선정에 따라 효율치가 변화하므로 공익성 지표로 인해 일반적인 의미의 기계적 능률성 효율치와는 달리 나올 수 있다는 점이다. 그러나 연구의 목적에 따라 변수를 선정하여 효율치를 구한다는 의미에서 바람직한 선정이었다고 본다.

둘째, DEA방법은 여러 의사결정단위(DMUs)의 상대적 효율성을 측정하는 데는 유용하나, 절대적 효율성을 나타내는 것은 아니므로 여러 DMU의 효율성 순위를 결정할 수 없고 단지 효율치만을 보여줄 뿐이다.

셋째, 분석의 현실성을 높이기 위해서는 투입요소와 산출요소 외에 상황변수 내지 환경변수를 고려하여 분석하여야 하나 그러지 못했다는 점이다.

第4章 組織運營形態別 醫療서비스의 顧客滿足度 評價

第1節 의료서비스 고객만족도 평가

1. 고객만족도 평가의 의의

고객만족도 평가란 공공기관이 제공하는 서비스에 대해 이용자가 전반적으로 얼마나 만족하고 있는가를 나타내는 개념으로 서비스의 제공주체가 전달하는 모든 업무의 과정과 그 결과를 이용자의 입장에서 파악하는 것이다. 公私部門을 막론하고 오늘날 이용자들에 대한 서비스 수준의 제고는 再論의 여지없이 당연한 명제인 동시에 경영의 건실화를 위한 顧客 誘引力의 확보를 위해서도 꼭 필요한 평가라 할 수 있다.

이러한 시대적 흐름을 반영하듯 1990년대에 들어서서 일부 서구를 중심으로 행정을 고객중심적으로 변모시키기 위한 노력이 한창 진행 중이며[71] 우리나라의 경우 고객만족도 조사는 중앙정부 차원에서는 활발한 편이 아니나 지방자치단체 차원에서는 비교적 활발하게 대두되고 있는 실정이다. 그 이유는 중앙의 정책결정(policy making)과 지방의 대민 업무와는 일의 성격상 같을 수기 없는 것이기 때문에 기본적으로 고객만족도 조사는 지방정부를 중심으로 하여 이루어지는 것이 바람직하다는데 기인한다. 중앙정

---

71) 영국의 FMI(Financial Management Initiatives)와 Next Steps, 캐나다의 Public Service 2000, 프랑스의 Project de Service, 뉴질랜드의 정부개혁, 미국 부통령 Al Gore가 중심이 된 National Performance Commission의 보고서와 Winter Commission의 보고서가 있다.

184

부의 경우 만족도조사를 실시하는 것이 기타 제도에 비해서 그다지 중요한 사항이 아닐 수도 있다. 왜냐하면 중앙정부는 친절여부보다는 정책결정을 제대로 하는가가 중요하기 때문이다. 이런 의미에서 중앙정부의 경우 만족 도조사보다 정책평가가 더 중요하며 따라서 만족도 조사는 지방정부에서부 터 활용되고 정착되는 것이 바람직하다. 요컨대 주민의 손으로 직접 선출 된 민선자치단체장이 고객지향적 행정 또는 고객만족을 충족시키기 위한 제도개선과 서비스공급의 질을 개선하려는 노력을 기울이는 것은 일견 너무도 당연한 현상인 것이다.

그런데 만족도 평가에 있어 정확한 정보를 산출하기 위해서는 평가모형 과 만족도 지수 산출방법이 타당해야 한다. 예컨대 중앙정부의 37개 중앙 행정기관의 민원행정을 대상으로 민원인들의 만족도를 조사한 박중훈 (1996)의 연구에서는 각 기관의 민원행정서비스에 대한 만족도를 종합만족 도와 이를 구성하는 접근용이성, 편리성, 신속·정확성, 쾌적성, 대응성, 형 평성, 그리고 환류성 등 7개 분야의 차원별 만족도로 구성하여 각 차원별 중요도에 기초한 가중치를 적용하여 종합만족도를 산출하고 있다. 이 연구 의 가중치 산정방법은 각 기관의 차원별 및 종합만족지수 산출에 있어 하 위항목 또는 차원의 중요도에 근거한 가중치를 반영하고 있다. 즉, 각 차원 별 만족도 지수는 세부항목별 점수를 각 항목의 중요도에 근거한 가중치를 곱하여 합산 도출하고 있고, 종합만족지수는 차원별 점수에 각 차원의 중 요도에 근거한 가중치를 곱하여 합산함으로써 도출하고 있다.72). 이와 같은 가중치 산정방법은 기본적으로 서울시정개발연구원에서 시행한 시민만족도

---

72) 이러한 접근은 각 차원별 또는 종합만족도가 이를 구성하고 있는 하위 항목 또는 차원들에 의해 동일한 비중으로 영향을 받지 않고 차등적으 로 영향을 받는다는 것을 전제하고 있다. 따라서 고객인 민원인들이 서 비스에 대한 만족도를 산출하기 위해서는 그들이 중요하게 생각하는 항목이나 차원은 비중을 크게 반영하고 그렇지 못한 항목이나 차원들 은 상대적으로 작게 반영하여야 한다는 것이다. 이러한 전제하에서 하 위항목 또는 차원지수들의 단순한 산술평균이나 합산에 의해 도출된 차원별 내지는 종합만족도는 타당하지 못하다 할 수 있다.

조사(1999)의 가중치 산정방법과 대동소이하다.

　본 연구의 평가모형과 평가방법은 서울시에서 1999년 5개 민원행정서비스 분야에 대하여 실시한 시민만족도 조사의 그것을 토대로 3개 시립병원에 대한 고객만족도 조사를 실시하였다. 이 평가방법은 이미 검증되어 고객만족도 평가에 있어 비교적 안정적인 평가모형이란 판단 아래 채택하였다. 4장에서는 비교대상 3개 시산하병원을 이용하는 시민들의 병원별 만족수준을 측정하여 의료서비스 질(service quality)에 대한 주관적 평가를 시도함으로써 조직형태별 고객만족도의 차이를 분석하고 보다 的確하고 타당성 높은 종합적 성과평가를 통해 의료서비스 질 향상에 반영할 수 있도록 한다.

2. 고객만족도 지표 및 측정방법

1) 평가항목 및 지표의 선정

　평가항목의 지표선정기준은 병원을 이용하는 고객의 입장에서 현재 병원의 진료서비스의 만족도 및 서비스 수준을 평가할 수 있는 항목 중심으로 구성되었으며, 의료기관 이용고객의 주요 불만사항(대기시간, 실제 서비스 공급시간, 직원 친절도, 의료조치의 효과) 추출과, 이용절차의 편리성을 평가할 수 있는 지표, 그리고 서비스 비용에 대한 만족도를 측정할 수 있는 지표를 중심으로 선정하였다.

<표 4-1> 고객만족도 조사의 평가항목

차원	세부항목(평가항목)
병원 서비스 효과에 대한 신뢰성 (신뢰성)	1. 병원 의료서비스에 대한 신뢰성 2. 서비스 비용의 적정성 3. 서비스 효과에 대한 만족도
직원의 업무태도에 대한 만족도 (업무태도)	1. 친절성 2. 궁금한 사항에 대한 성실한 답변태도
이용편리성에 대한 만족도 (이용편리성)	1. 절차·방법 안내에 대한 만족도 2. 서비스 시간 준수여부 3. 서비스 대기시간의 적정성 4. 서비스 제공시간의 충분성 5. 서비스 절차의 신속성 6. 공간배치의 편리성
시설 및 환경에 대한 만족도 (쾌적성)	1. 편의시설의 충분성 2. 내·외부 환경의 쾌적성 3. 조명 및 실내온도의 적정성 4. 침구 및 환자복의 청결성
병원의료서비스 종합체감만족도	종합적인 체감 만족도
기타	1. 병원 이용경험 여부 및 이용빈도 2. 병원에 오게 된 이유 3. 응답자 인적사항

　　설문의 구성내용은 병원서비스 효과에 대한 신뢰성 만족도, 직원의 업무태도에 대한 만족도, 이용편리성에 대한 만족도, 시설 및 환경의 쾌적성에 대한 만족도, 종합적인 체감만족도, 그리고, 기타질문으로 병원 이용경험여부 및 이용빈도, 병원에 오게 된 이유, 기타 응답자 인적사항으로 구성되었으며 각 차원별 세부평가항목은 <표 4-1>과 같다.

<그림 4-1> 고객만족도 평가차원의 구성도

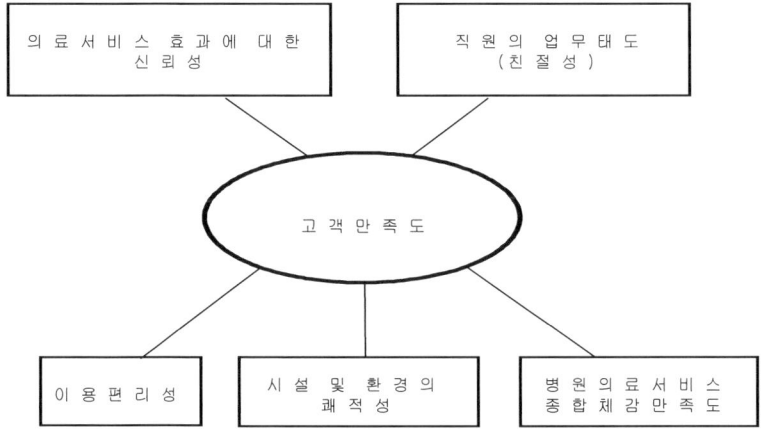

2) 고객만족도 평가의 구성체계

각 병원의 종합만족도 지수 평가는 종합적 체감만족도와 요소별 만족도로 구성되었다[73]. 종합적 체감만족도란 의료서비스에 대하여 고객들이 피부로 느끼는 전반적인 만족의 정도를 조사하기 위한 항목이고, 요소별 만족도는 의료서비스의 다양한 차원에 속한 요소들의 만족도인 항목만족도에 가중치를 곱하여 합산한 차원만족도를 산출하고 다시 차원만족도에 가중치를 곱하여 합산한 만족도를 말한다. 체감만족도는 서비스 품질의 이용자적 시각과 결과품질, 그리고 만족의 감성적 차원을 요소별 만족도보다 잘 측정할 수 있다고 보는 반면에, 요소별 만족도는 서비스품질의 공급자적 시각, 과정품질, 그리고 인지적 차원의 측정에 유리하다고 보아 보다 포괄적인 측정이 이루어질 수 있도록 본 조사에서는 체감만족도와 요소별 만족도를 동시에 사용하였다.

요소별 만족도를 평가하기 위한 구성체계는 다시 차원만족도와 항목별

---

73) 평가모형과 측정방법은 1999년도 서울시의 시민만족도 조사를 준용했다.

만족도로 나누어진다. 차원만족도에 있어 각 차원은 고객만족도 평가를 위해 의료서비스 특성을 잘 반영할 수 있도록 서비스의 내용요소를 범주화한 것이다. 따라서 산출된 차원만족도는 제공되는 의료서비스에 대한 성격을 잘 파악할 수 있도록 구성하였고 해당 항목만족도에 가중치를 곱하여 합산한 결과이다. 한편, 항목별만족도는 평가항목을 잘 반영할 수 있도록 구성된 보다 구체적인 세부항목으로서 이는 제공되는 의료서비스에 대하여 구체적인 사항에 걸쳐 만족도를 측정하고 구체적인 업무개선요인을 파악하기 위한 것이다.

종합만족도 지수의 산출방법을 그림으로 정리하면 <그림 4-2>와 같다.

<그림 4-2> 종합만족도 지수의 산출방법

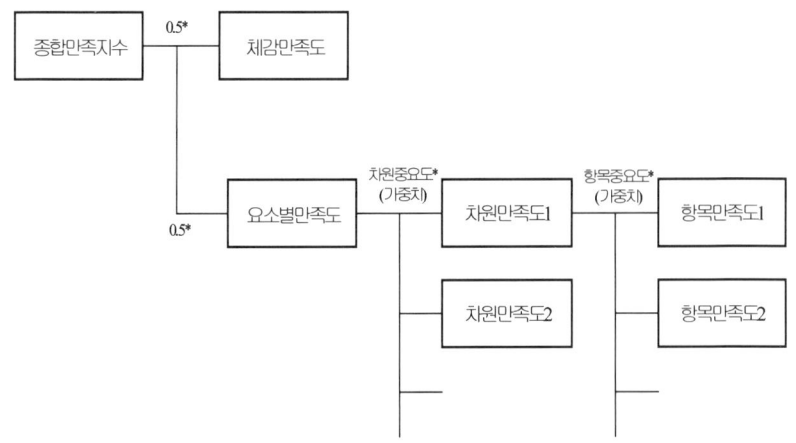

체감만족도는 의료서비스가 제공하는 서비스전반에 대해 이용환자가 느끼는 체감만족도를 의미하는 것으로 예를 들면 "의료서비스의 모든 측면을 고려해 볼 때 의료서비스에 대하여 얼마나 만족하십니까?"라는 단일항목을 사용하여 체감만족도를 측정하였다.

3) 고객만족도 평가방법

(1) 만족도 측정방법

만족도 측정을 위하여 각 지표별로 5점 척도를 사용하고, 설문은 매우 불만족은 1점, 매우 만족은 5점으로 하여 측정하고 이를 차후 100점 척도로 환산하여 서비스만족도를 계산하였다.

평가항목별 및 평가지표별 만족도 측정은 신뢰도와 타당도에서 비교적 문제가 적은 아래 식에 의해 측정하였는바, 이는 1999년 서울시의 시민만족도 조사에서 사용한 계산식을 준용하였다[74].

---

74) 박중훈(1996)은 세부설문항목 및 차원별 가중치를 다음과 같은 방법을 통해 도출하고 있다. 먼저 각 차원을 구성하는 세부설문항목별 가중치는 차원별(직관에 따른) 만족도를 종속변수로 하고, 차원 내 각 설문을 독립변수로 한 회귀분석을 실시하여 각 독립변수, 즉 설문항별 회귀계수의 합을 구하여 그 합에 대한 각 독립변수 회귀계수의 비중을 활용하고 있다. 한편 종합만족도의 도출을 위한 각 차원의 가중치는 직관적 종합만족도를 종속변수로 하고, 각 차원을 독립변수로 한 회귀분석을 실시하여 각 독립변수, 즉 차원별 회귀계수의 합을 구하여 그 합에 대한 각 독립변수(차원) 회귀계수의 비중을 활용하고 있다. 차원별 만족도 지수(PCSI) 산출식은 다음과 같다.
* 차원별 직관적 만족도에 기초한 회귀분석
$Y_i = aX_1 + bX_2 + cX_3 + dX_4 + \cdots + \varepsilon$
$Y_i = i$ 차원의 직관적 만족도
$X_i = i$ 설문의 만족도
* 설문항별 중요도(가중치)　　　　　$W_i = i$ 설문의 중요도(가중치) $=$
$\dfrac{Ii}{\sum_{i=1}^{n} Ii}$　설문의 회귀계수(a, b, c, d, ……)

* 차원별 만족지수(차원별 PCSI) $= \sum_{i=1}^{n}(W_i \times X_i)$

이와 같은 과정을 통해 각 설문 또는 차원의 가중치가 산정되면 각 차원에 대한 만족도는 위의 수식에 나타난 바와 같이 각 설문의 만족도에 해당 설문의 가중치를 곱하여 합산함으로써 산출된다. 한편 종합만족도는 각 차원별 만족도에 위의 과정을 통해 도출된 각 차원별 가중치를 곱하여 합산하고 있다.

○ 평가항목별 만족도 측정을 위한 계산식:

$$Y_i = 25 * \sum_{i=1}^{n}(X_i - 1) * m_i$$

Y_i＝평가항목별 만족도 X_i＝평가지표별 만족도

m_i＝평가지표별 가중치 n＝평가지표수 ※ $\sum_{i=1}^{n} m_i = 1$

○ 전체만족도 측정을 위한 계산식:

$$Z = 0.5 * (\sum_{i=1}^{p} Y_i * s_i) + 0.5 * W$$

Z＝전체 만족도 s_i＝평가항목별 가중치

p＝평가항목수W＝종합체감 만족도(100점 만점으로 환산)

※ $\sum_{i=1}^{p} s_i = 1$

(2) 평가항목별·평가지표별 가중치반영 방법

전체만족도에 각 평가항목별로 미치는 영향의 정도와 개개의 평가지표가 평가항목에 미치는 영향정도는 각각 다르기 때문에 평가항목별·평가지표별로 가중치를 부여하는 것이 중요하다. 다시 말해 가중치를 부여하는 것은 각 차원별 또는 종합만족도가 이를 구성하고 있는 하위 항목 또는 지표들에 의해 동일한 비중으로 영향을 받지 않고 차등적으로 영향을 받는다는 것을 전제하고 있다. 따라서 고객인 이용시민들의 서비스에 대한 만족도를 산출하기 위해서는 그들이 중요하게 생각하는 항목이나 지표는 비중을 크게 반영하고 그렇지 못한 항목이나 지표들은 상대적으로 작게 반영할 때 적실성 있는 만족도 측정이 가능한 것이다. 이러한 전제하에서 하위항목 또는 차원지수들의 단순한 산술평균이나 합산에 의해 도출된 차원별 내지는 종합만족도는 타당하지 못하다.

따라서 본 연구에서 가중치 반영방법은 다음과 같다. 종합체감만족도와

요소별 만족도간 가중치 반영은 각각 0.5로 배분하였고, 평가항목들에 대한 가중치는 평가항목 간 상대적 중요도를 파악하기 위한 문항의 응답결과를 바탕으로 (선택도수비율＋무작위선택비율)÷2의 산식적용을 통해 산출하였다. 평가지표들에 대한 가중치 역시 평가지표 간 상대적 중요도를 파악하기 위한 문항의 응답결과를 바탕으로 (선택도수비율＋무작위선택비율)÷2의 산식적용을 통해 산출하였다.

　이를테면 평가항목이 세 개항목이라고 가정할 때 항목1·항목2·항목3 중 가장 중요하다고 응답한 비율이 각각 50%·30%·20%라고 가정하면, 평가항목1의 가중치는 (0.5＋0.33)*0.5가 된다. 첫 번째의 0.5는 50% 응답비율을 의미하고, 0.33은 평가항목 셋 중 무작위로 선택할 확률(Random Choice Probability)을 말한다. 마지막 0.5는 세 항목 중 하나를 선택한 50%의 응답자가 생각하는 중요도에는 다양한 차이가 존재할 수 있기 때문에 이를 중간값으로 처리하였다. 즉, (선택도수비율＋무작위선택비율)*중간값의 식이 형성되는 것이다. 각 평가지표별 가중치도 마찬가지 논리가 적용된다.

4) 설문지 구성체계

　이와 같은 평가를 위한 틀에 기초하여 설문지 구성은, 1) 체감만족도를 측정하기 위한 지표와, 요소별 만족도를 산출하기 위해 2) 항목만족도를 측정하기 위한 지표 3) 항목의 상대적 중요도를 측정하기 위한 지표 4) 차원만족도의 중요도를 측정하기 위한 지표로 구성되었으며 그밖에 5) 개방형설문 및 6) 인구통계학적 분석을 위한 응답자의 인적사항이 포함되었다. 아울러 7) 지표의 신뢰도와 타당성을 측정하기 위한 기타의 설문이 포함되었다. 개방형설문을 두는 이유는 피면담자들이 해당 서비스 분야에 대하여 자유롭게 의견을 개진하는 기회를 부여하여, 향후 서비스 개선방안 도출에 유용한 정보를 얻기 위함이다.

3. 지방공공의료기관의 고객만족도 조사개요

　본 조사는 조사일을 기준으로 강남병원·보라매병원·동부병원을 이용하고 있는 환자를 대상으로 외래 및 입원환자, 의료보험환자와 의료보호환자로 가능한 한 계층을 구분하여 계층 내에서 무작위표본추출 한 비례층화표본추출(proportionate stratified sampling)을 이용하였다. 이들 표본 집단을 대상으로 구조화된 설문지를 이용하여 전문면접원을 통한 1:1면접조사를 통해 2000년 3월 28일부터 4월 3일에 걸쳐 진행되었으며 회수된 설문지 중 신뢰성이 결여된 설문지를 제외한 총 420매의 유효설문지를 수거하여 SPSS-WIN통계패키지를 이용하여 분석하였다. 각 병원별로 수거한 설문지는 강남병원 138부, 보라매병원과 동부병원이 각 141부이고, 환자종류별로 보면 외래환자가 320명이고, 입원환자가 100명으로 구성되어 전체진료환자와 비교하여 대체로 균형 있는 조사가 이루어졌다고 판단된다.

<표 4-2> 각 병원별 조사표본수

병원 ＼ 조사표본수	외래환자	입원환자	계
강남병원	115(83.3%)	23(16.7%)	138
보라매병원	104(73.8%)	37(26.2%)	141
동부병원	101(71.6%)	40(28.4%)	141
총계	320(76.2%)	100(23.8%)	420

　한편, 문항의 신뢰성 검증을 위해 Cronbach's Alpha값을 측정하여 신뢰성분석(reliability analysis)을 실시하였다. 신뢰성분석은 동일한 개념을 독립된 측정도구를 사용하여 반복 측정할 경우 동일하거나 유사한 결과를 얻을 수

있는 확률을 의미하는 것으로 재측정 시에도 동일한 측정결과를 가져온다면 측정결과를 예측할 수 있고 따라서 안정성이 높다고 할 수 있는 것으로, 신뢰성측정 방법에는 재검사법(test-retest method), 반분법(split-half method), 복수양식법(multiple forms techniques), 그리고 Cronbach's Alpha분석이라고도 불리우는 내적일관성 분석(internal consistrncy analysis) 등이 있는 데 일반적으로 Cronbach's Alpha가 가장 널리 사용되는 신뢰성 척도이다.

이는 모든 반분신뢰도를 구한 다음 그 평균값을 신뢰도로 추정하는 방법으로 동일한 개념을 측정하는 항목인 경우에 그 측정결과에 일관성이 있어야 한다는 논리에 따라 일관성이 없는 항목, 즉 신뢰성을 저해하는 항목을 찾아서 배제시킨다. 이 방법의 기본적인 형태는 측정문항을 둘로 나누어 이들 측정문항들 간의 상관관계를 계산하되, 모든 가능한 2분할방법을 사용하여 상관관계를 계산하고 그 평균값을 측정도구의 신뢰도 값으로 사용하는 방식이다(남궁근, 1998: 331).

$$\alpha = \frac{k}{k-1}\left(1 - \frac{\sum \sigma_i^2}{\sigma_y^2}\right)$$

여기서,

$\alpha =$ 크론바하의 알파값
$k =$ 측정항목수
$\sigma_i^2 =$ 측정항목 모두를 더한 총화척도의 분산
$\sigma_y^2 =$ 각 항목의 분산

Cronbach's Alpha의 값은 0에서 1까지의 범위를 가지며 사회과학 분야에 있어서 일반적으로 Cronbach's Alpha값이 0.6 이상일 경우 조사의 신뢰성이 확보된 것으로 평가한다.

第2節 의료서비스 고객만족도 평가 조사결과의 분석

1. 응답자 특성

환자종류를 보면 응답자 총 420명 중 외래환자가 320명으로 76.2%이고 입원환자가 100명 23.8%를 보이고 있어 대체로 외래 대비 입원환자의 비율을 반영하고 있다. 진료비 유형으로 살펴보면 의료보험환자가 76.0%로 가장 높고, 의료보호가 20.5%를 차지하고 있어 이 또한 전체환자에서 의료보호환자가 차지하는 비율을 어느 정도 충족하고 있다.

<표 4-3> 응답자의 인구통계학적 특성별 분포(병원전체)

구분		명	%	구분		명	%
성 별	남성	200	47.6	환자 종류	외래환자	320	76.2
	여성	220	52.4		입원환자	100	23.8
	계	420	100.0		계	420	100.0
연령별	19세 이하	8	1.9	진료비 유형	의료보험	319	76.0
	20-29세	83	19.8		의료보호	86	20.5
	30-39세	115	27.4		일반	11	2.6
	40-49세	103	24.5		산업재해보험	3	0.7
	50-59세	55	13.1		자동차보험	1	0.2
	60세 이상	56	13.3		계	420	100.0
	계	420	100.0	직업별	농림어업·광업	4	1.0
학력별	중고생	10	2.4		자영업·사업	47	11.2
	대재	16	3.8		회사원	64	15.2
	중졸 이하	76	18.1		공무원	11	2.6
	고졸	159	37.9		전문직	30	7.1
	대졸	150	35.7		가정주부	138	32.9
	대학원 이상	9	2.1		학생	32	7.6
	계	420	100.0		무직	80	19.0
월가구 총 소득별	100만원 이하	121	28.8		기타	14	3.3
	101-150만 원	127	30.2		계	420	100.0
	151-200만 원	102	24.3	현거 주지	강남·송파	83	19.8
	201-300만 원	51	12.1		강동·성동 광진	63	15.0
	301만원 이상	19	4.5		관악·서초	101	24.0
					기타 서울	139	33.1
					경기	20	4.8
					기타지방	14	3.3
	계	420	100.0		계	420	100.0

　응답자 총 420명의 성별비율은 남성이 200명 47.6%, 여성이 52.4%로 나타나 대체로 여성이 더 많이 이용하고 있음을 알 수 있으며, 응답자의 연령별 분포를 보면 30대가 27.4%이고 그 뒤를 이어 40대가 24.5%, 20대가 19.8%이고, 50대 이상도 26.4%를 구성하고 있어 전반적으로 고른 연령대에서 설문조사가 이루어졌음을 알 수 있다.

　응답자의 학력별 분포를 보면 고졸이 37.9%로 가장 높고, 다음으로 대졸이 35.7%를 차지하고 있다. 그러나 이를 병원별 비율로 보면 상황은 약간 달리 나타난다. 동부병원의 경우 응답자 중 50대 이상의 환자비율이 37.6%이고, 41.1%가 중졸 이하의 학력을 가지고 있어 전반적으로 다른 두 병원에 비해 고연령대의 환자가 많고 학력수준도 상대적으로 낮은 계층이 주로 이용함을 알 수 있다.

　특히 월가구총소득을 보면 전체적으로 100-200만 원 내외의 수입이 54.5%로 가장 높은 비율을 차지하고 있음을 알 수 있으며, 병원별로는 강남병원이 151-200만 원이 27.5%로 가장 높은 비율을 차지하고 있는 데 반해, 보라매병원은 100-150만 원대의 수입이 36.9%로 가장 높게 나오고 있고 200만 원 이상의 비교적 높은 소득수준에 있어서도 강남병원이 27.5%이고, 보라매병원이 15.6%를 나타내고 있어 강남병원의 환자들이 소득수준에서 상대적으로 고소득층이 많음을 알 수 있다. 이는 병원의 지리적 특성에도 근거하는 바, 강남병원의 경우, 주로 중산층 이상이 밀집해 있는 강남・송파구에 거주하고 있는 환자가 58.7%인 데 반해 보라매병원은 병원 인근지역인 관악・서초구 주민들이 62.4%를 차지하고 있어 중저소득층 시민들이 주로 이용하고 있음을 알 수 있다.

　이에 반해 동부병원은 100-150만 원대가 29.1%이고 100만 원 미만 또는 소득이 없는 사람의 비율이 48.2%나 차지하고 있어 저소득층이 주환자층을 구성하고 있음을 알 수 있다. 이러한 결과가 나타나는 이유 중 하나는 동부병원의 경우 행려환자가 환자구성에서 차지하는 비율이 두 병원보다 높게 나타나기 때문이기도 하다. 이들 행려환자들은 대체로 무직이기 때문

에 소득이 없는 이가 대다수이나 통계적으로는 100만 원 미만으로 처리했
다. 동부병원의 경우 기타서울지역에 거주하고 있는 환자가 55.3%로 가장
높게 나왔는데 이들 대다수는 동대문구에 거주하고 있는 시민들이다.

진료비유형별로 살펴보면 전체적으로 의료보험환자가 76.0%이고 의료보
호환자가 20.5%의 비율을 차지하고 있다. 그러나 병원별 차이는 확연히 드러
나는 데, 의료보험환자의 경우 강남, 보라매, 동부병원 순으로 80.4%, 93.6%,
53.9%의 비율을 나타내고 있고, 의료보호환자의 경우 각각 11.6%, 5.0%,
44.7%를 나타내고 있어 동부병원이 압도적으로 의료보호환자의 비중이 높음
을 알 수 있다. 강남병원과 보라매병원의 경우에도 보라매병원의 의료보호환
자 비중이 좀 더 낮음을 알 수 있는 바, 이와 같은 응답자의 비율분포는 전체
진료환자 비율분포와 비슷한 양상을 보이고 있음을 알 수 있다.

응답자의 직업별 분포를 살펴보면 가정주부가 32.9%로 가장 높게 나타
났으며, 다음 순위로 무직자가 19.0%, 회사원이 15.2%, 자영업이 11.2%를
차지하고 있다. <표 4-4>는 각 병원별로 인구통계학적 속성을 기준으로
다시 분류한 것이다.

<표 4-4> 병원별 이용자 특성 분포

인구 특성	병원	이용병원						계	
		강남병원		보라매병원		동부병원		명	비율(%)
		명	비율(%)	명	%	명	%		
성별	남성	74	53.6%	48	34.0%	78	55.3%	200	47.6%
	여성	64	46.4%	93	66.0%	63	44.7%	220	52.4%
Total		138	100.0%	141	100.0%	141	100.0%	420	100.0%
연령	19세 이하	3	2.2%	3	2.1%	2	1.4%	8	1.9%
	20-29세 이하	31	22.5%	36	25.5%	16	11.3%	83	19.8%
	30-39세 이하	42	30.4%	45	31.9%	28	19.9%	115	27.4%
	40-49세 이하	35	25.4%	26	18.4%	42	29.8%	103	24.5%
	50-59세 이하	18	13.0%	14	9.9%	23	16.3%	55	13.1%
	60세 이상	9	6.5%	17	12.1%	30	21.3%	56	13.3%
Total		138	100.0%	141	100.0%	141	100.0%	420	100.0%
교육정도	중고생	2	1.4%	4	2.8%	4	2.8%	10	2.4%
	대재	6	4.3%	7	5.0%	3	2.1%	16	3.8%
	중졸 이하	2	1.4%	16	11.3%	58	41.1%	76	18.1%
	고졸	55	39.9%	54	38.3%	50	35.5%	159	37.9%
	대졸	67	48.6%	57	40.4%	26	18.4%	150	35.7%
	대학원 이상	6	4.3%	3	2.1%	–	–	9	2.1%
Total		138	100.0%	141	100.0%	141	100.0%	420	100.0%
거주지	강남, 송파	81	58.7%	1	.7%	1	.7%	83	19.8%
	광진, 성동,	15	10.9%	1	.7%	47	33.3%	63	15.0%
	관악, 서초	9	6.5%	88	62.4%	4	2.8%	101	24.0%
	기타(서울)	20	14.5%	41	29.1%	78	55.3%	139	33.1%
	경기	11	8.0%	6	4.3%	3	2.1%	20	4.8%
	기타지방	2	1.4%	4	2.8%	8	5.7%	14	3.3%
Total		138	100.0%	141	100.0%	141	100.0%	420	100.0%
진료비 유형	의료보험	111	80.4%	132	93.6%	76	53.9%	319	76.0%
	의료보호	16	11.6%	7	5.0%	63	44.7%	86	20.5%
	일반	8	5.8%	2	1.4%	1	.7%	11	2.6%
	산업재해보험	2	1.4%	–	–	1	.7%	3	.7%
	자동차보험	1	.7%	–	–	–	–	1	.2%
Total		138	100.0%	141	100.0%	141	100.0%	420	100.0%
환자종류	외래환자	115	83.3%	104	73.8%	101	71.6%	320	76.2%
	입원환자	23	16.7%	37	26.2%	40	28.4%	100	23.8%
Total		138	100.0%	141	100.0%	141	100.0%	420	100.0%

인구 특성	병원	이용병원						계	
		강남병원		보라매병원		동부병원		명	비율(%)
		명	비율(%)	명	%	명	%		
직업	농림어업, 광업	3	2.2%	1	.7%	-	-	4	1.0%
	자영업, 사업	19	13.8%	15	10.6%	13	9.2%	47	11.2%
	회사원	26	18.8%	23	16.3%	15	10.6%	64	15.2%
	공무원	6	4.3%	1	.7%	4	2.8%	11	2.6%
	전문직	13	9.4%	11	7.8%	6	4.3%	30	7.1%
	가정주부	41	29.7%	59	41.8%	38	27.0%	138	32.9%
	학생	11	8.0%	15	10.6%	6	4.3%	32	7.6%
	무직	12	8.7%	13	9.2%	55	39.0%	80	19.0%
	기타	7	5.1%	3	2.1%	4	2.8%	14	3.3%
Total		138	100.0%	141	100.0%	141	100.0%	420	100.0%
한달 총수입	100만 원 이하	28	20.3%	25	17.7%	68	48.2%	121	28.8%
	101~150만 원	34	24.6%	52	36.9%	41	29.1%	127	30.2%
	151~200만 원	38	27.5%	42	29.8%	22	15.6%	102	24.3%
	201~300만 원	26	18.8%	17	12.1%	8	5.7%	51	12.1%
	300만 원 이상	12	8.7%	5	3.5%	2	1.4%	19	4.5%
총계		138	100.0%	141	100.0%	141	100.0%	420	100.0%

2. 병원 이용빈도 및 병원 이용이유

응답자들이 병원을 이용하는 빈도가 연평균 어느 정도인지를 각 병원별로 측정한 결과 첫 병원이용년도는 전체응답자의 55.2%가 1999년과 2000년 들어 시립병원을 이용하게 되었으며 25.7%가 3년 이상 5년 내외의 이용현황을 보였으며 10년 내외의 장기간에 걸쳐 이용한 환자도 19.1%나 차지하여 전반적으로 중장기에 걸쳐 해당 병원을 이용하는 시민들의 비율이 44.8%에 이르고 있음을 알 수 있다. 이로 미루어 볼 때 시립병원 이용자들은 장기간에 걸쳐 지속적으로 병원을 이용하고 있음을 알 수 있다.

<표 4-5> 각 병원별 첫 병원이용년도와 병원방문 횟수

			이용병원			Total
			강남병원	보라매병원	동부병원	
첫 병원 이용년도	1999-2000년	명	82	68	82	232
		%	59.4%	48.2%	58.2%	55.2%
	1995-1998	명	27	49	32	108
		%	19.6%	34.8%	22.7%	25.7%
	1991-1994	명	16	19	17	52
		%	11.6%	13.5%	12.1%	12.4%
	1990년 이전	명	13	5	10	28
		%	9.4%	3.5%	7.1%	6.7%
계(Total)	명		138	141	141	420
	%		100.0%	100.0%	100.0%	100.0%
병원 방문횟수	1-3회 방문 (Light User)	명	58	50	65	173
		%	42.0%	35.5%	46.1%	41.2%
	4-10회 (Medium User)	명	29	26	28	83
		%	21.0%	18.4%	19.9%	19.8%
	11회 이상자 (Heavy User)	명	51	65	48	164
		%	37.0%	46.1%	34.0%	39.0%
Total	명		138	141	141	420
	%		100.0%	100.0%	100.0%	100.0%

병원 방문회수를 보면 각 병원별로 뚜렷한 차이 없이 고른 방문횟수를 보이고 있는 바, 전체이용자의 41.2%가 3회 이하, 19.8%가 4-10회, 11회 이상의 다중 이용자도 39%를 나타내고 있어 전체적으로 시립병원의 이용빈도가 높음을 알 수 있으며, 첫 방문연도와 종합해서 판단하면 5년 내외의 중장기에 걸쳐 비교적 높은 이용빈도를 보이고 있음을 알 수 있다.

한편 병원이용 이유를 보면 '집에서 가까워서'가 32.1%로 가장 높은 응답비율을 보이고 있어 至近距離에 있는 병원의 이용빈도수가 공공병원이기 때문에 이용한다는 응답비율 27.1%를 상회하는 가장 높은 비중을 차지하고 있어 병원의 地理的 近接性이 병원방문 이유의 중요원인이 됨을 알 수 있다.

〈표 4-6〉 각 병원별 병원이용 이유

방문이유		병원	이용병원			계
			강남병원	보라매병원	동부병원	
병원에 오게 된 이유	집에서 가까워서	명	47	62	26	135
		%	34.1%	44.0%	18.4%	32.1%
	공공병원이므로	명	28	32	54	114
		%	20.3%	22.7%	38.3%	27.1%
	진료를 빨리 받을 수 있어서	명	3	2	5	10
		%	2.2%	1.4%	3.5%	2.4%
	친절하기 때문에	명	1	1	2	4
		%	.7%	.7%	1.4%	1.0%
	특정 진료에 유명해서	명	7	8	5	20
		%	5.1%	5.7%	3.5%	4.8%
	주위의 권유로	명	16	14	9	39
		%	11.6%	9.9%	6.4%	9.3%
	아는 사람이 근무해서	명	14	5	5	24
		%	10.1%	3.5%	3.5%	5.7%
	진료비가 저렴해서	명	13	5	26	44
		%	9.4%	3.5%	18.4%	10.5%
	타 의료기관 소개로	명	5		4	9
		%	3.6%		2.8%	2.1%
	갑작스런 질병, 사고로	명	4	6	1	11
		%	2.9%	4.3%	.7%	2.6%
	기타	명		6	4	10
		%		4.3%	2.8%	2.4%
Total	명		138	141	141	420
	%		100.0%	100.0%	100.0%	100.0%

그러나 시립병원의 특성이라 할 수 있는 공공병원이기 때문에가 27.1%이고, 진료비 저렴이 10.5%를 차지하고 있어 시립병원의 특성을 고려해서 방문하는 환자의 비율이 37.6%를 차지하고 있어 결과적으로 공공병원이기

때문에 병원을 방문하는 환자의 비율이 가장 높다는 것을 알 수 있다. 여기에 주위의 권유로 방문한 이용자 9.3%까지 합하면 공공병원이기 때문에 방문하는 비중이 더욱 높아진다. 대체로 시립병원의 의료서비스 효과에 대한 부정적 선입관을 가지고 있는 일반시민들의 경우 직접 서비스를 받아본 주변 사람들로부터 긍정적인 평가와 함께 권유를 받는다는 것은 기존의 시립병원에 대한 고정관념이 잘못되었음을 의미하는 것으로 받아들일 수 있기 때문이다.

각 병원별 특성을 보면 강남병원과 보라매병원의 경우 지리적 근접성이 각각 33.1%, 44%를 보이고 있어 병원주변 인근시민들의 이용빈도가 대체로 높은 비중을 차지하고 있음에 반해 동부병원의 경우 18.4%에 그쳐 지리적 근접성보다는 다른 이유, 이를테면 진료비가 저렴한 시립병원이란 특성이 비교적 높게 반영됨을 유추할 수 있다. 이는 '공공병원이므로'란 응답에서 강남, 보라매, 동부병원 각각 20.3%, 22.7%, 33.8%이고, '진료비가 저렴해서'라는 응답비율에서도 각 병원별로 9.4%, 3.5%, 18.5%로 뚜렷한 차이를 보이고 있다는 데서도 알 수 있다.

이런 의미에서 공공병원의 특성을 고려한 병원 관리운영이 중요한 비중을 차지해야 함을 간접적으로 시사 받을 수 있다.

3. 병원의료서비스에 대한 종합만족도

1) 종합만족도 결과

3개 시립병원의 전반적인 만족도 결과는 <표 4-7>과 같다. 3개 시립병원의 종합만족도 평균은 57.93점이며, 동부병원이 59.1점으로 가장 높고, 보라매병원이 그 다음으로 57.8점을 보였으며, 강남병원이 가장 낮은 56.9점을 나타내었다.

〈표 4-7〉 종합만족도 지수와 4개 차원만족도 지수

병원 차원별 만족도 지수	이용병원 만족도 지수		
	강남병원 만족도 지수	보라매병원 만족도 지수	동부병원 만족도 지수
시립병원 종합만족도 지수	56.9	57.8	59.1
신뢰성차원만족도 지수	58.8	59.7	62.3
업무태도차원만족도 지수	58.8	57.1	65.7
이용편리성차원만족도 지수	50.4	46.3	63.5
쾌적성차원만족도 지수	53.8	61.9	55.8

주: 종합만족도 지수는 다음 算式에 의해 산출되었다.
1) 종합만족도 지수=0.5×체감만족도+0.5×요소별 만족도 지수
2) 요소별 만족도 지수={(신뢰성차원만족도×가중치)+(업무태도차원만족도×가중치)+(이용편리성차원만족도×가중치)+(쾌적성차원만족도×가중치)}

의료서비스 효과 또는 결과에 대한 만족도를 측정하고자 하는 신뢰성차원만족도의 경우 동부병원이 가장 높은 62.3점이고, 그 다음으로 보라매병원 59.7점, 강남병원 58.8점의 순서를 보이고 있다. 환자들에 대한 친절정도와 궁금한 사항에 대한 충분한 답변정도를 측정하는 업무태도 차원만족도역시 동부병원이 65.7점으로 가장 높게 나왔고, 그 다음으로 강남병원이 58.8점, 보라매병원이 57.1점을 나타내고 있고, 이용편리성에 있어서도 동부병원이 가장 높은 63.5점, 강남병원이 50.4점, 보라매병원이 46.3점의 순서를 보이고 있어 보라매병원에 대한 이용편리성이 가장 낮게 나왔다. 병원시설이나 환자복의 청결성 및 병실내부의 온도와 조도, 그리고 환경의 쾌적성을 측정하고자 하는 쾌적성차원의 점수는 보라매병원이 61.9점으로 가장 높게 나왔고 그 다음으로 동부병원이 55.8점, 그리고 강남병원이 53.8점을 기록하고 있다.

각 차원별 만족도를 비교 평가하면 전반적으로 다른 차원별 만족도에 비해 이용편리성이 비교적 낮게 나오고 있어 진료관련 요인에 있어서 환자들의

불만수준이 상대적으로 높게 나오고 있음을 알 수 있다. 특히 이용편리성차원의 세부평가항목 중 서비스시간 준수여부, 서비스 대기시간의 적정성, 서비스제공시간의 충분성, 서비스 절차의 간소성, 공간적 배치의 편리성 등에 걸쳐서 개선여지가 많은 것으로 나타났다. 다른 차원별 만족도에 있어서는 동부병원이 가장 높게 나왔으며, 강남병원과 보라매병원 간에는 이용편리성과 직원의 친절성 차원에서는 강남병원이 앞서고 있으나 쾌적성차원과 서비스결과의 신뢰성차원은 보라매병원이 우세하게 나타나고 있다.

 각 차원별 만족도와 각 항목별 평가점수는 다음 절에서 자세하게 보도록 한다.

<그림 4-3> 종합만족도 지수와 4개 차원만족도 지수 비교<그림 4-3><그림 4-3><그림 4-3>

(단위: 점)

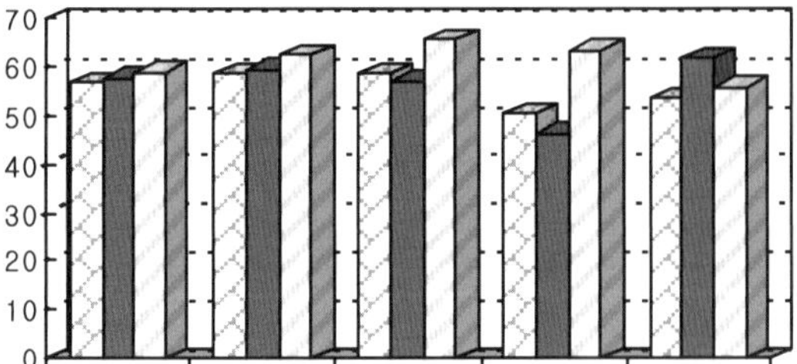

	종합만족도지수	신뢰성차원	업무태도차원	이용편리성차원	쾌적성차원
강남병원	56.9	58.8	58.8	50.4	53.8
보라매병원	57.8	59.7	57.1	46.3	61.9
동부병원	59.1	62.3	65.7	63.5	55.8

 경영실적에 대한 계량적인 성과평가와는 반대로 동부병원 이용환자들의 종합만족도가 가장 높게 나온 이유는 환자들의 특성에서 그 원인을 찾을 수 있다. 앞서 환자의 인구특성별 분포에서 본 바와 같이 동부병원의 경우 저소득층환자 및 의료보호환자의 비율이 44.7%로 압도적으로 높게 나왔고

학력수준과 월가구총소득 등에 있어서도 타 두 병원과 달리 중졸 이하의 낮은 학력자의 비율이 높게 나왔으며, 100만 원 이하의 저소득층 환자 또한 48.2%로 대단히 높은 비율을 차지하고 있어 전반적으로 서울시민 중 취약계층이 주로 이용하고 있음을 알 수 있었다.

따라서 이들 사회취약계층의 경우 의료서비스에 있어서도 대체로 취약계층을 형성하고 있어 이들에게 있어 廉價 또는 민간병원과 비교해서 매우 저렴한 수준을 유지하고 있는 진료비용으로 이용할 수 있는 의료서비스에 대한 상대적 만족도가 대체로 높게 나올 충분하고 타당한 이유가 있는 것이다. 비록 병원시설이나 환경 등에 있어서 비교대상 두 병원에 비해 매우 열악한 처지에 있으나 그렇다고 이러한 환경적 不備가 환자들의 전반적인 만족도에 영향을 미칠 만큼 크지는 않았으며 오히려 이를 상쇄하고도 남았다는 것을 만족도 지수를 통해서 알 수 있다. 물론 신뢰성·업무태도(친절성)·이용편리성 차원 등에 있어서 동부병원이 가장 높게 나왔으며 쾌적성 차원이 55.8점으로 비교적 다른 차원별 만족도에 비해 낮게 나와 종합만족도 점수를 떨어뜨린 주요인이 되기는 했으나 전체적으로 두 병원에 비해 높은 만족수준을 보이고 있다.

각 평가 항목에 적용되기 위한 가중치는 평가항목 간 상대적인 중요도를 파악하기 위한 문항의 응답결과에 달라 아래 <표 4-8>과 같이 산정되었다.

206

<표 4-8> 각 차원별 만족도에 대한 최종 가중치

차원	중요도빈도율	무작위율	평준화	최종가중치
신뢰성	0.738	0.250	2	0.494
업무태도	0.140	0.250	2	0.195
이용편리성	0.057	0.250	2	0.154
쾌적성	0.064	0.250	2	0.157
합	0.999	1.000		1.000

주) 각 차원별 가중치 산정은 아래 산식에 의해 도출되었다.
- 신뢰성차원 가중치={중요도빈도율(응답비율:0.738)+무작위선택비율(0.25)} ÷ 2 ≒ 0.494
- 업무태도차원 가중치={중요도빈도율(응답비율:0.140)+무작위선택비율(0.25)} ÷ 2 ≒ 0.195
- 이용편리성차원 가중치={중요도빈도율(응답비율:0.057)+무작위선택비율(0.25)} ÷ 2 ≒ 0.154
- 쾌적성차원 가중치={중요도빈도율(응답비율:0.064)+무작위선택비율(0.25)} ÷ 2 ≒ 0.157

아래 <표 4-9>의 각 차원의 평가항목별 가중치 또한 각 평가항목별로 중요도빈도율에 무작위선택비율을 더하여 나눈 값이다.

<표 4-9> 각 차원의 평가항목별 만족도에 대한 가중치

차원	평가항목	중요도 빈도율	무작위 율	평준화	최종가중치 (WT)
신뢰성	병원의료서비스 신뢰성	0.288	0.333	2	0.311
	요금수준	0.086	0.333	2	0.210
	의료서비스 결과	0.626	0.333	2	0.480
업무 태도	병원직원의 친절도	0.405	0.500	2	0.453
	성실한 답변태도	0.595	0.500	2	0.548
이용 편리성	이용방법과 절차안내	0.169	0.167	2	0.168
	서비스 제공시간	0.043	0.167	2	0.105
	대기시간	0.324	0.167	2	0.246
	충분한 진료시간	0.257	0.167	2	0.212
	절차의 간소성	0.162	0.167	2	0.165
	접근의 용이성	0.045	0.167	2	0.106
쾌적성	편의시설	베타계수를 이용한 가중치화			0.169
	병원내외부 쾌적성				0.158
	조명 및 실내온도 적정성				0.146
	침구 및 환자복 청결성				0.528

쾌적성차원은 질문지 구성과정에서 각 항목의 중요도를 평가하는 질문 문항을 오류로 빠뜨려 긱 속성들을 독립변수로, 종합체감만족도를 종속변 수로 선정하여 회귀분석을 통해 베타계수를 1로 환산하여 나온 값을 가중 치로 적용하였다[75].

---

75) 쾌적성차원의 평가항목별 만족도에 대한 구체적인 가중치 계산과정은 부록을 참조하기 바람.

<표 4-10> 쾌적성차원의 평가항목별 만족도에 대한 가중치 계산

	속성	회귀계수	베타계수	가중치
쾌적성	편의시설	0.048	0.095	0.169
	병원내외부 쾌적성	0.064	0.089	0.158
	조명 및 실내온도 적정성	0.059	0.082	0.146
	침구 및 환자복 청결성	0.053	0.297	0.528
	베타계수 합		0.563	1.000

2) 국내외 고객만족지수와의 비교 평가

병원 고객만족도에 대하여 다른 공공서비스와의 비교 평가와 민간병원을 대상으로 한 병원고객만족지수와 비교를 통해 시립병원의 고객만족지수를 고찰해 보도록 한다.

비교대상 고객만족지수는 미국 Michigan대학의 Fornell 교수가 주축이 되어 개발한 종합만족도 지수와 한국생산성본부가 도입한 국가조객만족도 지수(NCSI: National Customer Satisfaction Index)와, 서울시가 1999년도에 실시한 6개 분야 행정서비스 시민만족도 조사의 종합만족도 지수를 통해 비교하면 다음과 같다.

먼저 미국과 스웨덴의 공공서비스만족도 수준과 비교하면 본 연구의 비교대상 3개 시립병원과 비교하여 대등할 만한 수준은 아니지만 결코 낮다고는 할 수 없다. 물론 특성이 다른 서비스 분야와 비교하는 것은 많은 주의를 요하는 일이나 이를 통해 볼 때 개선의 여지가 있음을 알 수 있다.

〈표 4-11〉 미국과 스웨덴 공공부문 서비스의 종합만족도

미국	종합만족도 (1994년)	스웨덴	종합만족도 (1991년)
청소(시내)	74점	우편서비스(기업)	67
청소(주거지역)	74점	우편서비스(일반소비자)	65
경찰(시내)	61점	통신(기업)	57
경찰(주거지역)	65점	통신(일반소비자)	61
국세청	55점	경찰	58
		교통	63

자료: Fornell and et al, (1996). The American Customer Satisfaction Index: Nature, Purpose, and Findings. *Journal of Marketing.* 60(Oct.): 7-18; Anderson and et al. (1994). Customer Satis- faction, Market Share, and Profitability: Findings from Sweden. *Journal of Marketing.* 58(July): 53-66.

한편, 한국생산성본부가 발표한 국내 대형병원 고객만족지수와 비교하면 3개 시립병원의 종합만족도는 세브란스병원과 비슷하거나 조금 높은 수준을 보이고 있는 것으로 해석된다. 그러나 평가모형과 평가지표가 달라 외국의 만족도 지수나 한국생산성본부의 병원고객만족도 지수와 동일선상에서 비교하는 것은 무리가 있으며 다만 참고자료로서 비교 평가의 대상으로는 의미가 있다고 하겠다.

<표 4-12> 한국생산성본부 발표 병원고객만족지수

고객만족지수 병원	고객만족지수(NCSI)	
	1999년도 1/4분기	1998년도 1/4분기
삼성서울병원	79	75
서울중앙병원	72	70
강남성모병원	68	–
서울대학병원	66	60
고려대학병원	63	62
경희의료원	61	61
연세세브란스병원	59	56

출처: 한국생산성본부 홈페이지(www.kpc.co.kr)

　하지만 <표 4-13>에서 보듯이 1999년도에 서울시에서 시민의 목소리를 시정에 직접 반영하는 통로가 되도록 함으로써 민간기업의 고객만족경영에 대응하는 시민만족지향의 서비스행정을 구현한다는 목표 아래 6개 분야 행정서비스에 걸쳐 조사한 시민만족도의 종합만족도 지수와 비교 평가해 보자. 이는 비록 대상서비스가 다르다 할지라도 평가모형과 평가방법이 동일하므로 비교 평가의 유용한 자료가 될 수 있다. 그러나 이 경우에도 전체 만족도 지수의 절대값을 이용한 서비스 간 비교는 매우 신중하게 이루어져야 한다.

〈표 4-13〉 서울시의 6개 분야 시민만족도 조사

시민만족지수 / 공공서비스	시민 종합만족도 지수	
	1999년도 상반기	1999년도 하반기
민원서비스	71.1	73.7
보건의료서비스	63.4	63.4
청소서비스	62.2	61.6
시내버스서비스	57.5	57.8
지하철서비스	56.5	52.4
상수도서비스	47.1	54.4
전체 종합만족도	59.3	60.6

자료: 서울특별시. (1999). 행정서비스 시민만족도조사 보고서.

이를 보면 6개 서비스의 종합만족도는 상반기에 59.3점에서 하반기에 60.6점으로 점진적인 개선을 보여 주었으며, 3개 시립병원의 종합만족도와 비교 평가하면 민원, 보건의료, 청소서비스에 비해서는 낮지만 시내버스나 지하철, 상수도서비스에 대한 종합만족도보다는 높거나 비슷한 수준을 유지하고 있어 3개 시립병원에 대한 시민반응은 그리 나쁘지 않다는 것을 알 수 있다. 그러나 앞으로 개선의 여지가 많다고 할 수 있으며 병원의 적극적 서비스 품질 개선노력이 요구된다.

3) 각 병원의 인구통계학적 속성별 만족도 지수

〈표 4-14〉의 인구특성별 종합만족도 지수와 4개 차원만족도 지수에 대하여 살펴보면 다음과 같다. 성별 특성에 있어서 유의미한 차이는 발견할 수 없으나, 연령대별로 보면 연령이 높을수록 종합만족도 수준과 각 차원별 만족도 수준이 높게 나타나고 있음을 알 수 있다. 병원별로 보면 세 병

원 중 보라매병원의 환자들이 연령과 상관없이 60점 내외의 비교적 고른 쾌적성차원의 만족수준을 보이고 있다.

학력수준별 만족도를 보면 4개 차원과 종합만족도 모두 학력이 낮을수록 70점 내외의 높은 만족도를 나타내고, 학력수준이 높을수록 만족도 수준이 대체로 낮게 나오고 있어 학력차이에 따른 兩極化 현상이 뚜렷하다. 특히 대학원 이상 고학력 이용환자들의 만족도 수준은 30-40점 내외의 대단히 낮은 점수를 보이고 있다. 거주지별 만족도 차이에 있어서도 뚜렷한 특징적 차이를 찾아볼 수 없다.

진료비 유형별로 살펴보면 동부병원과 보라매병원의 경우 의료보호환자가 의료보험환자에 비해 만족도가 약간 높게 나오고 있고, 강남병원의 경우는 반대로 의료보험환자의 만족도가 10점 내외의 차이를 보이며 높게 나타나고 있다. 그러나 동부병원을 제외한 두 병원의 진료비 유형별 차이가 큰 의미를 갖지는 못한다. 왜냐하면 응답자 중 의료보호환자의 비율을 보면 강남병원이 16명(11.6%), 보라매가 7명(5.0%)에 불과하기 때문에 이들의 만족도를 일반화시키기에는 무리가 따르기 때문이다. 하지만 동부병원의 경우 의료보호환자 비율이 63명(44.7%)을 차지하고 있어 이들의 만족도가 의료보험환자에 비해 대체로 높게 나왔다는 것은 동부병원의 경우 의료보호환자에 있어서는 대체로 긍정적 평가를 보이고 있음을 알 수 있다. 그러나 이 또한 앞서 지적한 바와 같이 환자의 특성에 기인한 것임을 간과해서는 안 되겠다.

환자종류별 만족도를 보면 동부병원과 강남병원의 경우 외래환자의 만족도 수준이 입원환자에 비해 약간 높게 나타나고 있는 데 반해 보라매병원의 경우 입원환자들의 만족도가 더 높다. 특이한 점은 보라매병원의 경우 이용편리성차원의 만족도가 타 두 병원에 비해 떨어지나 쾌적성차원만족도는 높게 나타나고 있으며, 동부병원의 경우 친절성차원의 만족도가 상대적으로 높게 나오고 있음을 알 수 있다.

직업별로 보면 특기할 만한 차이는 발견할 수 없으나 다른 직업군에 비

해 직업별 비중이 가장 높은 가정주부층들에게 60점 내외의 대체로 높은
점수가 나오고 있어 주부층으로부터 좋은 반응을 얻고 있다.

월가구총수입별로 살펴보면 전반적으로 소득수준이 높을수록 만족도수
준이 낮게 나오고 있는 반면에 월소득 100만 원 미만의 최저소득환자들에
게는 만족수준이 대체로 높게 나오고 있어 민간병원에 비해 시립병원의 상
대적으로 저렴한 진료비가 저소득환자들에게는 만족도 수준을 높이고 있음
을 알 수 있다.

이상의 이용환자의 인구특성별 기준을 종합해 볼 때 학력수준이 낮고,
연령대가 높으며, 소득수준이 낮을수록 만족도수준이 높다는 것을 확인할
수 있다. 이로 미루어 판단할 때 시립병원의 공익성측면의 만족도 제고가
매우 중요한 의미를 가짐을 알 수 있다. 특히 의료사각지대에 있는 저소득
층, 의료보호대상자에게 의료서비스의 형평성을 확보하기 위해서 시립병원
의 공익진료기능은 외면하거나 절대로 소홀히 할 수 없는 중요한 경영목표
가 되어야 함을 시사 받을 수 있다.

한편, <표 4-15>는 인구통계학적 속성별로 만족도 지수를 다시 각 병원
별로 나누어 제시한 것이다.

<표 4-14> 인구통계학 속성별 종합체감 · 차원별 만족도 지수 · 종합만족도 지수

인구특성	만족도 지수	종합체감만족도	신뢰성차원만족도 지수	업무태도차원만족도 지수	이용편리성차원만족도 지수	쾌적성차원만족도 지수	시립병원종합만족도 지수
		Mean	Mean	Mean	Mean	Mean	Mean
성별	남성	59.4	59.1	61.1	53.0	56.7	57.5
	여성	59.5	61.0	59.9	53.6	57.7	58.1
연령	19세 이하	56.3	57.8	60.0	54.8	60.3	50.4
	20-29세	54.2	55.8	52.5	47.2	53.2	53.2
	30-39세	59.6	61.3	61.2	51.1	56.9	58.7
	40-49세	57.8	57.4	60.2	54.7	56.3	56.0
	50-59세	61.4	62.9	62.4	55.3	59.3	60.6
	60세 이상	68.8	68.6	70.1	63.2	63.5	68.5
교육정도	중고생	57.5	55.3	61.7	58.6	61.9	53.0
	대재	53.1	57.2	58.2	47.8	55.7	54.4
	중졸 이하	69.4	67.5	71.3	64.5	65.4	67.3
	고졸	58.0	58.3	59.4	51.8	55.2	57.0
	대졸	58.5	61.4	57.8	51.5	56.6	58.4
	대학원 이상	30.6	42.0	41.4	34.6	37.8	33.6
현 거주지	강남, 송파	57.5	59.8	60.7	51.2	52.5	57.4
	강동, 성동, 광진	60.3	62.4	66.4	61.8	54.8	59.8
	관악, 서초	57.2	58.7	57.1	46.4	61.8	56.1
	기타(서울)	60.6	59.1	60.2	55.6	57.5	58.1
	경기	58.8	65.7	57.1	47.9	52.7	59.6
	기타지방	73.2	65.2	67.0	63.5	66.4	60.7
진료비 유형	의료보험	58.2	60.5	60.4	52.3	57.9	57.9
	의료보호	64.5	58.8	60.9	58.3	56.0	57.5
	일반	59.1	55.3	55.6	45.1	52.8	57.4
	산업재해보험	41.7	60.1	75.1	65.0	22.1	49.8
	자동차보험	75.0	69.8	75.1	58.4	75.1	72.5
환자종류	외래환자	58.4	60.3	59.9	53.2	56.7	57.7
	입원환자	62.8	59.3	62.5	53.6	58.8	58.2
직업	농림어업, 광업	50.0	34.4	53.5	45.0	50.0	43.1
	자영업, 사업	51.6	56.5	55.4	49.9	55.1	53.9
	회사원	57.0	61.1	59.3	49.9	55.8	56.1
	공무원	63.6	56.4	69.5	64.2	63.2	62.4
	전문직	52.5	55.0	48.5	44.6	49.7	53.8
	가정주부	62.9	62.8	64.1	54.8	59.2	61.4
	학생	53.9	55.0	56.2	50.9	56.9	52.1
	무직	64.4	62.2	61.8	58.5	58.1	59.1
	기타	62.5	66.9	71.2	57.2	59.5	65.5
한달 총수입	100만 원 이하	63.2	61.1	63.3	57.1	57.7	58.7
	101-150만 원	57.1	60.1	59.3	53.1	59.2	57.3
	151-200만 원	61.0	61.3	61.4	53.0	58.0	60.0
	201-300만 원	55.9	57.0	57.9	47.6	51.1	54.7
	301만 원 이상	52.6	57.6	53.2	50.4	52.9	53.8

〈표 4-15〉 각 병원의 인구통계학적 속성별 종합만족도 지수와 4개 차원만족도 지수

인구특성	병원별 만족도	강남병원					보라매병원					동부병원				
		종합	신뢰성	업무태도	이용편리성	쾌적성	종합	신뢰성	업무태도	이용편리성	쾌적성	종합	신뢰성	업무태도	이용편리성	쾌적성
성별	남성	55.8	58.1	59.5	48.6	53.8	57.4	58.1	56.1	46.5	60.2	60.3	61.3	65.4	62.1	57.3
	여성	58.3	59.7	58.0	52.5	53.8	58.0	60.5	57.2	46.1	62.9	57.9	63.3	66.1	64.9	53.8
연령	19세 이하	54.1	64.1	55.4	46.5	54.2	52.3	55.3	58.4	50.4	61.1	35.4	43.8	69.4	71.4	68.2
	20-29세 이하	54.3	55.1	55.2	46.6	47.0	51.8	55.5	46.1	43.4	60.8	54.3	57.9	61.6	56.7	48.4
	30-39세 이하	55.9	60.0	57.7	48.3	54.7	61.0	61.9	61.8	46.4	62.4	59.3	62.4	65.6	63.6	51.5
	40-49세 이하	55.7	55.0	58.0	52.3	56.6	53.5	52.5	52.5	43.4	57.9	58.4	61.6	66.3	63.9	55.1
	50-59세 이하	58.8	62.8	60.8	52.4	52.9	64.4	68.9	64.0	51.2	68.5	60.3	59.7	62.7	60.4	59.5
	60세 이상	70.2	70.0	73.8	61.8	62.3	71.0	65.0	69.2	53.1	65.2	65.5	71.1	69.5	68.3	62.9
교육정도	중고생	45.6	44.1	63.8	63.0	62.0	59.1	61.9	62.6	52.6	61.3	51.7	56.3	59.7	60.9	62.4
	대재	65.7	70.0	69.4	48.6	58.6	54.6	56.5	50.4	49.5	65.8	31.3	33.4	53.8	42.3	26.4
	중졸 이하	71.8	74.6	55.7	68.1	66.4	62.5	59.0	71.0	49.9	71.0	68.4	69.9	72.0	68.1	64.1
	고졸	57.3	57.7	58.7	52.2	54.4	58.1	59.7	58.6	44.8	60.7	55.3	57.3	61.0	58.3	50.3
	대졸	57.8	60.7	59.5	49.5	53.4	57.8	60.4	53.2	46.5	62.1	61.7	65.3	63.9	66.6	52.5
	대학원 이상	22.6	36.8	41.3	32.2	34.3	48.3	52.3	41.7	38.7	42.4	-	-	-	-	-
현거주지	강남, 송파	57.3	59.7	60.9	51.2	52.4	53.9	62.1	50.1	39.0	75.1	68.2	69.8	61.4	58.9	36.9
	강동, 성동, 광진	58.7	57.0	59.3	49.3	54.2	48.3	44.8	47.7	41.3	56.3	60.6	64.9	69.2	66.4	55.0
	관악, 서초	57.5	61.0	55.4	45.1	59.7	56.2	58.8	56.0	46.1	62.8	49.8	48.6	59.7	55.5	47.0
	기타(서울)	54.2	54.1	50.6	51.7	59.1	59.8	59.7	57.2	46.0	60.3	58.4	60.5	64.2	62.1	55.6
	경기	56.6	64.2	53.6	46.3	50.0	64.2	68.5	60.7	45.7	58.2	59.6	64.6	63.0	57.1	50.6
	기타지방	50.4	50.1	50.1	53.5	51.9	72.5	69.8	78.5	66.0	63.7	59.8	68.5	64.6	65.6	71.0
진료비유형	의료보험	58.3	60.3	61.5	51.3	54.9	57.8	60.5	57.3	46.6	62.6	57.5	60.6	64.1	62.7	53.9
	의료보호	49.0	51.1	39.1	46.0	51.0	62.5	46.3	59.5	38.8	47.7	62.0	63.9	67.0	64.4	58.1
	일반	55.4	53.3	59.1	39.0	52.8	51.9	40.9	31.9	47.9	47.8	80.3	100.0	75.1	75.1	63.3
	산업재해보험	44.5	55.3	62.6	69.1	8.2	-	-	-	-	-	60.3	69.8	100.0	56.9	50.1
	자동차보험	72.5	69.8	75.1	58.4	75.1										
환자종류	외래환자	57.4	59.6	59.3	48.8	53.7	56.2	58.7	54.3	47.0	61.7	59.8	63.1	66.3	64.1	54.9
	입원환자	54.5	55.1	56.7	57.9	54.0	62.3	62.3	64.7	44.1	62.7	55.4	59.0	64.0	61.0	58.1
직업	농림어업, 광업	43.1	40.6	50.1	45.0	50.0	-	15.6	63.8			-	-	-	-	-
	사영업, 사업	54.4	58.5	60.1	46.4	53.6	55.8	61.2	56.1	48.0	61.9	50.1	46.5	47.8	57.1	49.1
	회사원	51.8	56.8	55.6	45.3	48.6	58.6	61.7	54.3	44.3	59.3	61.6	68.7	73.4	68.8	64.2
	공무원	60.3	49.8	66.7	64.4	67.9	72.7	69.8	75.1	62.2	75.1	63.0	62.9	72.2	64.4	53.4
	전문직	51.3	51.9	49.0	45.3	45.6	45.5	46.8	34.7	34.5	48.8	70.7	76.2	72.8	61.6	59.3
	가정주부	60.9	63.0	60.4	53.2	54.9	62.3	63.1	63.6	48.1	65.6	60.7	62.1	69.1	65.0	53.7
	학생	58.1	61.3	64.1	52.3	60.1	52.2	53.7	49.3	47.4	60.9	40.0	44.8	58.8	56.6	41.8
	무직	50.8	62.3	55.6	50.4	49.3	59.4	58.4	57.0	50.9	63.6	55.6	63.6	64.3	63.0	58.9
	기타	65.8	59.3	70.8	58.6	69.8	34.8	72.4	66.7	26.7	49.9	75.0	77.4	75.1	69.9	48.6
한달 총수입	100만 원 이하	54.0	55.7	53.2	53.7	49.5	59.7	58.1	65.4	45.9	60.5	61.8	65.7	66.9	63.0	60.0
	101-150만 원	57.4	60.9	61.9	49.7	53.0	56.2	58.9	54.3	44.9	64.6	58.9	61.1	63.6	65.3	57.7
	151-200만 원	61.7	61.7	61.1	53.4	59.4	59.1	62.0	58.5	48.4	62.2	58.5	59.5	67.5	60.2	47.1
	201-300만 원	53.2	56.3	58.1	42.8	49.5	59.1	16.8	53.0	46.1	59.0	49.6	55.9	67.4	65.1	36.3
	301만 원 이상	54.9	56.2	58.0	51.0	55.8	51.1	58.0	44.6	44.5	51.3	53.4	65.2	45.6	61.6	39.7

4. 각 평가차원별 세부평가항목에 대한 만족도 분석

1) 병원의료서비스의 효과에 대한 신뢰성만족도

각 병원에서 제공하고 있는 병원의료서비스의 효과에 대한 이용환자들의 신뢰성을 파악하기 위하여 병원의료서비스의 신뢰성과 의료서비스 비용의 적정성 및 의료서비스의 효과에 대한 만족도를 측정하였으며 세 설문항목에 대한 Cronbach's Alpha값은 0.7834로서 조사상 신뢰성을 확보한 것으로 나타났다[76].

신뢰성차원의 평가항목별 만족도를 보면 병원의료서비스의 신뢰성과 의료서비스 결과에 대한 만족도에 있어 동부병원이 각각 63.6점과 65.4점으로 가장 높게 나왔고, 진료요금에 대한 만족도는 동부병원이 57.7점으로 근소한 차이로 높게 나왔다. 강남과 보라매병원을 비교하면 병원의료서비스의 신뢰성에 있어서 보라매병원이 61.2점으로 강남병원의 60.0점을 약간 상회하고 있고, 의료서비스 결과에 대한 만족도 역시 61.3점대 59.2로 보라매병원의 우세로 나타나고 있다.

---

76) 좀 더 자세한 사항은 부록의 신뢰도 검토를 참조 바람.

〈표 4-16〉 신뢰성차원 세부항목별 체감만족도 평균

세부항목 \ 병원	이용병원			계
	강남병원	보라매병원	동부병원	Mean
	Mean	Mean	Mean	
병원 의료서비스의 신뢰성	60.0	61.2	63.6	61.6
요금수준	55.7	55.7	57.7	56.3
의료서비스 결과	59.2	61.3	65.4	62.0

주 1) 각 평가항목별 만족도 측정산식은 1절을 참조.
주 2) 각 평가항목별 가중치 산정은 〈표 4-9〉를 참조.
- 신뢰성항목 가중치＝{중요도빈도율(응답비율:0.288)＋무작위선택비율(0.333)} ÷ 2 ≒ 0.311
- 요금수준항목 가중치＝{중요도빈도율(응답비율:0.086)＋무작위선택비율 (0.333)} ÷ 2 ≒ 0.210
- 서비스결과항목 가중치＝{중요도빈도율(응답비율:0.626)＋무작위선택비율 (0.333)} ÷ 2 ≒ 0.480

동부병원이 신뢰성차원의 평가항목별로 가장 높은 만족도를 보이고 있는 이유는 이 경우에도 역시 환자의 특성에 기인한다고 할 수 있다. 비교대상 두 병원에 비해 의료보호환자가 훨씬 높은 비율을 차지하고 있고, 소득수준 이나 학력수준 등에서 낮은 계층이 주로 이용하는 데 따른 상대적 만족도가 이와 같은 결과를 보이고 있다고 판단된다. 또한 고연령층 환자인 경우와 100만 원 이하의 저소득층일수록 비교적 높은 만족도를 보이고 있는 바, 동 부병원 환자구성비 중 50대 이상의 고연령층 환자가 많고 저소득층 또한 절 반 가까운 비중을 차지하고 있는 데서 그 인인을 찾을 수 있다.

즉, 두 병원에 비해 상대적으로 저렴한 진료비로 인해 '가격 대비 의료서 비스 품질'에 대한 만족도가 높게 나왔다고 평가할 수 있다.

인구통계학적 특성별로 만족도 측정결과를 보면 다음과 같다.

　먼저 진료비유형별로 살펴보면 의료보호의 만족도에 있어 동부병원이 66.1점으로 두 병원을 앞서고 있고, 강남병원과 보라매병원은 의료보호환자들의 만족도가 의료보험환자보다 낮게 평가되어 의료보호환자들에게 외면되고 있으며, 특히 보라매병원의 경우 요금수준에 있어서 40.1점으로 동부병원의 63.5점과 강남병원의 46.9점에 훨씬 못 미치는 낮은 만족수준을 보이고 있어 진료비수준에 대한 의료보호환자의 불만족수준이 비교적 가장 높은 것으로 나타나고 있음을 알 수 있다.

　<표 4-17>은 인구통계학적 속성별 신뢰성 차원의 항목별 체감만족도와 차원만족도를 보이고 있고, <표 4-18>은 이를 다시 병원별로 세분해 본 것이다.

〈표 4-17〉 인구통계학 속성별 신뢰성차원 항목별 체감만족 · 차원만족도 지수

인구속성	세부항목	병원 의료서비스의 신뢰성	요금수준	의료서비스 결과	신뢰성차원만족도 지수
		Mean	Mean	Mean	Mean
성별	남성	61.4	56.2	60.3	59.1
	여성	61.7	56.4	63.6	61.0
연령	19세 이하	56.3	58.3	62.5	57.8
	20-29세 이하	56.3	51.6	57.4	55.8
	30-39세 이하	62.4	58.9	62.6	61.3
	40-49세 이하	59.6	52.4	58.3	57.4
	50-59세 이하	63.7	56.9	65.0	62.9
	60세 이상	70.1	65.9	71.4	68.6
교육정도	중고생	57.5	56.3	57.5	55.3
	대재	60.9	50.0	57.8	57.2
	중졸 이하	68.5	62.2	69.4	67.5
	고졸	59.6	56.3	59.1	58.3
	대졸	61.7	56.1	63.3	61.4
	대학원 이상	44.4	38.9	41.7	42.0
현 거주지	강남, 송파	60.8	55.7	60.8	59.8
	강동, 성동, 광진	60.1	57.3	65.9	62.4
	관악, 서초	61.4	55.0	60.1	58.7
	기타(서울)	61.5	55.8	61.0	59.1
	경기	63.8	63.2	66.7	65.7
	기타지방	71.4	60.0	69.6	65.2
진료비 유형	의료보험	61.3	56.1	62.5	60.5
	의료보호	63.2	56.9	61.0	58.8
	일반	56.8	54.5	54.5	55.3
	산업재해보험	58.3	66.7	58.3	60.1
	자동차보험	75.0	50.0	75.0	69.8
환자종류	외래환자	61.4	55.8	62.8	60.3
	입원환자	62.1	58.3	59.5	59.3
직업	농림어업, 광업	56.3	37.5	18.8	34.4
	자영업, 사업	55.4	53.3	57.4	56.5
	회사원	63.3	55.8	62.3	61.1
	공무원	56.8	54.5	56.8	56.4
	전문직	55.8	50.9	56.0	55.0
	가정주부	63.8	57.4	65.6	62.8
	학생	56.3	49.2	57.8	55.0
	무직	64.1	65.8	63.1	62.2
	기타	67.9	51.9	73.2	66.9

세부항목 인구속성		병원 의료서비스의 신뢰성	요금 수준	의료서비스 결과	신뢰성차원만족도 지수
		Mean	Mean	Mean	Mean
한달 총수입	100만 원 이하	64.4	59.4	61.7	61.1
	101-150만 원 정도	59.8	55.5	63.7	60.1
	151-200만 원 정도	62.3	58.0	62.7	61.3
	201-300만 원 이상	58.3	49.5	59.3	57.0
	301만 원 이상	60.5	55.3	56.6	57.6

<표 4-18> 각 병원의 인구특성별 신뢰성차원의 세부항목별 만족도 지수

병원별 세부항목별 만족도 인구특성		이용병원 만족도								
		강남병원			보라매병원			동부병원		
		의료서비스의 신뢰성	요금수준	의료서비스의 결과	의료서비스의 신뢰성	요금수준	의료서비스의 결과	의료서비스의 신뢰성	요금수준	의료서비스의 결과
성별	남성	59.8	54.4	58.4	60.9	56.8	57.3	63.3	58.0	63.8
	여성	60.2	57.1	60.1	61.3	55.2	63.4	63.9	57.4	67.5
연령	19세 이하	58.3	66.7	66.7	58.3	75.0	58.3	50.0	0	62.5
	20-29세 이하	56.5	50.0	56.0	56.9	50.0	57.6	54.7	58.3	59.4
	30-39세 이하	61.3	57.7	60.1	62.8	59.3	64.4	63.4	60.2	63.4
	40-49세 이하	57.1	51.4	55.0	56.7	55.0	53.8	63.4	51.6	63.7
	50-59세 이하	65.3	59.7	62.5	64.6	59.1	71.4	62.0	52.8	63.0
	60세 이상	66.7	69.4	72.2	70.6	55.0	64.7	70.8	73.5	75.0
교육정도	중고생	50.0	50.0	37.5	62.5	75.0	62.5	56.3	41.7	62.5
	대재	79.2	54.2	70.8	57.1	53.6	57.1	33.3	33.3	33.3
	중졸 이하	62.5	62.5	87.5	66.1	41.7	65.6	69.3	69.7	69.8
	고졸	57.7	58.2	57.3	61.6	58.8	59.7	59.5	51.1	60.5
	대졸	61.9	55.3	61.9	60.5	55.9	62.3	63.5	58.7	69.2
	대학원 이상	41.7	37.5	33.3	50.0	41.7	58.3	-	-	-
현 거주지	강남, 송파	60.8	55.9	60.5	50.0	50.0	75.0	75.0	50.0	75.0
	강동, 성동, 광진	55.0	56.7	58.3	50.0	25.0	50.0	62.0	58.3	68.6
	관악, 서초	66.7	58.3	58.3	60.8	54.8	60.8	62.5	50.0	50.0
	기타(서울)	56.3	51.3	53.8	59.8	56.1	60.4	63.8	57.2	63.1
	경기	63.6	60.0	63.9	66.7	75.0	66.7	58.3	50.0	75.0
	기타지방	50.0	50.0	50.0	81.3	50.0	75.0	71.9	70.0	71.9
진료비 유형	의료보험	61.3	56.6	61.0	61.5	56.9	62.3	60.9	54.2	65.1
	의료보호	53.1	46.9	51.6	60.7	40.0	46.4	66.1	63.5	65.1
	일반	56.3	56.3	50.0	37.5	25.0	50.0	100.0	100.0	100.0
	산업재해보험	50.0	75.0	50.0	-	-	-	75.0	50.0	75.0
	자동차보험	75.0	50.0	75.0	-	-	-	-	-	-
환자종류	외래환자	60.9	54.6	60.6	59.6	55.7	61.1	63.9	57.3	67.1
	입원환자	55.4	60.9	52.2	65.5	55.9	62.2	62.8	59.5	61.3

병원별 세부항목별 만족도 인구특성		이용병원 만족도								
		강남병원			보라매병원			동부병원		
		의료서비스의 신뢰성	요금수준	의료서비스 결과	의료서비스의 신뢰성	요금수준	의료서비스 결과	의료서비스의 신뢰성	요금수준	의료서비스 결과
직업	농림어업, 광업	58.3	50.0	25.0	50.0	-	-	-	-	-
	자영업, 사업	60.5	56.6	57.9	60.0	61.7	61.7	41.7	36.4	51.9
	회사원	59.6	55.8	55.0	62.0	53.4	64.1	71.7	60.4	71.7
	공무원	50.0	58.3	45.8	75.0	50.0	75.0	62.5	50.0	68.8
	전문직	53.8	47.9	52.1	47.7	43.2	47.7	75.0	70.8	79.2
	가정주부	63.4	58.5	64.6	64.9	58.0	65.7	62.5	55.0	66.4
	학생	63.6	52.3	63.6	55.0	50.0	56.7	45.8	40.0	50.0
	무직	58.3	62.5	64.6	59.6	64.6	53.8	66.4	67.4	65.0
	기타	57.1	42.9	67.9	75.0	62.5	75.0	81.3	62.5	81.3
한달 총수입	100만 원 이하	57.1	55.4	54.6	64.0	52.6	60.0	67.5	65.1	65.1
	101~150만 원	60.3	58.3	62.1	58.5	54.1	62.0	61.0	54.9	67.1
	151~200만 원	61.8	57.9	63.2	63.7	60.4	61.9	60.2	53.6	63.6
	201~300만 원	59.6	50.0	56.7	58.8	54.4	60.3	53.1	37.5	65.6
	301만 원 이상	60.4	54.2	54.2	60.0	50.0	60.0	62.5	75.0	62.5

2) 병원직원의 업무태도에 대한 만족도

각 병원 직원의 업무태도 전반에 대한 이용환자들의 만족도 수준을 파악하기 위하여 병원직원의 친절성과 궁금한 사항에 대한 성실한 답변태도에 관한 평가지표를 선정하여 만족도를 측정하였으며 설문항목들에 대한 Cronbach's Alpha값은 0.8205로서 조사상 신뢰성을 확보한 것으로 나타났다[77].

업무태도 차원의 항목별 만족도를 보면 동부병원 이용환자들이 전체평균을 훨씬 초과하는 만족수준을 보이고 있으며, 강남병원이 보라매병원에 비해서 직원들의 친절도가 59.8점으로 58.5점보다 높게 나왔고 또한 궁금한 사항에 대한 성실한 답변태도 역시 58점과 55.7점으로 강남병원의 직원친절도가 높게 나왔다.

---

77) 좀 더 자세한 사항은 부록의 신뢰도 검토를 참조 바람.

<표 4-19> 업무태도차원 세부항목별 체감만족도 평균

세부평가항목	이용병원			계
	강남병원	보라매병원	동부병원	평균
병원직원의 친절도	59.8	58.5	65.1	61.1
궁금한 사항에 대한 답변태도	58.0	55.7	66.7	60.0

주 1) 각 평가항목별 만족도 측정산식은 1절을 참조.
　　2) 각 평가항목별 가중치 산정은 <표 4-9>를 참조.
　　● 직원친절도항목 가중치={중요도빈도율(응답비율:0.405)+무작위선택비율
　　　(0.500)} ÷ 2 ≒ 0.453
　　● 성실한 답변태도항목 가중치={중요도빈도율(응답비율:0.595)+무작위선택비
　　　율(0.500)} ÷ 2 ≒ 0.548

　이를 환자 대비 인력을 통해 볼 때 강남병원이 조정환자 100명당 의사
수가 19.0명이고, 간호사수가 26.3명, 사무직수가 13명으로 보라매병원의 15
명, 24.8명, 6.2명에 비해 높은 데서 그 원인을 찾아볼 수 있다고 사료된다.
(<표 3-20> 참조) 즉, 환자 대비 직종별 인력수가 강남병원이 보라매병원
보다 더 높기 때문에 환자들에 대한 좀 더 친절하고 여유 있는 상담과 진
료·간호가 가능했기 때문으로 판단된다. 이는 역설적인 현상으로 계량적
인 성과평가에 있어서 비효율적인 인력관리로 수익성에 부정적 효과를 가
져오는 요인으로 비판받는 지표가 만족도평가에 있어서는 반대로 고객들의
만족을 높이는 긍정적 요인으로 평가받는 아이러니를 보이고 있는 것이다.
　하지만 단순히 환자수 대비 인력수가 많다고 해서 업무태도차원의 만족
도가 높게 나왔다고 일률적으로 결론내리는 것은 해석의 무리가 있다. 인
원수의 과소와는 상관없이 직원들의 친절함과 성실한 답변과 상담태도가
환자들의 만족도를 결정짓는 더 큰 요인으로 작용할 수 있기 때문에 해석
에 주의를 요한다. <표 4-20>은 인구통계학적 속성별 업무태도 차원 항목
별 체감만족도와 차원만족도를 보이고 있고, <표 4-21>은 이를 다시 병원
별로 세분해 본 것이다.

<표 4-20> 인구통계학 속성별 업무태도차원 항목별 체감만족 · 차원만족도 지수

인적특성	세부항목별 만족도	병원직원의 친절도 Mean	궁금한 사항에 대한 답변태도 Mean	업무태도차원만족도 지수 Mean
성별	남성	61.4	60.9	61.1
	여성	60.9	59.3	59.9
연령	19세 이하	53.1	65.6	60.0
	20-29세 이하	54.2	50.9	52.5
	30-39세 이하	62.0	60.6	61.2
	40-49세 이하	58.7	61.3	60.2
	50-59세 이하	65.0	60.4	62.4
	60세 이상	71.4	69.4	70.1
교육정도	중고생	57.5	65.0	61.7
	대재	54.7	60.9	58.2
	중졸 이하	70.7	72.2	71.3
	고졸	60.5	58.4	59.4
	대졸	58.8	56.9	57.8
	대학원 이상	44.4	38.9	41.4
현 거주지	강남, 송파	62.7	59.0	60.7
	강동, 성동, 광진	64.7	68.0	66.4
	관악, 서초	58.2	56.0	57.1
	기타(서울)	60.4	59.8	60.2
	경기	55.0	58.8	57.1
	기타지방	73.2	65.9	67.0
진료비 유형	의료보험	61.4	59.5	60.4
	의료보호	60.2	62.3	60.9
	일반	56.8	54.5	55.6
	산업재해보험	75.0	75.0	75.1
	자동차보험	75.0	75.0	75.1
환자종류	외래환자	60.3	59.4	59.9
	입원환자	63.8	62.1	62.5
직업	농림어업, 광업	50.0	56.3	53.5
	자영업, 사업	58.0	53.2	55.4
	회사원	60.5	58.2	59.3
	공무원	68.2	70.5	69.5
	전문직	51.7	45.8	48.5
	가정주부	63.9	64.2	64.1
	학생	53.1	58.6	56.2
	무직	62.5	62.0	61.8
	기타	75.0	67.9	71.2
한달 총수입	100만 원 이하	63.2	63.8	63.3
	101-150만 원 정도	60.6	58.2	59.3
	151-200만 원 정도	61.8	61.0	61.4
	201-300만 원 이상	58.3	57.4	57.9
	301만 원 이상	55.3	51.3	53.2

<표 4-21> 각 병원의 인구특성별 업무태도차원의 세부항목별 만족도 지수

병원별 세부항목별 만족도 / 인구특성		이용병원 만족도					
		강남병원		보라매병원		동부병원	
		직원의 친절성	궁금한 사항에 대한 성실답변 태도	직원의 친절성	궁금한 사항에 대한 성실답변 태도	직원의 친절성	궁금한 사항에 대한 성실답변 태도
성별	남성	61.1	58.1	57.8	55.7	63.8	67.0
	여성	58.2	57.8	58.9	55.7	66.7	66.3
연령	19세 이하	41.7	66.7	58.3	58.3	62.5	75.0
	20-29세 이하	56.5	54.0	47.9	44.4	64.1	59.4
	30-39세 이하	58.3	57.1	63.9	60.0	64.3	67.3
	40-49세 이하	60.0	57.9	51.9	52.9	61.9	69.6
	50-59세 이하	65.3	56.9	67.9	59.6	63.0	63.6
	60세 이상	72.2	75.0	69.1	69.1	72.5	67.9
교육 정도	중고생	50.0	75.0	62.5	62.5	56.3	62.5
	대재	62.5	75.0	46.4	53.6	58.3	50.0
	중졸 이하	62.5	50.0	68.8	71.7	71.6	73.1
	고졸	58.6	58.6	61.6	56.0	61.5	60.7
	대졸	61.9	57.5	54.8	51.8	59.6	67.0
	대학원 이상	45.8	37.5	41.7	41.7	-	-
현 거주지	강남, 송파	62.7	59.3	50.0	50.0	75.0	50.0
	강동, 성동, 광진	58.3	60.0	75.0	25.0	66.5	71.7
	관악, 서초	66.7	66.7	57.4	54.6	56.3	62.5
	기타(서울)	51.3	50.0	59.1	55.5	63.5	64.6
	경기	52.3	54.5	58.3	62.5	58.3	66.7
	기타지방	50.0	50.0	75.0	81.3	78.1	60.0
진료비 유형	의료보험	62.4	60.6	59.3	55.5	63.5	64.7
	의료보호	39.1	39.1	53.6	64.3	66.3	68.5
	일반	62.5	56.3	25.0	37.5	75.0	75.0
	산업재해보험	62.5	62.5	-	-	100.0	100.0
	자동차보험	75.0	75.0	-	-	-	-
환자 종류	외래환자	60.7	58.0	55.5	53.2	64.9	67.5
	입원환자	55.4	57.6	66.9	62.8	65.6	64.3
직업	농림어업, 광업	50.0	50.0	50.0	75.0	-	-
	자영업, 사업	65.8	55.3	63.3	50.0	40.4	53.8
	회사원	57.7	53.8	55.4	53.3	73.3	73.3
	공무원	66.7	66.7	75.0	75.0	68.8	75.0
	전문직	50.0	48.1	40.9	29.5	75.0	70.8
	가정주부	60.4	60.4	63.6	63.4	68.4	69.6
	학생	59.1	68.2	48.3	50.0	54.2	62.5
	무직	52.1	58.3	59.6	55.8	65.5	64.5
	기타	78.6	64.3	66.7	66.7	75.0	75.0

226

병원별 세부항목별 만족도		이용병원 만족도					
		강남병원		보라매병원		동부병원	
인구특성		직원의 친절성	궁금한 사항에 대한 성실답변 태도	직원의 친절성	궁금한 사항에 대한 성실답변 태도	직원의 친절성	궁금한 사항에 대한 성실답변 태도
한달 총수입	100만 원 이하	52.7	53.6	67.0	64.0	66.2	68.3
	101-150만 원	61.0	62.5	55.8	52.9	66.5	61.3
	151-200만 원	63.2	59.2	60.1	57.1	62.5	71.6
	201-300만 원	59.6	56.7	52.9	52.9	65.6	68.8
	301만 원 이상	62.5	54.2	50.0	40.0	25.0	62.5

3) 병원의 이용편리성에 대한 만족도

  각 병원의 이용편리성에 대한 이용환자들의 만족도 수준을 파악하기 위하여 이용절차 및 방법의 안내, 서비스시간 준수여부, 서비스 대기시간의 적정성, 서비스제공시간의 충분성, 서비스 절차의 간소성, 공간적 배치의 편리성 등에 관한 고객만족도를 평가지표로 선정하여 측정하였으며, 설문항목들에 대한 Cronbach's Alpha값은 0.8395로서 높게 나와 조사상 신뢰성을 확보한 것으로 나타났다[78].

  이용편리성차원의 세부항목별 만족도를 보면 동부병원이 전체항목에 걸쳐 가장 높은 점수를 나타내고 있고, 강남병원과 보라매병원의 경우 각 항목별로 비슷한 만족도 수준을 보이고 있으나 진료대기시간에 있어서 41.8점과 31.8점으로 강남병원이 높았으며, 서비스제공시간에 대한 만족도에 있어서도 48.4점으로 보라매의 44.8을 앞서고 있으나, 공간적 배치의 편리성에 있어서는 보라매병원의 만족도가 60.8점으로 강남병원의 57.8점을 상회하고 있다.

---

78) 좀 더 자세한 사항은 부록의 신뢰도 검토를 참조 바람.

<표 4-22> 이용편리성차원 세부항목별 체감만족도

세부평가항목	병원	이용병원			계
		강남 병원	보라매 병원	동부 병원	평균
이용방법과 절차안내 정도		56.9	53.2	63.4	57.8
서비스 시간 준수여부		53.9	53.1	61.1	56.1
진료받기 위해 기다리는 시간		41.8	31.8	62.7	45.1
실제로 의료서비스를 충분히 받는 시간		48.4	44.8	64.7	52.5
의료서비스 받는 절차의 간소성		52.5	51.6	63.9	56.0
공간적 배치의 편리성(의료서비스를 받기 위해 찾고자 하는 방을 쉽게 찾는 정도)		57.8	60.8	67.2	61.9

주 1) 각 평가항목별 만족도 측정산식은 1절을 참조.
  2) 각 평가항목별 가중치 산정은 <표 4-9>를 참조.

이와 같은 차이가 발생하는 이유는 보라매병원의 환자진료실적이 강남병원보다 높은 데 기인하는 것으로 보인다. 물론 환자 100명당 직종별 인력수도 보라매병원이 적기 때문에 환자들의 입장에서는 진료대기시간이 길어지고, 의료서비스제공시간은 짧아져 불만으로 이어지는 것으로 판단된다.

<표 4-23>은 인구통계학적 속성별 이용편리성차원의 항목별 체감만족도와 차원만족도를 보이고 있고, <표 4-24>는 이를 다시 병원별로 세분해 본 것이다.

<표 4-23> 인구통계학 속성별 이용편리성차원 항목별
체감만족·차원만족도 지수

인구특성	항목별 만족도	이용방법과 절차안내 정도	서비스 제공시간	진료받기 위해 기다리는 시간	실제로 의료서비스를 충분히 받는 시간	의료서비스 받는 절차의 간소성	공간배치 편리성	이용편리성 차원만족도 지수
성별	남성	59.3	56.9	47.1	51.0	55.2	59.2	53.0
	여성	56.5	55.4	43.3	53.9	56.7	64.2	53.6
연령	19세 이하	59.4	57.1	50.0	53.6	53.6	57.1	54.8
	20-29세	48.8	49.4	38.8	46.6	51.8	58.2	47.2
	30-39세	59.1	54.8	40.3	48.2	54.8	60.6	51.1
	40-49세	59.7	54.8	47.7	53.7	56.9	62.5	54.7
	50-59세	60.6	61.1	46.3	55.9	55.9	60.0	55.3
	60세 이상	62.3	66.0	58.5	64.5	63.7	72.0	63.2
교육정도	중고생	60.0	63.9	52.8	58.3	61.1	58.3	58.6
	대재	50.0	48.4	40.6	46.9	50.0	57.8	47.8
	중졸 이하	66.6	67.6	59.4	65.8	66.5	69.8	64.5
	고졸	56.6	55.6	42.9	50.5	54.0	60.9	51.8
	대졸	56.0	52.6	42.3	50.2	54.3	60.2	51.5
	대학원 이상	50.0	31.3	25.0	27.8	41.7	58.3	34.6
현 거주지	강남, 송파	57.8	55.2	42.2	47.6	55.1	57.8	51.2
	강동, 성동, 광진	57.9	58.3	63.5	63.5	62.3	64.9	61.8
	관악, 서초	52.3	54.0	30.7	46.7	49.2	61.5	46.4
	기타(서울)	60.7	56.2	48.4	54.1	58.8	63.5	55.6
	경기	57.5	52.6	38.2	51.3	46.3	56.3	47.9
	기타지방	69.6	70.8	62.5	61.5	67.9	67.3	63.5
진료비 유형	의료보험	56.8	55.2	42.6	51.2	55.4	61.6	52.3
	의료보호	62.2	61.0	55.7	58.0	59.0	64.7	58.3
	일반	52.3	45.0	36.4	50.0	45.5	45.5	45.1
	산업재해보험	58.3	58.3	66.7	58.3	75.0	75.0	65.0
	자동차보험	75.0	50.0	50.0	50.0	75.0	50.0	58.4
환자종류	외래환자	57.8	55.2	44.7	51.6	56.2	62.0	53.2
	입원환자	57.8	59.2	46.5	55.9	55.4	61.2	53.6
직업	농림어업, 광업	56.3	56.3	50.0	56.3	33.3	50.0	45.0
	자영업, 사업	56.4	55.3	41.5	45.2	52.1	58.5	49.9
	회사원	55.5	52.9	43.9	49.6	52.3	57.4	49.9
	공무원	63.6	65.9	59.1	68.2	65.9	63.6	64.2
	전문직	54.2	44.2	37.1	35.8	50.0	58.3	44.6
	가정주부	58.2	57.6	42.2	56.0	56.6	65.1	54.8
	학생	54.7	52.4	44.4	47.6	55.6	56.5	50.9
	무직	61.4	62.2	53.6	57.3	61.8	64.7	58.5
	기타	60.7	51.8	53.8	64.3	58.9	67.9	57.2
한달 총수입	100만 원 이하	60.6	61.2	52.1	57.5	60.0	63.8	57.1
	101-150만 원	57.1	56.1	42.9	51.6	55.4	63.6	53.1
	151-200만 원	58.1	54.3	43.6	52.0	56.1	60.0	53.0
	201-300만 원	52.0	49.5	41.7	45.1	49.5	56.4	47.6
	301만 원 이상	59.2	51.3	36.8	51.3	51.3	63.2	50.4

〈표 4-24〉 각 병원의 인구특성별 이용편리성차원 세부항목별 체감만족도 지수

인구특성		강남병원						보라매병원						동부병원					
		이용절차방법안내	시간준수여부	대기시간적절성	서비스제공시간충분성	절차간소성	공간배치편리성	이용절차및방법안내	시간준수여부	대기시간적절성	서비스제공시간충분성	절차간소성	공간배치편리성	이용절차및방법안내	시간준수여부	대기시간적절성	서비스제공시간충분성	절차간소성	공간배치편리성
성별	남성	56.4	52.7	40.9	46.6	49.0	53.7	55.2	53.8	37.0	41.5	53.3	58.2	64.6	62.8	60.7	61.6	62.5	64.9
	여성	57.4	55.3	42.9	50.4	56.6	62.5	52.2	52.7	29.2	46.5	50.8	61.5	61.9	59.1	65.0	68.3	66.5	69.8
연령	19세 이하	66.7	58.3	33.3	41.7	41.7	50.0	50.0	50.0	37.5	50.0	62.5	62.5	62.5	62.5	87.5	75.0	62.5	62.5
	20-29세 이하	48.4	51.7	38.3	47.6	51.6	54.8	460.5	45.6	30.0	42.4	50.0	62.5	54.7	53.3	60.0	55.0	56.7	55.0
	30-39세 이하	58.9	51.3	39.3	42.3	51.8	55.4	55.6	57.6	30.1	43.3	50.6	60.6	65.2	55.8	60.0	67.0	66.7	69.2
	40-49세 이하	59.3	52.9	43.6	50.0	54.3	62.9	53.8	45.8	28.8	42.3	46.2	56.7	63.7	61.6	64.5	64.0	65.9	65.9
	50-59세 이하	58.3	55.6	43.1	54.2	54.2	54.2	55.4	61.5	33.9	51.8	58.9	58.9	65.9	65.2	56.8	59.8	55.4	65.2
	60세 이상	61.1	72.2	58.3	63.9	52.8	69.4	59.4	62.5	43.3	51.6	60.0	66.1	64.2	65.8	67.3	71.7	69.0	75.9
교육정도	중고생	75.0	75.0	50.0	62.5	62.5	62.5	50.0	58.3	41.7	50.0	66.7	58.3	62.5	62.5	62.5	50.0	56.3	56.3
	대재	50.0	54.2	37.5	50.0	54.2	54.2	50.0	50.0	42.9	46.4	50.0	67.9	50.0	33.3	41.7	41.7	41.7	41.7
	중졸 이하	75.0	75.0	62.5	62.5	75.0	62.5	58.3	62.5	32.1	58.3	62.5	63.5	68.4	68.6	67.2	68.1	67.3	71.6
	고졸	60.5	55.6	44.1	49.1	52.7	58.6	51.9	55.8	30.2	42.1	50.0	58.3	57.5	55.6	55.7	61.2	59.7	66.3
	대졸	54.5	53.1	40.9	48.5	52.2	57.5	53.5	49.0	31.7	44.3	50.4	61.4	65.4	58.7	70.0	67.3	68.3	64.4
	대학원 이상	45.8	30.0	25.0	29.2	41.7	54.2	58.3	33.3	25.0	25.0	47.7	66.7	-	-	-	-	-	-
현거주지	강남, 송파	58.0	55.7	42.0	47.8	55.2	57.7	50.0	25.0	25.0	50.0	50.0	50.0	50.0	50.0	75.0	50.0	50.0	75.0
	강동, 성동, 광진	46.7	51.7	45.0	51.7	48.3	56.7	50.0	50.0	25.0	50.0	50.0	25.0	61.7	60.6	70.6	67.6	67.0	68.5
	관악, 서초	50.0	50.0	36.0	52.8	41.7	55.6	52.0	54.1	29.8	45.6	50.0	62.4	62.5	62.5	50.0	36.3	50.0	56.3
	기타(서울)	62.5	52.6	45.0	43.8	53.8	60.0	54.3	50.6	34.1	40.9	53.1	56.9	63.6	60.0	58.1	64.2	63.2	66.2
	경기	56.8	50.0	37.5	52.3	45.5	53.8	54.2	45.8	29.2	45.8	50.0	62.5	66.7	75.0	58.3	58.3	41.7	41.7
	기타지방	62.5	50.0	50.0	50.0	50.0	62.5	68.8	83.3	66.7	68.8	75.0	75.0	71.9	71.4	64.3	60.7	68.8	64.3
진료비유형	의료보험	57.9	56.3	42.0	49.3	53.6	58.6	53.4	53.3	31.7	45.2	51.7	61.0	61.0	56.6	62.0	64.1	64.1	67.1
	의료보호	51.6	43.8	39.1	42.2	46.9	60.9	50.0	50.0	35.7	32.1	50.0	54.2	66.3	66.9	63.7	65.5	63.1	67.0
	일반	50.0	39.3	34.4	43.8	40.6	37.5	50.0	50.0	25.0	62.5	50.0	62.5	75.0	75.0	75.0	75.0	75.0	75.0
	산업재해보험	62.5	62.5	75.0	62.5	75.0	75.0	-	-	-	-	-	-	50.0	50.0	50.0	30.0	75.0	75.0
	자동차보험	75.0	50.0	50.0	50.0	75.0	50.0	-	-	-	-	-	-	-	-	-	-	-	-
환자종류	외래환자	56.3	53.6	39.3	46.7	51.1	56.5	54.8	52.8	32.7	43.3	53.4	62.0	62.8	59.2	63.0	65.6	64.9	68.3
	입원환자	59.8	56.4	54.3	56.5	59.8	64.1	48.6	53.8	29.3	49.3	46.3	56.8	65.0	66.7	61.6	62.1	61.1	63.6

병원별 만족도 인구특성		이용병원 만족도																	
		강남병원						보라매병원						동부병원					
		이용절차방법안내	시간준수여부	대기시간적정성	서비스제공시간충분성	절차간소성	공간배치관리성	이용절차및방법안내	시간준수여부	대기시간적정성	서비스제공시간충분성	절차간소성	공간배치관리성	이용절차및방법안내	시간준수여부	대기시간적정성	서비스제공시간충분성	절차간소성	공간배치관리성
직업	농림어업, 광업	50.0	50.0	33.3	58.3	33.3	50.0	75.0	75.0	100.0	50.0	-	-	-	-	-	-	-	-
	자영업, 사업	56.6	51.3	36.8	42.1	47.4	53.9	56.7	58.3	35.0	40.0	56.0	58.3	55.8	57.7	55.8	55.8	56.8	65.4
	회사원	51.9	50.0	39.4	46.2	46.2	51.0	48.9	52.4	34.8	42.4	46.7	52.2	71.7	58.3	70.8	66.7	71.7	76.7
	공무원	66.7	66.7	54.2	66.7	70.8	66.7	50.0	50.0	50.0	75.0	75.0	75.0	62.5	68.8	68.8	68.8	56.3	56.3
	전문직	50.0	46.2	43.8	40.4	46.2	55.8	47.7	36.4	20.5	20.5	45.5	54.5	75.0	54.2	54.2	54.2	66.7	70.8
	가정주부	61.6	56.4	40.9	50.0	57.3	62.8	55.2	55.9	28.1	51.3	50.9	63.6	39.2	61.2	64.5	69.7	64.5	69.7
	학생	59.1	61.4	43.2	47.7	56.8	54.5	51.7	46.4	37.5	42.9	53.6	62.5	54.2	50.0	62.5	58.3	58.3	45.8
	무직	56.3	60.4	41.7	43.8	54.2	58.3	51.9	57.7	38.5	44.2	61.5	67.3	64.8	63.7	61.1	64.0	63.7	65.6
	기타	53.6	42.9	57.1	67.9	57.1	67.9	58.3	50.0	12.5	50.0	50.0	66.7	75.0	68.8	68.8	68.8	68.8	68.8
월당총수입	100만 원이하	57.1	58.3	47.3	50.9	57.1	61.6	51.0	56.5	34.8	50.0	56.0	59.4	65.7	64.1	61.6	63.5	62.9	66.5
	101-150만 원	58.1	56.3	40.9	47.1	47.8	60.3	52.0	52.1	27.5	41.0	51.5	59.7	62.8	61.6	63.8	68.3	66.5	71.3
	151-200만 원	60.5	53.4	46.7	50.0	57.9	55.3	56.5	56.1	31.1	48.2	51.8	63.7	56.8	54.5	61.4	62.5	61.4	61.4
	201-300만 원	47.1	48.0	32.7	43.3	47.1	51.0	52.9	48.3	41.2	39.7	47.1	60.3	65.6	56.3	71.9	62.5	62.5	65.6
	301만 원 이상	62.5	54.2	35.4	52.1	50.0	64.6	50.0	45.0	35.0	45.0	45.0	55.0	62.5	50.0	50.0	62.5	75.0	75.0

4) 병원의 쾌적성에 대한 만족도

각 병원의 시설과 환경의 쾌적성에 대한 이용환자들의 만족도 수준을 파악하기 위하여 편의시설, 병원내외부 쾌적성, 조명 및 실내온도의 적정성, 침구 및 환자복의 청결성 등에 관한 고객만족도를 평가지표로 선정하였으며, 설문항목들에 대한 Cronbach's Alpha값은 0.7966으로서 나와 조사상 신뢰성을 확보하였다[79].

쾌적성차원의 세부항목별 만족도를 살펴보면 보라매병원이 가장 높은 만족도를 보이고 있고 그 다음으로 강남병원과 동부병원 순으로 나타나고 있다. 편의시설에 대한 만족도에 있어서 보라매병원은 57.8점을, 강남병원은 54.9점을, 동부병원은 49.1점을 나타내고 있어 강남병원의 편의시설 개선노력이 보다 필요한 것으로 판단되고, 동부병원의 경우 구내매점이 없고, 대기의자가 두 병원에 비해 불편하고 협소하여 이에 대한 불만이 높게 나

79) 좀 더 자세한 사항은 부록의 신뢰도 검토를 참조 바람.

오고 있는 것으로 보인다.

<표 4-25> 쾌적성차원 세부항목별 체감만족도 평균

| 세부 평가항목 | 이용병원 | | | 계 |
	강남병원	보라매병원	동부병원	평균
편의시설	54.9	57.8	49.1	53.9
병원내외부 쾌적성	54.0	67.2	54.1	58.5
조명 및 실내온도의 적정성	56.7	65.2	54.8	58.9
침구 및 환자복의 청결성	52.7	63.1	59.8	58.6

주 1) 각 평가항목별 만족도 측정산식은 1절을 참조.
  2) 각 평가항목별 가중치 산정은 <표 4-9>를 참조.

병원내외부가 깨끗하게 정리되어 쾌적한 정도 또한 보라매병원이 67.2점
으로 월등히 높은 반면에 강남병원은 동부병원과 비슷한 54.0점으로 낮게
나와 불만이 높게 나왔는데 이는 건물노후로 인한 원인도 일부 존재하지만
화장실청소나 매점, 환자 및 보호자 편의시설 등 개선 가능한 측면에 있어
서 낮은 평가를 보이고 있다. 특히 화장실 위생상태는 지속적인 점검으로
쾌적한 이용환경을 만들고 매점 등 편의시설 등은 내부인테리어를 개선하
면 충분히 개선의 여지가 있는 부분이다. 조명 및 실내온도의 적정성 또한
보라매의 65.2점에 비해 56.7점으로 낮게 나왔으며, 침구 및 환자복의 청결
성에 있어서는 보라매병원의 63.1점, 동부병원의 59.8점에도 훨씬 뒤지는
52.7점에 불과한 낮은 점수를 보이고 있다.
  <표 4-26>은 인구통계학적 속성별 쾌적성차원의 항목별 체감만족도와
차원만족도를 보이고 있고, <표 4-27>은 이를 다시 병원별로 세분해 본
것이다.

<표 4-26> 인구통계학 속성별 쾌적성차원 항목별 체감만족 · 차원만족도 지수

인구 속성	세부항목	편의시설	병원내외부 쾌적성	조명 및 실내온도의 적정성	침구 및 환자복의 청결성	쾌적성차원 만족도 지수
		Mean	Mean	Mean	Mean	Mean
성별	남성	52.2	57.5	58.4	58.2	56.7
	여성	55.5	59.3	59.4	59.0	57.7
연령	19세 이하	65.6	65.6	62.5	56.3	60.3
	20-29세	53.7	54.2	57.8	52.9	53.2
	30-39세	55.1	58.3	57.8	57.9	56.9
	40-49세	50.2	57.5	56.6	57.9	56.3
	50-59세	54.8	57.7	61.8	61.8	59.3
	60세 이상	56.3	66.5	63.8	67.0	63.5
교육정도	중고생	65.0	70.0	65.0	57.5	61.9
	대재	56.3	54.7	59.4	54.7	55.7
	중졸 이하	53.0	65.8	64.8	71.7	65.4
	고졸	52.8	56.6	56.4	55.6	55.2
	대졸	55.4	57.5	58.3	57.0	56.6
	대학원 이상	38.9	38.9	55.6	35.7	37.8
현 거주지	강남, 송파	52.7	53.0	54.8	51.9	52.5
	강동, 성동, 광진	52.0	55.6	57.5	55.1	54.8
	관악, 서초	58.2	65.6	65.6	63.3	61.8
	기타(서울)	51.9	57.7	57.0	60.6	57.5
	경기	53.8	51.3	55.0	52.6	52.7
	기타지방	59.6	69.6	66.1	67.9	66.4
진료비 유형	의료보험	56.1	59.9	60.0	58.2	57.9
	의료보호	45.6	55.8	56.4	61.9	56.0
	일반	54.5	47.7	54.5	52.8	52.8
	산업재해보험	41.7	16.7	25.0	16.7	22.1
	자동차보험	75.0	75.0	75.0	75.0	75.1
환자종류	외래환자	55.7	58.1	59.1	56.8	56.7
	입원환자	47.8	59.5	58.5	63.9	58.8

세부항목 인구 속성		편의시설	병원내외부 쾌적성	조명 및 실내온도의 적정성	침구 및 환자복의 청결성	쾌적성차원 만족도 지수
		Mean	Mean	Mean	Mean	Mean
직업	농림어업, 광업	50.0	56.3	62.5	62.5	50.0
	자영업, 사업	52.1	56.9	57.4	54.9	55.1
	회사원	57.4	57.0	57.8	54.5	55.8
	공무원	65.9	65.9	63.6	61.4	63.2
	전문직	52.5	52.5	57.5	48.1	49.7
	가정주부	55.1	60.7	59.6	61.6	59.2
	학생	57.8	57.0	59.4	55.6	56.9
	무직	47.7	58.8	59.1	62.2	58.1
	기타	51.8	57.1	58.9	62.5	59.5
한달 총수입	100만 원 이하	49.8	58.5	58.3	61.0	57.7
	101-150만 원	57.0	61.4	62.4	60.6	59.2
	151-200만 원	55.7	59.8	58.6	58.5	58.0
	201-300만 원	53.4	50.0	52.5	50.6	51.1
	301만 원 이상	51.3	53.9	59.2	51.3	52.9

<표 4-27> 각 병원의 인구특성별 쾌적성차원의 세부항목별 만족도 지수

인구특성		이용병원 만족도											
		강남병원				모리매병원				동부병원			
		편의시설	내외부 쾌적성	조명 및 실내온도 적정성	친구 및 환자복 청결성	편의시설	내외부 쾌적성	조명 및 실내온도 적정성	친구 및 환자복 청결성	편의시설	내외부 쾌적성	조명 및 실내온도 적정성	친구 및 환자복 청결성
성별	남성	54.4	53.0	55.7	53.2	58.0	67.2	64.6	58.5	46.2	55.8	57.1	62.5
	여성	55.5	55.1	57.8	52.1	57.7	67.2	65.6	65.5	52.4	52.0	52.0	55.8
연령	19세 이하	66.7	58.3	50.0	50.0	66.7	66.7	58.3	58.3	62.5	75.0	87.5	62.5
	20-29세 이하	50.0	45.2	52.4	45.5	60.0	66.7	66.0	60.3	46.9	43.8	50.0	50.0
	30-39세 이하	57.7	54.2	56.0	54.1	57.6	67.2	63.9	64.0	47.3	50.0	50.9	53.7
	40-49세 이하	55.0	60.0	57.1	55.9	51.9	60.6	63.5	57.0	45.1	53.6	51.8	60.3
	50-59세 이하	54.2	50.0	59.7	51.4	61.5	75.0	69.6	71.2	51.2	53.3	58.7	65.0
	60세 이상	55.6	66.7	69.4	61.1	58.3	72.1	67.6	70.3	55.4	63.3	60.0	67.0
교육정도	중고생	75.0	87.5	62.5	50.0	68.8	68.8	62.5	56.3	56.3	62.5	68.8	62.5
	대재	54.2	50.0	58.3	62.5	67.9	71.4	75.0	60.7	33.3	25.0	25.0	25.0
	중졸 이하	62.5	75.0	75.0	62.5	60.4	78.1	70.3	80.4	50.9	62.1	62.9	69.7
	고졸	56.4	56.4	56.4	52.9	56.6	64.8	63.4	60.6	45.0	48.0	49.0	53.2
	대졸	53.4	52.6	56.7	52.8	58.5	66.7	64.5	63.0	53.8	50.0	49.0	54.5
	대학원 이상	50.0	33.3	50.0	31.3	16.7	50.0	66.7	41.7	-	-	-	-

병원별 만족도 인구특성		강남병원				보라매병원				동부병원			
		편의 시설	내외부 쾌적성	조명 및 실내온도 적정성	친구 및 환자복 청결성	편의 시설	내외부 쾌적성	조명 및 실내온도 적정성	친구 및 환자복 청결성	편의 시설	내외부 쾌적성	조명 및 실내온도 적정성	친구 및 환자복 청결성
현 거주지	강남, 송파	52.5	52.8	54.6	52.0	75.0	75.0	75.0	75.0	50.0	50.0	50.0	25.0
	강동, 성동, 광진	60.0	53.3	63.3	50.0	75.0	100.0	100.0	25.0	48.9	55.3	54.8	57.6
	관악, 서초	52.8	58.3	63.9	61.1	59.5	67.6	66.5	64.1	43.8	37.5	50.0	50.0
	기타(서울)	65.0	60.0	57.5	55.9	51.9	64.6	62.8	62.8	48.3	53.5	53.8	60.5
	경기	50.0	50.0	54.5	50.0	62.5	62.5	62.5	54.2	50.0	33.3	41.7	58.3
	기타지방	50.0	50.0	62.5	50.0	66.7	81.3	56.3	62.5	59.4	68.8	71.9	75.0
진료비 유형	의료보험	55.9	55.4	58.1	53.8	58.5	68.0	65.3	63.6	52.3	52.3	52.3	53.6
	의료보호	46.9	51.6	53.1	51.6	50.0	60.7	64.3	55.0	44.8	56.3	56.3	56.3
	일반	59.4	50.0	53.1	50.0	37.5	37.5	62.5	50.0	50.0	50.0	50.0	50.0
	산업재해보험	37.5	-	12.5	-	-	-	-	-	50.0	50.0	50.0	50.0
	자동차보험	75.0	75.0	75.0	75.0	-	-	-	-	-	-	-	-
환자 종류	외래환자	55.2	54.3	57.0	52.4	58.8	66.6	66.6	62.0	53.2	53.7	53.7	56.3
	입원환자	53.3	52.2	55.4	54.3	55.0	68.9	61.5	66.0	37.1	55.0	57.5	67.5

인구특성		강남병원				우리매병원				동부병원			
	병원별 이용만족도	편의시설	내외부 쾌적성	조명 및 실내온도 직접성	친구 및 환자복 청결성	편의시설	내외부 쾌적성	조명 및 실내온도 직접성	친구 및 환자복 청결성	편의시설	내외부 쾌적성	조명 및 실내온도 직접성	친구 및 환자복 청결성
직업	농림어업, 광업	50.0	41.7	58.3	50.0	-	100.0	75.0	100.0	-	-	-	-
	자영업, 사업	48.7	52.6	53.9	55.3	65.0	70.0	68.3	56.7	42.3	48.1	50.0	52.1
	회사원	58.7	50.0	52.9	44.6	55.4	64.1	60.9	58.3	58.3	58.3	61.7	68.2
	공무원	75.0	75.0	70.8	62.5	75.0	75.0	75.0	75.0	50.0	50.0	50.0	56.3
	전문직	46.2	44.2	55.8	43.8	56.8	61.4	61.4	44.4	58.3	54.2	54.2	62.5
	가정주부	54.9	56.1	56.1	54.6	57.4	69.1	66.5	70.2	52.0	52.6	52.6	54.7
	학생	63.6	56.8	56.8	60.0	58.3	65.0	68.3	58.3	45.8	37.5	41.7	41.7
	무직	47.9	52.1	60.4	45.8	57.7	69.2	63.5	64.6	45.0	57.7	57.7	65.3
	기타	57.1	64.3	64.3	75.0	41.7	50.0	58.3	50.0	50.0	50.0	50.0	50.0
한달 총수입	100만 원 이하	54.5	50.9	57.1	46.2	51.1	67.0	63.0	63.0	47.3	58.5	57.0	66.2
	101-150만 원	50.7	55.1	58.8	52.3	62.8	70.2	67.8	66.3	55.1	55.5	58.5	60.0
	151-200만 원	58.6	59.9	57.2	59.7	59.1	66.1	64.9	62.8	44.3	47.7	48.9	47.5
	201-300만 원	54.8	46.2	51.0	48.9	54.4	64.7	61.8	57.8	46.9	31.3	37.5	37.5
	301만 원 이상	56.3	56.3	60.4	54.2	40.0	55.0	65.0	50.0	50.0	37.5	37.5	37.5

이용병원 만족도

5) 기타 병원의료서비스에 대한 관련사항

(1) 의료서비스 진료차원별 중요도 및 체감만족도 평가

한편 각 평가차원의 체감만족도와 종합체감만족도와 구별하여 진료서비스에 있어 중요하다고 생각되는 항목에 대하여 따로 각 병원 이용환자들의 중요도와 만족도를 물어본 결과 아래와 같은 응답이 나왔다. 항목중요도에 있어서는 각 병원별로 의미 있는 차이를 발견할 수 없으나 전체적으로 의료서비스 결과에 대한 확신정도가 가장 중요하다는 의견을 보였다.

<표 4-28> 이용병원에 따른 진료부문별 항목중요도 평가

	이용병원			계
	강남병원	보라매병원	동부병원	Mean
병원시설이나 환경의 청결성과 쾌적성	80.1	81.9	73.9	78.6
양질의 서비스를 제공하고자하는 직원들의 노력과 신뢰성 있는 태도	80.1	82.6	76.8	79.8
이용자나 환자의 문의에 대한 성실한 답변과 응대자세	80.6	82.6	78.8	80.7
의료서비스 결과에 대해 확신할 수 있는 분위기나 관심	83.3	83.7	77.7	81.5
이용자나 환자에 대해 관심을 갖고 진료하고자 하는 공감대의 형성	82.8	83.2	78.2	81.4

진료서비스부문의 중요도에 이어 각 평가항목별로 체감만족도를 물은 결과도 역시 전체적으로 의료서비스 결과에 대한 확신정도가 근소한 차이로 가장 높은 응답률을 보이고 있다.

각 평가항목별로 보면 전 평가항목에 걸쳐 동부병원 환자들의 만족도가 가장 높게 나왔다. 병원의 쾌적성에 있어서는 강남병원 환자들의 불만이 53.5%로 가장 높았고, 다음으로 동부병원이 57%이고, 보라매병원이 65.1%를 보여 쾌적성에 있어서 보라매병원 환자들의 체감만족도가 가장 높게 나왔다.

강남병원과 보라매병원만을 비교하면 직원들의 친절성에 있어서는 강남병원
이 58.8%로 약간 높은 반면 환자에 대한 공감대 형성은 보라매병원이 59%로
약간 높으며 기타 항목에 대해서는 비슷한 만족수준을 보이고 있다.

<표 4-29> 이용병원에 따른 진료부문의 항목 체감만족도 평가

진료부문	이용병원			계
	강남병원	보라매병원	동부병원	평균
병원시설이나 환경의 청결성과 쾌적성	53.5	65.1	57.0	58.6
양질의 서비스를 제공하고자하는 직원들의 노력과 신뢰성 있는 태도	56.8	56.7	64.9	59.5
이용자나 환자의 문의에 대한 성실한 답변과 응대자세	58.8	56.1	65.2	60.1
의료서비스 결과에 대해 확신할 수 있는 분위기나 관심	59.0	59.2	63.1	60.5
이용자나 환자에 대해 관심을 갖고 진료하고자 하는 공감대의 형성	57.4	59.0	64.2	60.3

(2) 병원 재이용의향 및 재이용을 하지 않으려는 이유

병원 재이용 의향을 묻는 질문에 전체응답자의 78.8%가 재방문의사를
피력했고, 없다가 6.7%, 모르겠다는 유보적인 태도를 취한 응답이 14.5%가
나왔다.

세 병원을 비교하면 동부병원의 경우 '재이용의사가 없다'는 비율이
9.2%로 가장 높게 나왔고, 강남병원의 경우 7.2%가 나왔으며 '모르겠다'라
는 응답유보자까지 포함할 경우 보라매병원의 19.1%를 상회하는 24.6%의
이용환자가 부정적인 의견을 보이고 있다.

<표 4-30> 각 병원별 재이용 의향

병원 의향		이용병원						계	
		강남병원		보라매병원		동부병원		명	%
		명	%	명	%	명	%		
재이용 의향	있다	104	75.4%	114	80.9%	113	80.1%	331	78.8%
	없다	10	7.2%	5	3.5%	13	9.2%	28	6.7%
	모르겠다	24	17.4%	22	15.6%	15	10.6%	61	14.5%
Total		138	100.0%	141	100.0%	141	100.0%	420	100.0%

한편, 재이용 의사가 없다는 응답자에 대해 재이용을 하지 않으려는 이유에 대한 2차질문에 대한 응답에서 '병원의 의료서비스 질이 낮아서'라는 병원의료서비스 효과에 대한 불만족이 41.7%로 가장 높게 나타났고 그 다음으로 병원의 시설이나 환경에 대한 불만이 29.2%, 병원직원들의 불친절이 16.7%, 병원이용절차에 대한 불만족이 8.3%의 응답순서를 보이고 있다.

<표 4-31> 각 병원별 재이용을 하지 않으려는 이유

이유		이용병원						계	
		강남병원		보라매병원		동부병원		명	%
		명	%	명	%	명	%		
재이용을 하지 않으려는 이유	병원의 시설이나 환경이 좋지 않아서	2	20.0%			5	50.0%	7	29.2%
	병원의 의료서비스 질이 낮아서	6	60.0%	2	50.0%	2	20.0%	10	41.7%
	병원의 직원들이 불친절해서	1	10.0%	1	25.0%	2	20.0%	4	16.7%
	병원의 이용절차가 까다로워서			1	25.0%	1	10.0%	2	8.3%
	기타	1	10.0%					1	4.2%
Total		10	100.0%	4	100.0%	10	100.0%	24	100.0%

　병원별로 응답상의 차이점을 보면 보라매병원의 경우 병원시설이나 환경에 대한 불만족으로 인해 재방문을 하지 않겠다는 응답자가 하나도 없어 대체로 시설이나 환경에 대한 만족도는 두 병원에 비해 상대적으로 높게 나왔음을 알 수 있고 이는 보라매공원 내에 위치한 병원의 지리적 특성과 새로 신축한 건물로 외관이 깔끔하고 1층 로비 또한 세 병원 중 가장 쾌적하게 정비되어 있기 때문인 것으로 판단된다. 이에 반해 동부병원의 경우 병원신축공사로 인해 현재 구경찰병원 부지에 임시 이전해 있는 관계로 시설이나 환경이 열악하다는 것이 응답자의 반응에서도 읽을 수 있다.

第5章 地方公共서비스의 組織運營形態別 成果分析

第1節 조직운영형태별 경영성과 차이의 원인분석

1. 간접운영 조직형태 간의 성과차이 원인

간접운영형태인 지방공사 강남병원과 위탁운영계약에 의해 운영되는 시립보라매병원의 경영실적 차이를 비교 평가하면 다음과 같다.

앞서 논의한 제4장의 조직운영형태별 경영실적 평가의 논의를 종합할 때 의업수지비율은 강남병원이 지속적인 성장으로 99년의 경우 91.2%로, 보라매병원의 93%대에 거의 육박하는 수지비율을 보이며 공공의료기관으로서는 비교적 높은 수준을 보이고 있는 반면에 동부병원은 재정자립도가 절반수준밖에 안되고 있은 편이다.

1999년에 강남병원의 의업수지비율이 높은 성장을 기록한 것은 자체 경영개선의 효과가 상당부분 작용한 것으로 판단된다. 이를테면 적극적인 환자유치운동[80]이나, 진료과별 성과급제의 도입, 외부 특수클리닉을 개설하여 건강진단율을 높이고, 내부 조직구조조정으로 조직슬림화를 추구하는 등 현원감축 운영 등의 경영개신 노력의 결과가 나다닌 깃이다. 이리한 노력이 수반된 가장 큰 이유는 서울시에서 매년 투자기관을 대상으로 경영실적

---

80) IMF관리체제의 영향으로 병원도 상당히 어려움을 겪었지만 마케팅전략팀을 구성하여 환자유치사업을 전개하여 유사규모병원의 평균치보다는 높은 결과를 얻었다. 서울특별시(1999). 「1998년 투자기관 경영실적 평가보고서」 참조

평가를 함에 따라 이 평가결과가 자체 경영개선노력으로 이어진 결과, 경영진을 비롯한 내부구성원의 개선노력이 조직일체성을 강화하여 지난 2년에 걸쳐 객관적인 우수한 경영실적으로 나타났다고 판단된다.

특히 보라매병원에 비해 공익성 진료기능이 보다 강화되어 있는 가운데 상대적으로 높은 의료보호환자비율, 낮은 환자 1인당 진료비 등 공공의료기관으로서의 역할로 인해 수익의 창출과 확대에 어려움이 있음에도 불구하고 이를 감안하여 평가할 때 엇비슷하거나 더 높은 의업수지비율과 의료수익의료이익률, 그리고 의료수익순이익률 등 수익성 면에서 보다 우수한 경영실적을 올릴 수 있었다는 점에서 대단히 양호한 경영실적이라 할 수 있다. 왜냐하면 의료보호환자진료가 많을수록 이윤창출이 떨어질 수밖에 없는데 그 이유는 의료수가 차이에 큰 원인이 있다. 의료보호환자를 중심으로 의료수익측면을 좀 더 詳說하면 우선 의료수가의 가산율적용81)에 있어 적지 않은 차이가 발생해 의료수익에 큰 영향을 미치게 된다. 이를테면 강남병원이나 보라매병원과 같은 규모를 가진 종합병원의 경우 의료보험환자는 의료보험수가에 23%의 가산율이 적용82)되나 의료보호환자에게는 11%의 가산율이 적용되어 의료보호환자진료실적이 높을수록 당연히 병원의 수지타산이 맞지 않게 된다. 이런 이유로 수익성이 병원경영의 일차목표인 민간의료기관의 경우 의료보호환자진료를 당연 꺼리게 되는 것이다83). 따라서 의료보호환자수가 상대적으로 더 많음에도 불구하고 보라매병원에 비해 수익성지표에서 부분적으로 우세를 보인 강남병원의 경영실적

---

81) 가산율은 병원의 규모에 따라 달리 적용되는 데, 대체로 진료개설과목수와 병상수에 의해 가산율 적용기준이 결정된다.
82) 2000년부터 의료보험수가가 인상되어 23%에서 25%로 가산율이 적용된다.
83) 이와 같이 공익진료에 의해 발생한 재정손실부분은 서울시에서 매년 재정보조금을 지원하여 적자보전을 해 주고 있다. 하지만 뚜렷한 기준 없이 비경상적으로 적자가 누적되면 이를 보전해 주는 형태를 취하고 있어 향후 공공의료사업에 대한 구체적인 보조금지급기준을 마련하여 예산지급의 투명성과 효율성을 확보하고 병원의 공공성 및 경영효율성을 유도해야 할 것이다.

이 빛을 발하는 이유가 여기에 있다.

또한 활동성차원에 있어서도 총자본회전율과 의료미수금회전율, 그리고 의료미수금회전기간 지표평가에서 최근 2년에 걸쳐 더 높은 자산이용률을 보이고 있다.

이와 같이 강남병원이 경영수익 및 미수금관리상의 어려움에도 불구하고 보라매병원보다 의료보호환자진료 실적과 의료미수금회전율 및 총자본회전율에 있어 우월한 이유는 매년 경영실적평가를 통해 의료보호환자진료실적과 경영전반에 대해 평가를 받고 평가결과를 적극 차기 경영계획에 반영하고 있다는 점이다. 반면 보라매병원의 경우, 병원경영이 기본적으로 자율적 결정에 의해 수립·집행되고 있고, 의료미수금 관리문제에 있어 의료보호환자로 인한 재정압박을 회피하고자 하는 誘因이 강하게 작용하고 있어 상대적으로 의료보호환자진료실적이 저조하고, 위임자(principal)인 서울대병원의 이해에 부합하는 진료행위를 중심적으로 해나가는 가운데 경영수익개선에 경영의 초점이 모아진 결과라고 해석된다.

나아가 강남병원의 경우 이전에 문제로 지적(이혁주·이상수, 1996)되던 인력운용의 비효율성 문제는 98년 이후 대폭 개선되어 1999년 한 해의 결과이지만 인건비투자효율에 있어서도 177.3%로 보라매병원의 170.1%를 앞서고 있다. 환자 100명당 인력수준에 있어서 1999년의 경우 전체인력수에서는 보라매병원을 약간 앞서는 우세한 수준을 보였으나 각 직종별 인력수준에 있어서 의료 인력인 의사와 간호사가 보라매병원보다 많은 것은 공급자중심의 실적평가 측면에서는 분명 비효율적인 인력관리로 여전히 문제로 남는다. 그러나 이를 서비스수혜자가 느끼는 서비스 질에 대한 만족도 즉, 수요자중심의 평가로 관점을 바꿔서 바라본다면 오히려 의사 및 간호사의 환자 1인당수가 높아 그만큼 환자들에게 보다 질 좋은 서비스 제공으로 이어진다고 봐야힐 것이다. 이러한 사실은 고객만족도 조사에서 친절성치원이나 진료부문 만족도에 있어 강남병원이 보라매병원보다 더 높은 만족도를 보이고 있는 사실에서도 객관적으로 증명되고 있다. 단, 이 경우 양질의 서비스를 제공할 수 있을 정도의 직정인력이 전제될 때만이 이 논리가 성립된다. 유휴노동인력이 넘쳐나는 조직의 경우에는 당연히 비효율적 인력관리가 경영효율성을 저해하는 핵심요인으로써 과감한 경영개선을 통해 제거되어야 한다. 그러나 강남병원의 경우, 전년도보다 전체인력수가 줄었을 뿐만 아니라 인건비투자효율이 177.3%로 보라매병원의 170.1%를 앞서고 있어 이와 같은 우려는 감소된다.

이에 덧붙여 조정환자 1인당 인건비 지표에 있어서도 세 병원 중 가장 낮고 보라매병원과 비교해서도 인건비지출액이 점차적으로 낮아짐으로써 인건비효율성에 있어서도 우세하다.

그러나 아직까지 내부적으로 개선되어야 할 점은 여전히 常存한다. 가령, 장기 근속자로 인한 인사적체 현상과 임금부담, 높은 퇴직급여충당금과 감가상각비 등에 의한 재정지출 부담의 과중과 사무관리직 인력의 상대적 과다 등으로 인해 잠재적 경영악화 요인으로 작용할 여지가 있어 해결과제로 남아있다.

성장성지표인 조정환자 1인당 인건비나 조정환자 1인당 진료비에 있어서는 강남병원이 단연 우월하고, 인건비투자효율에서는 근소한 우세를 보이고 있음을 알 수 있다. 보라매병원의 경우 1996년 하반기 노인병동의 신설로 병상수의 증가와 함께 성장성지표인 조정환자수증가나 의료수익증가율과 직종별 인력 등에 있어서는 강남병원을 앞지르고 있다. 보라매병원이 강남병원보다 직종별 인력관리에서 앞서고 있는 이유는 보라매병원 행정인력이 本院(서울대학병원)과 순환근무하기 때문에 위임자(principal)인 본원과 대리인(agent)인 보라매병원 간 발생할 수 있는 정보불균형(information asymmetry)문제가 심각하지 않아 효과적인 경영통제가 용이하고, 순환근무가 가능한 本院이 존재한다는 점은 그렇지 않은 경우에 비해 인사관리상 융통성을 부여하고 있다는 점에 기인한다고 판단된다(이혁주·이상수, 1996: 60). 그러나 전체인력수준에서는 강남병원이 약간 앞서고 있고 인건비투자효율로 비교할 때 근소한 우세를 점유하고 있어 인력관리에 있어서는 대등하거나 99년 한 해만을 두고 비교할 때 강남병원이 약간 우세하게 평가되었다.

이와 같이 보라매병원이 1990년대 중후반 이후 객관적인 경영실적에 있어서도 지방공사 강남병원에 비해 효율성이 떨어지는 이유는 본원인 서울대병원의 업무체제를 거의 준용하여 순환근무를 통해 정보비대칭성 문제를 제거한 효과라고 평가되나 시간이 흐르면서 위탁운영 초기의 목표의식이 많이 퇴색하였고, 외부 환경변화와 내부조직의 성장에 따른 변화노력을 별로 기울이지 않은 데 기인한다. 즉, 초기에 비해 진료실적이나 규모가 비약적으로 성장했음에도 불구하고 보라매병원의 경영권과 인사권이 본원인 서울대병원이 장악하고 있어 보라매병원장은 운영권만 보유하고 있는 관계로 인사권 등의 경영자율권이 부족하여 자율적인 경영수립과 집행이 어려울 뿐만 아니라 본원과의 순환보직 및 잦은 인사이동으로 직원들의 주인의식이 결여되어 있고[84](한국보건산업진흥원, 2000: 86), 자율경영권의 미약은 시립병원이라는 보라매병원의 특성을 극대화하기가 쉽지 않았으리라고 판단된다.

여기에 더하여 수탁자의 효과적인 인력관리를 위탁자에게 과시하고, 경쟁대상 공공병원에 비해 비교우위를 점유하기 위해 정원외에 시간직 또는 촉탁직 인력을 대거 이용[85]할 수밖에 없어 이들 기능직의 이질감이 확산

---

84) 이와 같은 사실은 1996년 보라매병원 조직진단 결과 파악된 것으로 보라매병원이 한국보건산업진흥원에 의뢰하여 작성된 「서울특별시립 보라매병원 장기발전계획 연구」에도 일부 반영되어 있다.

85) 보라매병원 전체에 걸쳐 정규직 대비 비정규직인 임시직(시간직으로 불림) 인력 과다로 인한 문제가 심각하다. 예컨대 간호 인력의 경우 인력부족으로 고용직 및 시간직 근무자를 특히 많이 채용하고 있는데, 1995년 기준으로 정규직 간호사가 196명인데 반해 고용직·기능직이 75명이고, 시간제간호사는 연근무자수 30명(1995년)이고 이들의 평균근무개월수는 2.58개월(51.57일)로 업무연속성에 지장을 초래할 뿐만 아니라 낮은 업무숙련도와 소속감·책임감 결여로 환자간호의 질이 떨어진다. 한편 약제과의 경우 총 28명 중 사무직 1명, 약무직 15명, 고용직 3명, 시간직이 9명이며 이 중 무려 7명이 약사자격증을 소지하고 있고 이중 4명은 야간숙직까지 하고 있어 정규직과의 비형평성에 대한

246

되어 조직일체성이 현저히 떨어지고 있다86). 이와 같은 현상은 지방공사 강남병원에서도 일부 발견되는 바, 각 부서별로 부족인력분을 임시직(촉탁직이라고 부르고 있음)을 고용하여 운용하고 있으나 이들의 인사처우에 대한 불만 증폭문제가 심각한 수준이다.

보라매병원의 경우 외견상 드러나는 인력구조와 내부적으로 운용되는 인력과는 많은 차이가 있어 이들로 인해 발생되는 문제가 적지 않은 것으로 파악된다. 이를테면 기본업무량에 따른 고정된 인원으로 높은 비율로 성장한 환자수증가율에 따른 업무량변화에 따라 대처하지 못하고 추가인력 배정이 안 되어 응급환자 발생, 중환자 발생시 신속히 대처하기가 힘들뿐만 아니라 업무부하량의 過重은 결과적으로 환자들에게 불친절로 나타나고 있으며 신분을 보장받지 못하는 시간제인력(간호사, 방사선기사, 병리기사 등)의 경우 주인의식이 결여되어 낮은 조직몰입도를 보이고 있으며 이는 높은 이직률로 드러나고 있다. 이와 같은 사실은 <표 3-19>를 통해 확인되는 바, 기능직인력이 보라매병원의 경우 195명임에 반해 강남병원은 73명에 불과해 대조적인 현상을 보이고 있다. 특히 인건비 지출 비중을 낮추기 위해 장기 근속자를 지양하고 신규인력을 주로 채용하고 있는 실정이다.

반대로 강남병원의 경우 앞서 지적했듯이 지방공사의 조직구조상 上厚下薄의 인력구조를 보이고 있는데 이로 인해 인력구조가 역삼각형 구조를 보이

불만으로 조직일체성이 당연히 떨어지게 된다. 임상병리과의 경우 정규 보건직(임상병리사 면허증 소지자) 15명에, 시간직이 6명인데 이들 전원이 임상병리사 면허소지자이고, 방사선과의 경우도 정규 보건직(방사선사)이 13명에 시간직이 9명인데 이 중 6명이 방사선사이다. 이에 따라 이직률 또한 매우 높아 약사의 경우 94년 44%, 95년 35%이고, 간호사 이직률 또한 연평균 약 15% 수준을 보이고 있다. 이와 같은 현상은 4년의 시차가 지난 현재에도 큰 차이가 없고 오히려 더 심각하게 나타나고 있는 것으로 보인다.
86) 임시직의 잦은 교체로 업무분위기 혼탁과 업무숙련도 미숙을 불러왔고, 이로 인한 조직 일체성(integrity)이 저하되는 것으로 진단되었다. 또한 보라매병원 근무에 대한 불만이 높아 본원에서 근무하는 것을 선호하고 있다.

고 있는 바, 상층부에 활동력이 낮은 고령층이 다수 점유하고 있어 호봉수, 자녀교육비, 기타 각종 수당지출이 과다하여 임금부담이 加重되고 있고, 직원들의 보수만족도가 매우 낮음에도 불구하고 장기근속으로 인한 퇴직급여충당금 과다 등 재정지출 중 인건비의 過重 부담이 경영악화의 주요인으로 지적된다. 더불어 장기 근속자로 인한 인사적체현상으로 사기저하의 부작용이 대두되고 組織疲勞度(organization fatigue)가 증가할 가능성이 있다.

이를 종합할 때 성장성과 外見上 드러나는 직종별 인력관리측면에서의 우위를 제외하면 실질적으로 전반적인 경영관리와 수익성, 생산성, 의업수지비율, 의료미수금회전율 등 대부분의 경영관리차원에 있어서 강남병원이 대등하거나 우위를 점하고 있음을 알 수 있다.

보라매병원의 경우 위탁운영 이후 경영성과의 지속적 개선으로 의료자원이 상대적으로 빈약한 관악구, 동작구 일대 서남권지역의 지역거점병원으로서 확고한 입지를 굳히는 등 객관적인 실적에 있어 많은 향상을 거둔 것은 인정되나 앞서의 심층적인 분석을 통해 검증된 바와 같이 공익성 차원의 진료기능이 시립병원이라고 하기에는 지극히 미약한 수준이며, 지방공사 강남병원에 비교해서 실질적인 경영수익에 있어서도 추월을 당하여 병원설립목적과 '위수탁 운영계약서'의 신의성실의무를 현재로서는 제대로 지키고 있다고 보아지지 않는다. 보라매병원에 대한 위탁자인 서울시의 정책은 일반진료 부분에 대해서는 최대한 자율적인 운영을 보장하되, 행려환자의 진료, 응급의료센터의 운영, 의료보호환자진료, 저소득층 진료비 감면, 노인병동 운영 등의 공익적 진료를 수행한 부분에 대해서는 최대한 보조를 한다는 방침이다.

그러나 앞서의 경영지표 분석 결과 공공의료기관으로서의 공익성 측면에 있어 비교대상 두 병원과 비교해서 많은 차이를 보였을 뿐만 아니라 환자 1인당 진료비지표에 있어서의 적지 않은 비용차이와, 의료수익과 환자수에 있어 상대적으로 높은 성장률에도 불구하고, 최근 들어 대등한 의료수익순이익률과 의료수익의료이익률, 의업수지비율 등의 경영실적을 거둔

248

것은 실망스러운 결과이다. 이런 점에서 수탁자의 성실의무를 충실히 수행했는가에 대해서는 대단히 회의적이다.

따라서 보라매병원의 경우 시립영등포병원을 인수하여 위탁경영한 이후 외견상 경영관리실적의 향상에도 불구하고 시립병원의 설립목적인 공익성 기능이 시립병원이라고 하기에는 지나치게 미약하고, 수익성에 있어서도 지방공사 체제인 강남병원에 비해 劣勢를 노정하고 있다. 요컨대 보라매병원은 공익진료기능을 뒤로하고, 경영관리 분야에 있어서도 경영전반에 걸친 합리화노력보다는 민간병원과 유사한 수준의 진료비 청구를 통해 손쉽게 외견상의 경영수지 안정을 도모하고 있는 것으로 판단된다.

반면 강남병원은 예산 및 조직관리가 시의 엄격한 승인과정을 거치게 되어 있어, 위탁운영계약에 기초한 수탁인의 의무만을 부담하면 되고 기타 경영상의 자율성을 보장받고 있는 보라매병원87)에 비해 경영수지개선이 불리한 조건임에도 불구하고 최근 몇 년간의 경영실적에서 실질적으로 더 나은 성과를 거둔 것은 지속적인 자체 경영합리화 노력이 결실을 거둔 것이라고 사료된다. 구체적으로 경영효율성 제고의 推動力을 뒷받침한 것은 서울시의 제도적 장치에 상당부분 기인했다고 판단된다. 즉, 서울시 '투자기관 경영실적 평가'의 효과가 작지 않았기 때문으로 판단된다88).

---

87) 「서울특별시립보라매병원위탁운영계약서」 제4조는 수탁자의 자율성을 "최대한 보장"하고 있는 데 반해 운영결과에 대한 최종책임에 있어서는 위탁자의 책임으로 하고 있음으로 해서 사실상 경영상의 방만함을 제도적으로 조장하고 있다. 즉 「서울특별시립보라매병원운영규정」 제34조는 병원직원의 퇴직급여충당금을 本院會計에 매년 말 이체할 것을 규정하고 있는 데 반해, 매사업 년도의 잉여금은 결손보전 후 익년도 이월만을 명시하고 있을 뿐이다. 이를 뒤집어 생각하면 매사업 년도의 운영적자는 그 다음해로 자동 이월되는 것으로 규정하고 있으나, 계약 해지 때 운영결손에 대한 책임에 대해서는 분명한 규정이 없어 사실상 서울시가 운영위탁에 대한 비용으로 지불해야 하는 것으로 되어 있다 (이혁주・이상수, 1996: 60 참조).

88) 서울시 투자기관 경영실적 평가지표 중 경영관리지표를 보면, 1) 책임경영 및 공익성제고를 위한 경영진의 노력, 2) 조직・인사관리의 합리화, 3) 노사관리의 합리화, 4) 재무회계의 합리화, 5) 내부평가제도의 합리화, 6) 경영정보관리의 합리화

2. 직접운영 조직형태인 동부병원과 간접운영체제 간의 성과차이 원인

동부병원의 경우 지방직영사업소가 안고 있는 문제점을 고스란히 드러내
보이고 있는 바, 이를 구체적으로 보면 다음과 같다. <표 5-1>에서 보는 바
와 같이 동부병원의 경우 지리적 여건[89]으로 볼 때 인근에 대형종합병원이
散在해 있어 현재의 시설·장비 및 인력자원과 의료수준으로는 이들과 경쟁
하기 힘든 편이라고 할 수 있으며 효과적이고 경쟁력 있는 2차병원의 기능을
수행하는 데도 역부족이다. 이는 경쟁병원의 존재여부를 중요시한 Zajac과
Shortell(1989)의 연구결과에 의해서도 입증되듯이 병원의 수익이나 환자수
는 그 지역의 소득수준이나 인구수에 따라 차이가 날 수 있다. 때문에 경영
성과 측정을 위해서는 지리적 위치가 중요하며, 인접병원과의 경쟁정도가 병
원조직의 경영전략과 경영성과에도 어느 정도 영향을 미친다.

<표 5-1> 각 병원의 立地的 특성

입지특성 \ 병원	강남병원	보라매병원	동부병원
경쟁 병원	삼성의료원, 서울중앙병원, 영동제일병원, 강남성모병원 등	강남성심병원, 고대부속구로병원, 대림성모병원 등	경희의료원, 위생병원, 고려대부속병원, 서울대병원, 이대병원 등
입지적 문제	병원주변에 중산층 이상 시민 밀집 국내최고수준의 병원 밀집	인근에 대형 의료기관이 비교적 없는 편	다수의 대학병원 포진
진료과목	내과외 25진료과	내과외 19진료과	내과외 16진료과
병상수	531	500	200
주요진료기능	3차병원기능	2차병원기능	2차병원기능

등을 명시하고 있어 평가결과는 피평가기관 경영진의 효과적 활용여부에 따라 소극적
감사기능에만 그치는 것이 아니라 적극적 수용을 한다면 조직경영쇄신에 유용한 지침
서로 기능할 수 있다.

89) 병원의 입지적 여건과 관련하여 제5장의 <표 5-32>와 <표 5-33>의 진
료권별 병상공급 현황을 참고하기 바람.

한편 보유 장비의 종류와 질의 측면에서 보면, 직접운영병원의 경우 열악한 형편이며 노후한 시설로 인해 민간병원과의 경쟁력을 상실한 상태란 점도 환자 격감의 주요인으로 작용한다.

서울시 직접운영병원인 동부병원의 관리운영상의 문제점을 보면 다음과 같다.

우선 비교대상 두 병원에 비해 조직의 통합성 및 조직몰입도(organization commitment)가 현저히 떨어진다. 이는 오랜 행정적 관료의 습성과 타성에 젖은 조직문화와 행정적 명령시달기관으로서의 사업소 형태에서 비롯된 것으로 결재 및 업무처리 과정이 병원조직의 특성을 살린 것이 아닌 행정관청 형태로 되어 있어 비능률적이고 업무가 지연되고 있다고 지적된다[90].

특히 병원조직의 특성을 무시한 조직부서편제로 인해 관료적 경직성과 조직구성원의 몰입도를 떨어뜨리는 중요 요인으로 작용하고 있다. 이를테면 서울시립병원 직제규칙상의 문제점으로 인해 서무과에 근무하는 대부분의 행정직의 경우 우월의식 및 관료주의 행태로 인해 의료진 간의 불협화음이 발생되고 있는 데, 현행 '서울특별시립병원 직제규칙'에 의거할 때 공식적인 기구로는 서무과와 약제과, 간호과만 인정되고, 진료 각 과는 병원이 자율적으로 조정할 수 있게 되어있기 때문이다(동 규칙 1조, 3조). 특히 하부조직의 사무분장에 관한 사항은 서무과만 명시되고 있고, 타 과의 경우 규칙에 명확히 규정된 업무분장규정 자체가 없어 업무혼선 야기와 상대적으로 서무과의 권한을 강화시켜 주는 요인으로 작용하고 있다(동 규칙 2

---

90) 이를테면 업무의 전산화 및 자동화 부문에서 큰 격차를 보이고 있는 데, 비교대상병원인 강남병원과 보라매병원의 경우 현재 OCS(order communication system) 도입을 통해 90%대의 이상의 전산화 가동률을 보이고 있으며, 병력기록과 의무기록전산화 등을 통해 업무처리 과정과 처리시간을 대폭 절감하고 있으며, 이러한 전산화 효과는 의무기록 수불인력 5인의 인력절감이 가능하고, 환자 퇴원과 동시에 과학적 심사착수가 가능할 뿐만 아니라 환자의 진료대기시간을 단축함으로써 경영효율성 제고 및 고객만족도를 높이는 효과를 가져오는 것이다. 이는 각 병원 조직진단 결과를 통해 파악한 것이다.

조, 4조). 예컨대 전체직원의 근무평가가 서무과에서 이루어져 실질적으로 상위부서로 기능하고 있을뿐더러 진료과의 의사의 경우 3년 계약직으로 임용되고 있기 때문에 실질적인 명령권 및 행정권을 보유하고 있지 못한 현실이다.

이런 이유로 실질적으로 병원장 밑에 계선조직으로 있는 서무과만이 실무행정처리능력을 독점하고 있고, 다른 진료부서는 조직기구상으로는 동일 직급의 과장이 있으나 실질적으로 서무과의 통제를 받고 업무처리 시 서무과의 승인을 받아야 하므로 하급부서 형태로 조직이 운영되고 있어 이로 인한 행정관청 형태의 업무행태를 조장하고 있는 현실이다.

이에 따라 환자들에 대한 양질의 의료서비스가 1차 목표가 되어야 할 병원에서 행정권을 쥐고 있는 서무과의 권한과 기능이 상대적으로 강하게 됨으로써 행정관청 형태의 조직과 업무흐름의 경직성을 갖는다고 볼 수 있다[91]. 이런 상황하에서 당연 불필요한 결재라인이 생겨나고 관청과 유사한 근무행태 및 조직문화가 팽배하기 마련이며 환자들을 서비스대상으로 인식하기보다는 시정부의 시혜대상으로 인식하는 구시대적 행정문화가 여전히 잔재해 있다.

따라서 무엇보다도 오랜 행정적 관료의 습성과 타성에 젖은 조직문화와 행정적 명령시달기관으로서의 사업소 형태에서 탈피하여 의료서비스를 제공하는 환자중심의 의료기관으로 정착해야 할 필요성이 요청된다. 나아가 병원이 제대로 된 기능을 수행하기 위해 특히, 진료부서의 원활한 진료기능을 촉진하기 위해서라도 부서 간 서열관계를 조정하고 각 과별 자율적 기능이 수행될 수 있도록 사무분장 및 기능 재배분이 필요하다. 이는 결국 상위법인 의료법과 서울시립병원직제규칙상의 상충되는 면에 대한 법령 정비로 이어져야 할 것이다.

그러나 시직영병원의 조직관리상의 문제는 여기서 끝나지 않는다. 여기에 더하여 인사행정상 드러나는 문제도 결코 간단치 않다. 앞서 밝힌 바와

---

91) 서무과가 실질적인 상위부서로 존재함으로써 결재라인이 길어지게 된다.

같이 의사[92]들의 경우 3년 임기의 계약직인 관계로 병원의 핵심운영권에서 소외되고 있고 병원주인은 신분보장이 되는 행정직들의 몫으로 여겨지는 추세 속에서 서무과 및 간호사들 간의 부조화가 발생할 뿐만 아니라 간호사들의 경우 간호과내 간호과장을 중심으로 엄격한 위계질서 형성으로 계약직인 의사들의 지시에 불응하기 쉽다. 따라서 의사가 병원운영의 주체가 되어야 함에도 불구하고 서무과 및 행정직원들에게 실질적인 영향을 받고 있고, 간호사들에 대한 통제권한(인사고과, 근무평정)이 극히 미약하여 효과적인 진료서비스가 제공되지 못하고 있는 실정이다.

한편, 간호사들의 경우 보건소와의 순환보직으로 수술간호 인력(acting nurse)이 갖춰야 될 전문성[93]면에서 비교대상 병원과 비교하여 낮은 수준을 면치 못하고 있어 문제로 지적된다. 이는 간호 인력뿐만 아니라 진료보조인력 대부분에 해당되는 문제인 바, 전문성의 저하는 직원들에 대한 교육훈련이 제대로 수행되지 않은 데에서도 기인하지만, 보다 중요한 것은 전문성이 축적될 수 없는 조직 분위기에서 기인한다. 이를테면 간호사 및 의료기사들의 보건소와의 순환보직과, 병원운영 및 기획예산을 담당하고 있는 행정직들의 잦은 인사교체로 병원종사직원의 전문성이 보장되고 있지 못한 현실이다[94]. 또, 진료외적인 영역에 많은 인력을 소모하고 있어 이로

---

92) 계약직 공무원인 관계로 호봉 등 자연적 승급조치 등 근무연한에 따른 우대조치가 없어 남자의사나 진료경험이 많은 장년층 의사에게 불리하게 작용하여 직영병원의 경우 여의사 비율이 높고, 국내외 연수 및 학회참석 등 자기발전의 기회가 없다. 이와 같은 이유로 진료의사로 하여금 진료기능향상의 동기부여가 어렵고, 병원경영주체로부터 소외된 관계로 자발적인 진료기능 향상에 대한 책임감이나 주인의식이 결여되어 있다.

93) 보건소 근무만 한 간호사일 경우 기본적인 병원업무와 관련된 간호업무에도 지장이 있는 실정이고, 연령대별 간호사 분포현황이 역삼각형 인력구조를 보이고 있어 실질적인 업무처리 능력 및 전문성이 떨어지고 있다.

94) 진료보조인력(간호사, 약사, 병리기사, 방사선기사)중 상당기간 보건소에 행정중심의 서류업무 종사 후 본원으로 인사발령 나는 경우 병원전문 진료업무 숙지에 어려움이 있고 이로 인해 대체로 업무의 전문성

인한 인력관리의 비효율성이 현저하고, 낮은 보수와 신분상의 미보장으로 인한 낮은 근무의욕으로 전반적으로 조직이 침체되어 있는 상황이고 나아가 근무여건의 열악도 경영효율성을 떨어뜨리는 데 한몫하고 있다.

여기에 병원경영의 구심력이 되어야 할 병원장 임용이 과거의 경우 병원경영의 경험이 없는 보건직에서 나오거나 정치적으로 비전문가가 임용되는 선례가 빈번하여 병원장의 권위가 직원들에게 전혀 영향을 발휘하지 못하고, 전문성 없는 병원장의 소극적인 병원경영으로 인해 조직몰입도가 현저히 낮아지게 되는 등 경영침체가 이어지게 된 것이다.

또한 병원장의 의욕적인 경영개선을 제약하는 시정부의 각종 간섭95)과 자율적인 운영권 배제, 그리고 전담 관리하는 본청 조직인 의약과 역시 명확한 방향제시를 해 주지 못한 결과 오늘과 같은 비효율적인 조직으로 전락하게 만들었다고 판단된다.

이상에서 살펴본 인력구조에서 드러나는 대부분의 문제 역시 병원의 조직체계가 일반 행정단위의 사업소체제로 운영되고 있어 환자의 진료보다 행정명령 등이 우선되는 인력관리체계로 인해 야기되고 있다고 하겠다.

특히 병원운영의 비효율성이 가장 두드러진 부문은 인력관리부문이라고 할 수 있는데 <표 3-19>와 <표 3-20>에서 보는바와 같이 단순기능직 직원의 과다문제, 업무량 대비 의료 인력의 불균형 및 과다 혹은 인력배치상의 비효율성 문제, 동기 유발적 인사제도의 부재 등의 문제가 발생하고 있다.

한편 의료 인력뿐만 아니라 지원인력에 있어서도 고령화, 고직급화에 따른 고임금화와 업무생산성의 저하현상이 발생하고 있다. 이 현상은 강남병원이나 보라매병원과 같은 간접운영형태 병원의 경우에도 일부 나타나고 있으나 직접운영병원의 경우는 심각한 수준으로, 병원의 정상적 기능에 커다란 장애요인으로 작용하고 있다. 그러나 직종에 따라서는 자연감소분을

및 숙련도가 떨어진다.

95) 예산 및 인력운영의 경직 및 불합리성을 들 수 있는데 예산은 본청 예산과의 직접적인 통제하에 있고, 직원의 인사운영권은 본청 의약과 및 인사과 소속이다.

254

고려한 인력관리 효율화가 시와 경영진의 의지에 따라서 얼마든지 개선될 수 있는 것으로 판단된다. 이와 같은 비효율적인 인력운영을 객관적으로 입증하는 것이 인건비투자효율에 있어 1999년 기준 강남병원이 177.3%고, 보라매병원이 170.1%인데 반해 동부병원은 81.1%에 불과하고(<표 3-10> 참조), 조정환자 100명당 전체인력 수준도 76.1명과 76.8명에 비해 115.6명을 기록하고 있어(<표 3-20> 참조) 상대적 비효율성이 대단히 심각함을 알 수 있다.

결론적으로 기존 사업소형태를 띤 공공병원의 경우 관할기관인 상위관청의 과도한 직간접적인 규제로 인하여 조직이 위축되고 조직의 관료화, 경직화, 조직구성원의 사기저하 및 관리능력의 저하가 발생하게 되었고 자율적인 책임경영이 이루어지지 않았다고 평가된다. 이와 같은 사실에 기초해 판단할 때, 동부병원의 의료서비스 질이 저하된 이유는 현상적으로는 그간 공공의료기관에 대한 투자부족으로 인한 인적·물적 자원의 열악성 때문이기는 하나, 물리적 개선만을 통해서는 근본적인 한계에 부닥칠 것이 예견된다.

이러한 현실하에서 단순히 물리적 시설개선[96]을 통한 서비스 질 향상은 단기적 성과는 있을지언정, 행정조직이 가지는 제반문제점을 그대로 가져갈 것이기 때문에 결국은 현재와 같이 組織停滯 및 老朽化현상이 발생할 것이다. 이러한 측면에서 볼 때, 지방직영사업소 형태로 운영되고 있는 공공의료기관은 조직 운영 측면에서 조직의 자율권을 부여하고, 책임경영체제를 확립하는 방향으로의 조직형태, 법적지위, 운영방식, 관리행태 개선, 그리고 제도개선이 있어야 할 것이다. 따라서 전국지방의료원 중 지방직영사업소 형태로 운영되고 있는 공공의료원은 시설투자와 더불어 지방공기업법상 지방공사로의 법적지위 변경을 시도하거나 공익법인에 의한 위탁운영

---

[96] 동부병원은 2001년 12월 공사를 마무리할 계획으로 기존 병원위치에 신축공사를 진행 중에 있으며 공사기간 중 舊경찰병원 건물에 임시 이전해 진료하고 있다.

체제로 전환되는 것이 바람직하다.

3. 조직운영형태별 성과차이 발생의 결정요인

이를 종합하면 직접운영병원인 동부병원과 강남병원과 보라매병원과 같은 간접운영병원의 차이는 양질의 의사확보, 공무원화 된 간호사가 아니라 전문인으로서의 간호 인력 채용, 순환 보직되는 일반 공무원이 아니라 경영관리능력을 소유한 관리직원의 근무, 보유자산의 가치조차 계리되지 않는 관청회계가 아니라 기업회계의 채택, 탄력적 경영관리가 힘든 행정관서 형태가 아니라 유연한 민간조직체제, 환자를 수용인으로 보기보다는 환자로서 대우하는 관리자의 기본시각, 경영자율성의 정도 및 상급관청의 통제의 정도, 경영실적평가제도의 유무, 조직구성원의 조직일체성 및 조직몰입도 정도, 그리고 시설 및 장비 등의 환경적 요인 등과 같은 총체적 요인에 의해 시사업소와 간접운영병원의 성과차이가 발생하였다고 할 수 있다.

第2節 고객만족도 평가 결과의 차이분석

1. 조직운영형태별 종합만족도 지수에 대한 비교

제5상에서 분석한 종합만족도와 각 차원의 세부항목별 만족도에 대하여 종합적으로 평가하면 다음과 같다. 공공서비스 공급주체의 조직형태별로 수요자인 일반시민들의 반응과 편익에 대한 만족도의 정도를 고찰하기 위해 실시한 고객만족도 평가 결과 종합만족도가 동부병원이 59.1점으로 가장 높고, 보라매병원이 그 다음으로 57.8점을 보였으며, 강남병원이 가장 낮은 56.9점을 나타내었다.

각 차원별 만족도 결과는 다음과 같다. 의료서비스 효과 또는 결과에 대한 만족도를 측정하고자 하는 신뢰성차원만족도의 경우 동부병원이 가장 높은 62.3점이고, 그 다음으로 보라매병원 59.7점, 강남병원 58.8점의 순서를 보이고 있다.

환자들에 대한 친절정도와 궁금한 사항에 대한 충분한 답변정도를 측정하는 업무태도차원만족도 역시 동부병원이 65.7점으로 가장 높게 나왔고, 그 다음으로 강남병원이 58.8점, 보라매병원이 57.1점을 나타내고 있고, 이용편리성차원에 있어서도 동부병원이 가장 높은 63.5점, 강남병원이 50.4점, 보라매병원이 46.3점의 순서를 보이고 있어 보라매병원에 대한 이용편리성이 가장 낮게 나왔다. 병원시설이나 환자복의 청결성 및 병실내부의 온도와 조도, 그리고 환경의 쾌적성을 측정하고자 하는 쾌적성차원의 점수는 보라매병원이 61.9점으로 가장 높게 나왔고 그 다음으로 동부병원이 55.8점, 그리고 강남병원이 53.8점을 기록하고 있다.

각 차원별 만족도를 비교 평가하면 전반적으로 다른 차원별 만족도에 비해 이용편리성이 비교적 낮게 나오고 있어 진료관련 요인에 있어서 환자들의 불만수준이 상대적으로 높게 나오고 있음을 알 수 있다. 특히 이용편리성차원의 세부평가항목 중 서비스시간 준수여부, 서비스 대기시간의 적정성, 서비스제공시간의 충분성, 서비스 절차의 간소성, 공간적 배치의 편리성 등에 걸쳐서 개선여지가 많은 것으로 나타났다.

이용환자의 인구특성별 기준을 종합해 볼 때 학력수준이 낮고, 연령대가 높으며, 소득수준이 낮을수록 만족도수준이 높다는 것을 확인할 수 있다. 이로 미루어 판단할 때 시립병원의 공익성측면의 만족도 제고가 매우 중요한 의미를 가짐을 알 수 있다. 특히 의료사각지대에 있는 저소득층, 의료보호대상자에게 의료서비스의 형평성을 확보하기 위해서 시립병원의 공익진료기능은 외면하거나 절대로 소홀히 할 수 없는 중요한 경영목표가 되어야 함을 시사 받을 수 있다.

이상에서 살펴봤듯이 경영실적에 대한 계량적인 성과평가와는 반대로 동부병원 이용환자들의 종합만족도가 가장 높게 나온 이유는 환자들의 특성에서 그 원인을 찾을 수 있다. 앞서 환자의 인구특성별 분포에서 본 바와 같이 동부병원의 경우 저소득층환자 및 의료보호환자의 비율이 44.7%로 압도적으로 높게 나왔고 학력수준과 월가구총소득 등에 있어서도 타 두 병원과 달리 중졸 이하의 낮은 학력자의 비율이 높게 나왔으며, 100만 원 이하의 저소득층 환자 또한 48.2%로 대단히 높은 비율을 차지하고 있어 전반적으로 서울시민 중 취약계층이 주로 이용하고 있음을 알 수 있었다.

따라서 이들 사회취약계층의 경우 의료서비스에 있어서도 대체로 취약계층을 형성하고 있어 이들에게 있어 廉價 또는 민간병원과 비교해서 매우 저렴한 수준을 유지하고 있는 진료비용으로 이용할 수 있는 의료서비스에 대한 상대적 만족도가 대체로 높게 나올 충분하고 타당한 이유가 있는 것이다. 비록 병원시설이나 환경 등에 있어서 비교대상 두 병원에 비해 매우 열악한 처지에 있으나 그렇다고 이러한 환경적 不備가 환자들의 전반적인 만족도에 영향을 미칠 만큼 크지는 않았으며 오히려 이를 상쇄하고도 남았다는 것을 만족도 지수를 통해서 알 수 있다.

2. 조직운영형태별 고객만족도 차이의 원인

동부병원이 신뢰성차원의 평가항목별로 가장 높은 만족도를 보이고 있는 이유는 이 경우에도 역시 환자의 특성에 기인한다고 할 수 있다. 비교대상 두 병원에 비해 의료보호환자가 훨씬 높은 비율을 차지하고 있고, 소득수준이나 학력수준 등에서 낮은 계층이 주로 이용하는 데 따른 상대적 만족도가 이와 같은 결과를 보이고 있다고 판단된다. 또한 고연령층 환자인 경우와 100만원 이하의 저소득층일수록 비교적 높은 만족도를 보이고 있는 바, 동부병원 환자구성비 중 50대 이상의 고연령층 환자가 많고 저소득층 또한 절반 가까운 비중을 차지하고 있는 데서 그 원인을 찾을 수 있

258

다. 즉, 두 병원에 비해 상대적으로 저렴한 진료비로 인해 '가격 대비 의료 서비스 품질'에 대한 만족도가 높게 나왔다고 평가할 수 있다.

앞서 설명한 바와 같이 동부병원의 경우 병원시설 및 내외부환경의 쾌적성을 제외하고는 나머지 3가지 평가차원에 있어서 비교병원 두 곳보다 월등히 높은 이용환자들의 만족수준을 나타내고 있었다. 그러나 쾌적성측면에 있어서는 현재 구경찰병원자리에 병원신축기간 동안 임시로 이전해 있는 실정이므로 병원시설의 노후화가 워낙 심하고 주변 환경이 열악하여 개선의 한계가 엄연히 존재하는 것이 불가피한 현실이다. 그럼에도 불구하고 가장 높은 만족수준을 나타낸 것은 환자들의 특성에 기인한 것으로 환자들의 낮은 기대수준에 비해 전반적인 지각가치가 높게 나왔기 때문으로 판단된다.

이를테면 진료비 대비 의료서비스 품질수준을 통해 지각가치를 설명하면, 1999년 조정환자 1인당 진료비가 동부병원의 경우 67,878원인데 비해 강남병원은 135,868원이고, 보라매병원은 이보다 더 높은 142,295원으로 두 병원에 비해 절반에도 미치지 못하는 저렴한 수준을 유지하고 있는 데 따른 상대적 지각가치만족도가 높게 나왔으리라 사료된다[97].

또한 전체환자진료실적 중 의료보호환자가 1999년 기준으로 세 병원 중 가장 높은 63.55%일 뿐만 아니라, 전체설문응답자 중 의료보호환자가 차지하는 비율이 44.7%로 강남병원의 11.6%와 보라매병원의 5.0%에 비해 대단히 높아 이들의 경우 민간의료기관이나 시립병원 중에서도 가장 저렴한 진료비로 종합병원을 이용할 수 있다는 점이 높은 만족도를 가져왔으리라고 판단된다. 특히 동부병원의 경우 무료진료환자인 행려환자가 입원환자로 차지하는 비율이 높아 이들의 경우 의료서비스뿐만 아니라 숙식을 제공받을 수 있다는 점에서 당연히 만족도가 높게 나올 수밖에 없다.

97) 의료보호환자 1인당 진료비는 이보다 더 낮은 61,346원(1999년 기준)으로 보라매병원의 132,437원이나 강남병원의 115,022원보다 훨씬 더 저렴하게 책정되고 있다.

　결과적으로 동부병원은 저소득층, 생활보호대상자, 의료보호환자, 행려환
자와 같이 의료사각지대에 방치되어 있는 시민들에게 낮은 병원문턱을 제
공하여 서비스접근성을 높여, 이들의 입장에서 볼 때 施惠的인 존재로 다
가와 감사의 대상으로 여겨졌을 것이고 따라서 긍정적인 만족을 주었을 것
이라 추측할 수 있다. 그러나 동부병원의 경우 전체환자진료실적은 지난 2
년(98-99년)간은 전년 대비 약간의 증가를 보이고는 있으나 1990년대 초반
에도 미치지 못하는 환자격감을 겪고 있는 데98) 流失된 환자 대부분이 의
료보험환자들이다. 이는 1991년과 1999년의 의료보험환자비율과 의료보호
환자비율을 비교하면 확연히 드러나는 데 1991년 의료보험환자가 42.94%
이던 것이 99년 30.79%로 떨어진 반면 의료보호환자는 44.03%에서 99년
63.55%로 증가한 것으로 알 수 있다.

　이외에 병원이 위치한 地政學的 특성도 만족도 차이를 가져오는 한 요
인으로 작용했으리라 판단된다.

<표 5-2> 서울시 생활권역

대생활권	도심권	동북권		서북권		서남권		동남권	
중생활권	도심권	동북1권	동북2권	서북권	서남1권	서남2권	서남3권	동남1권	동남2권
자치구	종로구 중구 용산구	동대문구 성동구 광진구 중랑구	성북구 도봉구 강북구 노원구	은평구 서대문구 마포구	강서구 양천구	영등포구 구로구 금천구	관악구 동작구	서초구 강남구	송파구 강동구

　강남병원의 주진료권을 생활권역으로 분류하면 대생활권으로는 동남권,
중생활권으로는 동남2권이고, 보라매병원의 대생활권은 서남권, 중생활권은

_____

98) 조정환자수 기준으로 1991년 75,624명이던 것이 1999년 전년 대비
　　27.25%나 증가했음에도 불구하고 61,257명으로 환자증가율에 있어 음
　　(－)의 성장을 보이고 있다.

260

서남3권이며, 동부병원의 대생활권은 동북권이며, 중생활권은 동북1권이다.

    <표 5-3>의 병원별 이용자 특성분포를 보면 강남병원의 환자거주지는 중산층 밀집지역인 강남구·송파구 시민들이 58.7%로 가장 높은 비중을 차지하고 있고, 보라매병원환자의 경우 병원인근지역인 관악구·동작구 시민이 62.4%로 가장 높은 데 이 지역은 대체로 중저소득층이 주로 거주하고 있을뿐더러 병원이 위치한 서울 서남권지역에 대형 종합병원이 없어 실질적인 지역중심병원으로 기능하고 있다. 이에 반해 동부병원은 성동구, 광진구, 강동구주민들이 33.3%이고, 설문답항의 기타 서울지역이 대부분 서민층 밀집지역인 동대문구에 거주하고 있어 지리적 특성에 의해 상대적으로 만족도 차이가 발생한 것으로 해석된다. 예컨대, 보라매병원의 주진료권인 관악구·동작구에는 종합병원 2개소, 병원 7개소가 위치하고 있으며, 이들 9개 병원의 총병상수는 2,163개로, 이 규모는 인구 10만 명당으로 환산하는 경우 224병상으로 매우 낮은 수준을 보이고 있다99)(한국보건산업진흥원, 2000: 116).

---

99) 서울시의 공급병상수를 인구10만 명당 병상수로 환산하면 서울시전체는 367병상인 반면, 보라매병원이 위치한 서남3권(관악구, 동작구)은 224로 매우 낮은 수준이다. 이때 서울시 인구는 1996년 서울시 인구통계 1120만 명을 적용하였다.

<표 5-3> 서울시 산하병원 진료권별 병상공급 현황

진료권		병상수				구성비			
		3차진료기관	종합병원	병원	계	3차진료기관	종합병원	병원	계
강남병원	동남1권 (강남구·서초구)	2,822	1,195	1,063	5,080(528)	55.6	23.5	20.9	100.0
보라매병원	서남3권 (관악구·동작구)	0	661	1,502	2,163(224)	0.0	30.6	69.4	100.0
동부병원	동북1권(동대문구·성동구·광진구·중랑구)	2,170	3,229	812	6,211(391)	34.9	52.0	13.1	100.0
서울 전체 계		18,903	13,774	8,462	41,139(367)	46.0	33.5	20.6	100.0

주: ( ) 안의 수치는 인구 10만 명당 병상수임.
자료: 대한병원협회. (1998). 전국병원명부. 보건복지부 내부자료. 한국보건산업진흥원(2000)에서 재인용

　반면 강남병원이 위치한 인근지역인 서초구·강남구·송파구에는 최첨단의료시설과 장비, 최고의 의료진을 자랑하는 대형종합병원이 포진해 있어 민간의료기관과의 경쟁이 치열한 입지적 조건을 가지고 있다. 병상(bed)수에서도 강남병원이 위치한 동남1권(강남구·서초구)은 5,080개로 인구 10만 명당 528개나 되고 있어 서울시 전체에서 가장 높다. 더구나 보라매병원이 입지해 있는 서울시 서남권은 지역주민의 입원의료수요를 대부분 자체 지역 내에서 충족할 뿐만 아니라 외부로부터의 유입도 높은 '유입형 지역'으로 분류된다. 따라서 주변에 경쟁병원이 강남병원에 비해 많지 않은 보라매병원을 찾는 환자들의 인구통계학적 속성과, 주진료권 내 병상수, 소득수준을 종합적으로 고려할 때 종합만족도가 강남병원보다 높게 나왔으리란 추측이 가능하다.

　동부병원이 입지한 동북1권(동대문구·성동구·광진구·중랑구)의 경우

진료권역내에 병상수가 6,211병상으로 인구10만 명당 391병상을 보이고 있다.

또한 소득수준을 통해서도 각 병원 만족도 차이를 설명할 수 있다. 이를 테면 동부병원의 경우 전체응답자의 48.2%가 월소득 100만 원 미만의 저소득층으로 가장 높은 응답비율을 보였으나 강남병원150-200만 원대가 27.5%로 가장 높고, 보라매병원은 100-150만 원대가 36.9%로 가장 높게 나왔으며 200만 원 이상의 소득층 이상의 비율에서 강남병원이 27.5%인 데 반해 보라매병원은 15.6%로 두 병원의 겨우 상대적으로 강남병원 환자들의 소득이 더 높게 나오고 있다. 앞서의 인구통계학적 속성별 만족도 분석에서 이미, 전체적으로 볼 때 소득수준이 낮을수록 만족도 수준이 높게 나오고 높을수록 낮게 나오고 있음을 확인했듯이 저소득층환자비율이 대단히 높은 동부병원의 경우 만족도가 높게 나오고 고소득층이 상대적으로 많은 강남병원의 경우 보라매병원에 비해 만족도가 낮게 나온 이유를 이해할 수 있다.

소득수준에 따라 만족도가 다른 이유는 아마도 고소득층환자일수록 비교적 높은 생활수준에 합당한 각종 서비스를 경험했을 확률이 높고, 민간병원에서 각종 의료서비스를 제공받은 것과 비교할 때 불만족 정도가 높게 나왔으리라고 유추해 볼 수 있다. 학력수준에서도 동일한 연장선상에서 분석이 가능하다.

각 병원의 만족도 차이를 연령대를 기준으로도 설명이 가능한 바, 50대 이상의 장노년층보다 청장년층 환자들이 상대적으로 현대적인 첨단문화에 대한 경험이 많을 확률이 높고, 일반적으로 젊을수록 비판의식이 높게 나오는 바, <표 4-15>의 인구통계학적 속성별 만족도 지수 결과가 이러한 가정을 뒷받침해 주고 있다. 이를 기초로 판단할 때 동부병원의 60대 노인환자가 21.3%로 가장 높게 나오고, 40대 이상 장년층비율의 응답자가 가장 많은 동부병원의 만족도 결과가 높게 나온 이유를 설명 가능케 한다.

강남병원의 경우 진료대기시간 및 실제진료시간에 대한 만족도 등 진료관련요인과 직원의 친절성 등에 있어서 보라매병원에 비해 높은 평가가 나왔다. 이는 4장에서 이미 설명한 바와 같이, 직종별 인력수가 보라매병원이 상대적으로 높아 업무과중으로 인한 원인과 임시 시간직 인력의 경우 업무 숙련도 미숙과 조직 일체감 결여로 불친절도가 상대적으로 높았을 것으로 사료된다. 의료서비스의 신뢰성은 비슷한 수준을 보이고 있으나 병원환경 과 시설에 대한 평가는 보라매병원에 비해 뚜렷한 차이를 보이며 낮은 평 가를 보이고 있다.

보라매병원은 쾌적성차원에서 매우 높은 만족도를 보이고 있으며, 이용 편리성 차원의 '찾고자하는 방을 쉽게 찾을 수 있는 정도' 등 이동 동선에 서는 만족도가 높았으나 나머지 진료관련항목에서는 가장 낮은 만족도를 보이고 있어 이 분야에 대한 꾸준한 개선노력이 기대된다. 또 병원의료서 비스의 신뢰성이나 서비스결과에 대한 만족도에 있어서 강남병원을 약간 상회하는 만족도를 보이고 있어 의료진들에 대한 환자들의 신뢰는 강남병 원과 비슷하거나 약간 높은 것으로 나타나고 있다. 이는 서울의대에서 위 탁경영을 하고 있다는 사실이 환자들에게 신뢰감을 준 것으로 해석된다. 또한 병원직원의 친절도나 궁금한 사항에 대한 성실한 답변태도 항목에 있 어서도 동부병원은 물론이고 강남병원에 약간 못 미치는 만족도를 보이고 있어 이 부분에 대한 직원교육 또한 필요하다고 사료된다.

第3節 綜合的 成果評價

1. 종합적 성과평가 결과

본 연구는 공공서비스 공급기관의 조직형태에 따른 성과차이를 분석하 기 위해 측정 가능한 통계수치 분석을 통한 객관적 평가를 •실시함과 동시

264

에 서비스의 질에 대한 만족정도를 측정하기 위해 고객만족도 설문조사를 이용한 주관적 평가를 함께 실시하여 서울시 산하 공공의료기관의 조직운영형태별로 성과차이의 원인을 종합적으로 분석·평가하였다. 객관적인 경영실적은 계량지표를 이용해 각 지표별로 결과값을 비교 평가함으로써 '서비스공급자 중심의 성과평가'를 하였으며, 병원 이용환자들의 서비스 질에 대한 주관적인 만족도는 설문조사를 이용한 정성적인 평가를 통해 측정함으로써 '서비스수요자 중심 성과평가'를 하였다. 이와 같이 객관적 평가와 주관적 평가결과를 종합적으로 검토함으로써 좀 더 적실성 높은 종합적 성과평가를 시도하였다.

　종합적 평가 결과, 객관적인 경영실적평가에 있어서는 지방공사 강남병원이 가장 우수한 실적을 보였으며, 그 다음이 시립보라매병원, 시립동부병원 순으로 나왔다. 그러나 고객만족도 평가에 있어서는 대조적으로 동부병원이 가장 높게 나오고 보라매병원과 강남병원은 비슷한 수준을 보였다. <그림 5-1>은 이를 도식화하여 보여주고 있다. 종합만족도에 있어 동부병원이 가장 높은 점수를 보인 주원인은 의료취약계층의 서비스 접근이 상대적으로 용이하였기 때문이다. 이를테면 비교대상 두 병원에 비해 절반정도의 낮은 진료비로 인해 가격 대비 품질에 대한 기대치가 충족되었기 때문으로 해석된다. 또한 무료진료가 이루어지는 행려환자 비중이 상대적으로 높은 상황에서 객관적인 의료서비스의 질적 수준과 관계없이 주관적 만족도 지수가 높게 나왔다고 판단된다.

<그림 5-1> 종합적 성과평가 결과

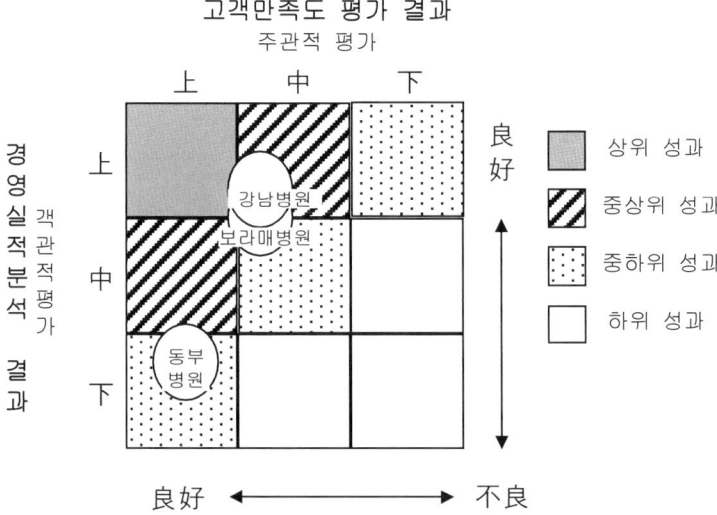

2. 종합적 성과평가의 시사점

여기서는 종합적 성과평가를 공공서비스의 주요 특징과, 기존의 공기업 민영화 논의와 연계하여 그 有用性을 논증해 보고자 한다.

공공서비스는 공급기관의 독과점적 성격으로 인해 그간 많은 문제점을 노정했던 게 사실이다. 그 결과 비시장실패(non-market failure)가 공공부문 전체에 걸쳐 팽배했고 이에 대한 반론과 역작용으로 대두한 것이 공기업 민영화 논의의 주류이고, 공공부문실패를 시정하기 위해 전세계적으로 새로운 서비스 공급방식의 대두와 공공서비스 공급유형의 다양화를 꾀하기 시작했던 것이다. 이러한 배경하에서 민영화가 활발하게 진행되고 있고, 민간부문의 역량제고와 정부축소의 움직임은 공공서비스제공의 다양화뿐만 아니라 서비스공급주체 또한 다양한 양상을 띠며 발전하도록 觸發시켰다. 이에 따라 전통적으로 공공부문에서 독점적으로 제공되던 공공서비스가 이

제 정부부문과 민간부문에서 함께 제공되거나 민간부문으로 이양되는 과정과 추세에 있게 된 것이다.

이와 연계하여 공공부문의 비효율을 점검(monitoring)·평가하여 경영효율성을 제고시키고자 하는 성과평가가 활발하게 대두되기 시작하였으나, 대체로 공급자중심의 능률성측정에 편중된 논리를 가진 객관적 평가가 주종을 이루었다는 비판을 면하기는 어려운 상황이었다.

그러나 1990년대 이후 서비스 질에 대한 만족이 중요시되면서 수요자중심의 성과평가가 중요하게 부각되고 있다. 이에 따라 오늘날 평가의 관점은 기존 공급자 중심의 능률성·경제성 중심의 성과평가에서 서비스의 질적 만족도를 중시하는 수요자중심의 성과평가가 무게를 얻어가고 있는 상황이다. 하지만 큰 틀에서 볼 때 아직까지 공급자중심의 시각에서 큰 진전을 보고 있는 형편은 아니다. 이를테면 현재 논의되고 있는 서비스 질 중심의 성과평가는 여전히 기존의 능률성중심의 성과평가가 주종을 이루면서 附加的이고 附隨的인 차원에서 주관적 평가가 진행되고 있는 상황이 조금도 변하지 않고 있다.

이러한 문제의식아래 본 연구는 기존 공급자중심의 성과평가와 함께 수요자중심의 성과평가가 고루 반영된 '종합적 성과평가'가 대상기관의 성과를 보다 정확히 평가해 준다고 본다. 앞서의 주·객관적 실증평가 결과가 입증하듯이 객관적 경영실적평가 결과와 주관적 만족도 조사결과가 일치되지 않는 결과를 보이고 있음을 보았다. 이를 통해 객관적인 경영실적과 상관없이 서비스수요자의 만족도가 달리 나타날 수 있다는 것을 발견할 수 있다.

따라서 객관적인 성과평가만으로는 피평가 대상기관의 성과를 오롯이 평가했다고 볼 수 없는 것이다. 공공서비스 제공의 궁극적인 목표가 서비스수혜자에 대한 대응성을 높이고 그들의 선호와 기대를 충족시키는 것이라고 할 때 서비스 질에 대한 제고노력은 고객만족 행정을 도모하는 현대행정에서 매우 중요한 의미를 가진다고 하겠다.

특히 경영실적에 있어 간접운영형태의 두 병원에 비해 현저히 떨어지는 동부병원이 가장 높은 고객만족도 결과를 보인 것은 일견 아이러니라고 보이나 저소득층이나 의료보호대상자 입장에서는 의료서비스 접근 가능성을 높여 주는 고마운 존재로 다가온다고 볼 수 있다. 이 점에서 공공서비스의 공익성차원의 기능수행이 공공서비스 공급기관에게는 매우 중요한 경영목적이 되어야 한다는 것을 알 수 있다. 특히 민간참여로 인해 서비스 공급방식의 다양화가 확산된 시장구조하에서 공공기관의 사명은 민간부문과는 차별된 설립목적 이행에 존재의 정당성을 찾을 수 있다. 역으로 공공서비스공급기관을 찾는 시민들 입장에서도 이러한 점이 가장 큰 방문이유로 작용하고 있음을 고객만족도 평가를 통해 드러난 사실이다. 따라서 성과평가를 하는데 있어서 이러한 성과지표가 당연히 포함되어야 하며, 또한 비중 있게 반영될 때 적실성 있는 평가가 이루어질 수 있는 것이다.

그런데 여기서 공공서비스 공급기관의 딜레마가 비롯된다. 공익성을 강조하는 동시에 수익성까지 요구하는 성과평가의 주문을 다 담아내기에는 내부 역량과 제반 여건이 뒷받쳐 주지 못하기 때문이다. 혹 이것이 가능하다 할지라도 다층적 본인－대리인관계(multi- stage principal-agent relationships)에서 일방의 입김이 현실 집행여건을 좌지우지할 수 있는 개연성이 충분하기 때문이다.

따라서 결국, 이 문제의 해법은 경영환경의 경쟁적 상황 유도와, 적절한 점검과 평가를 통해 문제해결의 단서를 찾을 수밖에 없다. 즉, 공공서비스 공급에 있어 불완전한 시장노출을 보완하여 경쟁적 시장 환경을 조성하기 위해서는 조직 내외적 규제 장치와 함께 組織體制外的 誘導裝置와 組織體制內的 誘因裝置를 효과적으로 활용하는 방안의 강구가 필요하다고 사료된다. 기존 공공부문의 민영화논의의 핵심 또한 공공서비스 공급에 있어 독과점적 지위를 누리던 정부부문 또는 공기업의 비효율성에 대한 문제제기로부터 시작하여, 이를 타파하기 위한 방안으로 경쟁적 시장 환경 조성과 조직구조 개선의 당위성을 力說하며 경영효율성 제고를 위해 민영화를 하는 것이 바람직하다는 주장이 大宗을 이루고 있었다. 사실 공기업 내지 공공부문은 競爭이 존재하지 않으므로 인해 시장의 자동조절장치 기제가 제대로 작동되지 않았다. 이로 인해 공기업 임직원들의 無事安逸과 주인의식 결여는 국민의 소중한 血稅로 설립·운영되고 있는 공기업의 부실을 눈덩이처럼 키워왔던 게 사실이다. 선장 없는 배가 難破를 당하리라는 것은 不問可知의 일이다.

이미 앞서 지적한 바와 같이, 공기업의 所有權 不在로 인한 비효율성은 본인－대리인(principal-agent)관계이론으로 설명이 가능하다. 공기업은 그 재산권과 소유주체가 명료하게 정의되어 있지 않기 때문에 흔히 공기업을 주인 없는 기업, 또는 국민으로부터 권한과 책임을 위임받은 주인 없는 대리인(an agent without a principal)이라고 부르는 이유는 소유권이 약화되어 있는 공기업의 소유구조적 특징상 공기업의 관리자들에는 경영합리화를 기하고자 하는 동기나 유인이 결여되어 있기 때문이다. 게다가 대체로 독점적 시장구조를 형성하고 있어 능률성 향상의 원천이 되는 경쟁이 결여되어 있고 그에 따라 시장이 아닌 정부에 그 생존을 의지하고 있기 때문에 정부가 공기업을 과도하게 보호할 경우 타성과 비효율, 그리고 소비자의 요구와 수요에 대한 반응성의 약화를 가져올 소지가 크다(곽채기, 1995). 이와 같은 환경하에서 이루어지는 서비스공급자중심의 성과평가는 생산자본위의 폐쇄된 순환만을 양성할 뿐이다.

공기업의 또 하나의 특징은 임명권자에게 책임을 지는 임명직 경영인에 의해 공기업서비스 공급에 관한 제반 결정이 경제적 타당성이 결여된 채 정치적 동기에 의해 이루어진 결과 경영비효율성이 시간이 흐름에 따라 누적되어 적자의 굴레를 벗어나지 못하고 있는 점이다. 이는 지방직영사업소인 동부병원의 계속되는 환자감소와 지난 수년간 절반에도 미치지 못하는 의업수지비율로 표현되는 낮은 재정자립도가 현상적으로 반증하고 있는 사실이다.

이와 같은 배경은 결과적으로 국가권위의 원천이자 주권자인 국민(일차적 본인)의 意思와 유리된 채 代理人(agent)의 私的 利益만을 파생시켜 공공부문의 실패를 야기시키게 된다. 이를 보라매병원의 성과평가 결과에 대입시켜 분석해 보면 보라매병원의 입장에서는 本院인 서울대병원장이 보라매병원 직원의 人事全權을 장악하고 있는 관계로 임명권자의 이해에 충실하게 행동하게 된다. 그 결과, 보라매병원은 本院인 서울대병원과의 낮은 情報不均衡(information asymmetry)을 병원운영에 적절히 활용하여 민간병원과 유사한 진료행태를 통해 손쉽게 경영수지 개선을 달성할 수 있었을 것이다. 여기에는 本院의 후광효과(halo-effect)도 한 몫 했다고 본다. 이는 보라매병원을 찾아오는 환자들 중 상당수가 병원 선택 동기가 시립병원이라는 사실보다 서울대병원의 위탁병원이라는 사실이 더 큰 영향을 미치는 것으로 조사결과 나타난 것이 증명한다(한국보건산업진흥원, 2000).

이와 같이 왜곡된 구조하에서 종합적인 성과평가는 공기업의 폐쇄적인 연결고리를 끊은 적절한 외적 통제장치이자 내적 동기 유발 장치로 기능할 수 있다. 앞서의 실증분석 조사결과가 보여주듯 강남병원이 지방공사란 조직형태와 경영목적상 이윤창출을 위한 제반여건이 보라매병원보다 열세임에도 불구하고, 객관적인 경영실적에서 가장 우수한 성과를 거둘 수 있었던 것도 매년 시행하는 '투자기관 경영실적 평가'의 위력 때문이다[100].

이상에서 살펴본 바와 같이 공공서비스는 민간에서 공급되는 民間材(private goods)와는 다른 시장구조와 소유구조하에서 서비스 공급이 이루어지게 된다. 따라서 평가지표 선정에 있어서 대상서비스의 특성과 서비스 공급주체의 특성을 반영할 수 있게 성과지표가 개발·구성되어야 하며, 투입에 대한 산출의 비율뿐만 아니라 산출물의 질에 대한 측정도 함께 반영되어야 한다.

결국, 공공서비스의 보다 的確한 성과평가를 위해서는 객관적 평가와 함께 주관적 평가를 고루 반영한 종합적 성과평가를 통해 피평가기관의 성과

---

[100] 경영실적평가의 구사방안을 포함하여 경영효율성 제고를 위한 구체적인 조직체제내적 유인장치와, 조직체제제외적 유도장치에 대해서는 제6장 2절의 정책적 시사에서 기술하였다.

를 균형 있게 제시하여야 할 것이다. 이러한 토대 위에 조직운영의 개선
제시와, 업무의 운영감독 및 계약이행 감시, 경영효율성 제고, 그리고 책임
성 확보를 위한 제반 조치의 강구가 가능해질 것이다.

第6章 結 論

第1節 研究結果의 要約

　본 연구는 지방공공의료서비스를 대상으로 조직성격을 달리하는 서울시 산하 3개 의료기관 즉, 직영사업소 형태로 운영되는 시립동부병원과, 지방공사 형태로 운영되는 강남병원, 그리고 委託계약을 통한 위탁경영 형태로 운영되고 있는 시립보라매병원을 대상으로 주관적·객관적 성과평가방법을 이용하여 구체적이고 심층적인 실증분석을 실시하였다. 즉 공공부문 내에서 서비스 공급주체의 차이와 서로 다른 조직운영형태를 가진 지방공공병원의 성과평가를 경험적으로 비교·분석해 보았다.

　실증분석을 통해 직접운영형태인 동부병원은 강남병원 및 보라매병원과 비교해, 각종 관련지표에서 최하위의 실적을 보이고 있으며, 특히 성장성, 생산성, 인력관리상의 효율성 측면에서 직접운영체제는 간접운영체제보다 대단히 비효율적임이 입증되었다. 간접운영체제인 강남병원과 보라매병원의 경우 강남병원이 공익진료기능에 있어 크게 앞서고 있을 뿐만 아니라 각종 경영관리 지표에서도 대등하거나 우월한 성과를 거두고 있음을 확인할 수 있었는데 지방공사 강남병원의 경영성과가 양호한 이유 가운데 가장 큰 부분이 경영실적평가를 매년 받음으로써 자체 경영개선노력으로 이어지고 있기 때문이다. 한편 고객만족도 평가에 있어서는 대조적으로 동부병원이 가장 높게 나오고 보라매병원과 강남병원은 비슷한 수준을 보였다. 앞서의 실증분석을 통해서 나타난 사실들을 중심으로 연구결과를 요약하면 다음과 같다.

　첫째, 지방공사형태로 운영되는 강남병원이 위탁경영형태로 운영되는 보

라매병원보다 1999년의 경우 더 높은 경영실적을 보였다. 특히 보라매병원
보다 의료보호환자진료실적, 낮은 환자 1인당 진료비 등 보다 강화된 공익
진료기능 수행으로 인해 수익의 창출과 확대에 어려움이 있음에도 불구하
고 더 우수한 경영실적을 보였다. 이를 감안할 경우 외견상 드러나는 의업
수지비율과 의료수익의료이익률, 그리고 의료수익순이익률 등 수익성지표
에서 강남병원이 보라매병원에 비해 실질적으로 더 우월한 경영성과를 보
였다고 볼 수 있다. 이 이외에도 활동성차원, 인력관리의 효율성차원 등에
서도 우세를 보이고 있었다.

이와 같이 강남병원의 경영수익이 지난 5년에 걸쳐 지속적인 성장을 기
록하다가 1998년 이후 각 평가지표에서 보라매병원과 대등하거나 우세한
성과를 보인 이유는 자체 경영합리화 노력의 결과이며, 이 과정에서 경영
실적평가의 위력이 긍정적으로 작용한 것으로 판단된다. 특히 지방공사체
제의 경우 시정부의 인사·예산, 내부운영규정 등에 걸친 각종 통제에도
불구하고 경영자율성이 보다 더 보장된 위탁경영체제의 경영성과보다 앞서
고 있음을 발견할 수 있었다.

둘째, 시의 직접경영형태인 직영병원의 경우 공공성차원을 제외한 모든
평가지표에 걸쳐 가장 나쁜 실적을 보이고 있을 뿐만 아니라 비교대상 간접
경영형태에 비해 절반정도의 저조한 경영성과를 보이고 있었다. 이는 의료
장비의 노후 및 시설의 낙후성에도 일부 기인하나 조직 내부의 일체성 결여
와 조직부서편제상의 문제점, 인사상의 통제, 인력관리의 비효율성, 조직의
관료화 및 경직화, 간호 및 기술 인력의 전문성 부족, 조직구성원의 사기저
하 등 다양한 원인에 의해 경영성과 부진이 나타난 것으로 판단된다.

셋째, 위탁경영체제인 보라매병원의 경우 지난 5년에 걸쳐 비교적 양호
한 경영실적을 올리고 있는 것으로 외견상 보이나, 상대적으로 높은 환자
1인당 진료비와 낮은 의료보호환자진료실적 등 시립병원의 공공성차원의
지표평가에서 세 병원 중 가장 하위의 실적을 보이고 있어 공익진료기능을
뒤로하고 경영전반에 걸친 경영합리화 노력보다는 민간병원과 유사한 수준

의 진료비청구를 통해 외견상의 경영수지 안정을 도모하고 있는 것으로 나타났다. 따라서 향후 위탁계약의 연장철회를 고려함과 동시에 계약조건의 강화가 요청된다.

넷째, 고객만족도 평가 결과 동부병원이 가장 높은 만족도를 보이고 그 다음으로 보라매병원, 강남병원 순으로 종합만족도 순위가 나왔다. 경영실적평가 결과와 달리 고객만족도에서 동부병원이 높은 만족도를 보인 원인은 내원 환자들의 특성에 기인하는 것으로 판단된다. 이로 판단해 볼 때 환경적 不備가 환자들의 전반적인 만족도에 영향을 미칠 만큼 큰 영향을 갖고 있지는 못하며 오히려 내원환자들의 기대와 욕구에 부응하는 것이 더 높은 만족도를 보임을 알 수 있다. 이를테면 기대 대비 지각수준에 대한 만족도가 더 큰 영향을 발휘하는데 가령 '가격(진료비) 대비 의료서비스 품질'이라는 관점에서 저렴한 비용으로 서비스 접근 가능성을 높이는 것이 보다 중요함을 알 수 있다.

다섯째, 고객만족도 평가에 있어 각 차원별 만족도를 비교 평가하면 전반적으로 이용편리성차원에 있어서 환자들의 불만수준이 높게 나오고 있는데 특히 이용편리성차원의 세부평가항목 중 서비스시간 준수여부, 서비스대기시간의 적정성, 서비스제공시간의 충분성, 서비스절차의 간소성, 공간적 배치의 편리성 등에 걸쳐 개선의 여지가 많은 것으로 나타났다.

여섯째, 고객만족도 평가에 있어서 인구특성별 기준을 종합할 때 학력수준이 낮고, 연령대가 높으며, 소득수준이 낮을수록 만족도 수준이 높게 나오고 있다. 이들은 대체로 경제적으로 취약계층을 차지하고 있으며, 이들이 곧 의료취약계층도 된다는 점에서 공공의료기관의 공공성측면의 기능강화가 중요한 의미를 가짐을 유추할 수 있게 한다. 아울러 이는 동부병원의 종합만족도가 가장 높게 나온 이유를 설명해 준다.

마지막으로 경영실적분석의 한계를 보완하기 위해 자료포락분식(DEA)을 실시하여 지난 5년간의 각 연도별 효율치를 구해본 결과 또한 겉으로 드러나는 경영실적과 달리 보라매병원이 가장 낮은 실적을 보이고 있었다.

이와 같은 결과는 투입지표에 공익성 평가지표를 포함했기 때문에 그렇다.

第2節 理論的 含意 및 政策的 示唆

1. 이론적 함의

이상의 조직운영형태별로 객관적인 경영성과평가와 주관적 만족도평가 결과를 통해 발견할 수 있는 흥미로운 사실은 경영성과의 차이가 조직운영 형태에 기인한다기보다는 조직의 경영합리화 노력과 이의 제도적 여건조성에 있다는 점이다. 이러한 분석결과가 의미하는 바는 기존의 일방적인 민간위탁 또는 민영화 논리의 우월성을 한 번쯤 돌아보게 한다. 논의 결과가 이론적으로 시사하는 바는 다음과 같다.

첫째, 공공부문 성과차이의 발생원인은 서비스공급기관의 조직운영형태의 제도적 우월성에 의해 결정되기도 하지만 公社體制라 할지라도 오히려 내부 경영진의 경영관리능력과 경영개선노력 여하에 따라 얼마든지 우수한 성과를 낼 수 있다는 점이다. 이는 기존의 공공서비스민영화 또는 민간위탁 논의와 대조적인 결과를 보이는 것이다. 사실 기존의 보편적 인식은 전체성과에 있어서 민간부문이 공공부문보다 서비스전달상의 효율성뿐만 아니라 서비스 질과 고객서비스 만족도에 걸쳐서 상당히 우월할 것이라는 성과인식의 간격이 존재했다.

그러나 본 연구결과 지방공사 체제라 할지라도 경영관리능력 여하에 따라서 더 우수한 성과를 올릴 수 있음을 보여 주고 있다. 요컨대 본 연구결과가 이론적으로 시사하는 바는, 병원의 경영성과의 효율성을 확보하기 위해서는 조직운영형태상의 제도적 우월성뿐만 아니라, 특정 조직 운영형태하에서 어떻게 조직을 효과적으로 관리하느냐하는 경영관리에 의해 좌우되기도 한다는 것이다[101].

본 연구결과가 입증하는 바와 같이 민간위탁체제인 보라매병원의 경우 수탁자의 이윤추구 성향과 재계약 체결을 위한 비용만회 노력 등으로 인해 진료비가 상대적으로 높게 나타나 서비스공급비용이 오히려 증가하고 있음을 발견할 수 있었다. 이는 환자 1인당 진료비가 세 병원 중 가장 높게 책정되고 있고 특히 의료보호환자에 대한 진료비에 있어서도 동부병원에 비해서는 두 배 이상의 큰 차이가 나고 있는 사실로도 검증된다. 이 결과 의료취약계층인 저소득층 및 의료보호대상자의 경우 병원이용의 문턱을 높게 하여 서비스수혜대상에서 제외되는 등 형평성의 문제가 발생하고 있는 것이다. 따라서 민간위탁방식에 의한 서비스공급이 항상 긍정적인 효과를 가져오는 것만은 아니라는 것이 증명되었다.

요컨대, 본 연구결과는 지방공공서비스 성과 및 만족도 결정요인이 공급주체의 조직형태에 그 주된 원인이 있다기보다는 공급시스템의 경영합리화 노력과 경영진의 관리능력에 따라 성과차이가 발생한다는 것을 경험적으로 입증하고 있다. 또한 민간위탁방식의 서비스공급이 더 높은 서비스비용 지불과, 취약계층의 서비스이용의 접근성과 형평성을 가로막고 있음도 증명하고 있다. 특히 이 점에서 공공서비스의 본질적인 목적을 소홀히 하거나 도외시된 채 공급되고 있음을 경험적으로 보이고 있다.

또한 전국에 포진해 있는 지방의료원의 경우 조직 비효율성을 방지하기 위한 대안으로 민간위탁이나 조직의 법적 지위 변경이 활발하게 진행되고 있는 데, 본 연구결과가 조직운영형태 전환에 시사하는 바가 클 것이다.

둘째, 외부의 적절한 통제장치와 내부 유인체계의 활성화와 연계될 때 좀 더 조직효율성을 배가시킬 수 있다. 다시 말해 경영진의 경영합리화 의

---

101) 前者는 직접운영체제인 동부병원의 비효율성으로 입증되었고, 後者는 간접운영체제인 지방공사 강남병원과 위탁운영계약에 의해 운영되는 시립보라매병원의 성과평가로 입증되었다.

276

지만 가지고는 우수한 실적을 가져올 수 없고 조직원들의 경영개선에 대한
적극적인 참여와 관심이 공기업의 경쟁력을 확보하는 데 매우 중요한 요소
이며, 특히 지속적인 경영효율을 기하고 이를 통해 경쟁력을 확보하기 위
한 중요한 動因 중의 하나인 경영실적평가제도와 인센티브제도가 효과적으
로 連動되어야 한다.

이의 前提條件으로 組織一體性이 확보되어야 하고, 상급기관의 간섭과
조직의 최고의사결정권자의 경영자율성을 최대한 보장해 주어야 한다. 그
러나 불행히도 현재 우리나라 지방공기업법에 따르면 각종 인사·예산·운
영관리상의 제약으로 인해 경영자율성을 확보하기가 대단히 어렵고(<표
2-5>참조), 상급관청의 유무형적 경영간섭도 작지 않은 현실에서 쉽지 않
은 문제이긴 하나 주관적 만족도 평가를 포함한 경영실적평가를 효과적으
로 활용해 準競爭體制 분위기를 조성함으로써 부족한 시장노출을 보완하고
경영진의 자발적 의지를 끌어낼 필요가 있다.

셋째, 기존의 공공서비스 주·객관적 평가가 내포하고 있는 문제점을 개
선함과 동시에 성과평가의 결정요인을 새롭게 제시함으로써 좀 더 실효성
있는 서비스 평가가 가능하다는 것을 경험적으로 증명해 보인 점이다. 따
라서 향후 성과평가는 서비스공급자중심의 객관적 평가와 수요자특성을 고
려한 주관적 성과평가를 함께 고려한 '종합적 성과평가'가 대상기관 또는
특정 공공서비스의 성과측정을 보다 정확하게 반영한다는 점에서 이론적으
로 유용성을 갖는다.

넷째, 기존 성과평가 논의가 주로 공공서비스 배분과 공급상의 결정요인
추출이나 성과측정과 평가의 개선방안 위주의 단선적 시각이었던 것으로부
터 탈피하여 공공서비스 공급유형과 조직형태별로 서비스공급이 갖는 특성
과 각각의 공급유형별로 일반시민들의 서비스편익에 대한 만족도를 반영한
주관적 평가에 대한 심도 있는 논의가 요망되고, 수요자중심의 성과평가를
수반하는 다원적이고 종합적인 성과평가가 중요하다는 점을 증명하고 있다.

다섯째, 공공서비스 공급주체의 조직구조와 관리운영형태를 반영한 평가

가 이루어질 때 좀 더 的確한 성과평가가 가능하며, 동시에 서비스 수혜자
인 일반시민들의 서비스만족도 측정에 있어서도 온전히 반영되어야 한다는
것이다. 이는 성과평가 지표선정에 있어서 평가대상 기관의 조직특성을 반
영한 설립목적수행 정도에 대한 평가가 이루어져야 한다는 것이다. 이를테
면 단순히 겉으로 드러난 경영실적만을 가지고 성과를 측정하는 것이 아닌
공공서비스 공급기관의 설립목적과 역할수행에 얼마나 합치했는지 여부를
꼼꼼히 따지는 것이 중요하다는 것이고 이것이 평가지표에서 중요한 비중
으로 들어가야 한다. 가령, 보라매병원의 경우 시립병원의 설립목적인 공익
진료기능을 뒤로하고 경영수익에만 치중하여 일정 정도의 경영성과를 거뒀
다고 해서 높은 점수를 줄 수는 없다. 왜냐하면 수익성을 중심으로 한 서
비스제공은 민간서비스공급기관이 담당할 몫이고, 공공서비스공급기관의
역할은 국가나 지방정부의 정책실현 수단으로써 본래의 설립목적이 운영상
의 경영목표로 충실히 실현되어야 한다는 점에서 서비스공급기관의 조직특
성을 반영한 성과평가가 이루어졌을 때 올바른 평가가 가능한 것이다. 즉,
회계상 수익이나 매출증대에 대한 평가와 더불어 공공성 향상에 대한 적절
한 측정지표가 필수적이고 그 반영비율 또한 적정해야 한다. 그러나 현재
서울시 투자기관 경영실적평가에서 강남병원의 공익성지표의 비중이 전체
지표에서 차지하는 비율이 단 5%에 불과한 사실은 조직의 설립목적과 운
영목표를 반영하는 평가와는 거리가 있는 것이다.

　여섯째, 주관적 평가방법에 있어 과학적인 성과척도의 개발과 종합평가
를 위한 加重値의 설정이 긴요하다는 점과, 정량적인 성과척도 外에, 장기
적으로는 공공서비스에 대한 주민 만족도 등 定性的인 요소도 척도로 도입
해야 한다는 점이다. 앞서 지적한 바와 같이 항목 간 비중을 동일하게 간
주하여 단순한 산술평균으로 만족도를 제시하는 것은 해석의 오류를 불러
일으킬 소지가 다분히 있다.

　따라서 안정된 평가모형 정립과 보다 정교한 가중치 산정방법을 지속적
으로 고안할 필요가 있다. 공공서비스의 대응성과 형평성을 강조하고 서비

스공급기관의 책임성을 강조하는 흐름을 감안할 때 향후 주관적 평가의 비중은 더욱 커지리라 예상된다. 특히 對民접촉이 많은 경찰, 소방, 지방자치단체의 업무나 수익자 부담원칙이 적용되는 사업소와, 보건위생, 건축, 교통, 환경, 안전관리 등 규제단속업무, 그리고 非理유혹이 많은 세금 부과, 징수, 조사업무 등에 중점적으로 반영해야 할 것이다.

일곱째, Prager(1994: 176-183)의 주장처럼 공공서비스의 민간위탁을 통한 서비스 생산이 더 비용효과적이라는 점을 부인하려고 하는 것은 아니나 그것이 만병통치약이 될 수는 없다는 것이다. 민간위탁이 효과적이기 위해서는 일정정도의 규모의 경제와 범위의 경제, 조직구조의 개혁, 적절한 경쟁, 그리고 위탁경영을 효과적으로 관리하는 것이 필요하다(Prager, 1994: 183). 특히 위탁경영으로 운영되고 있는 지방의료원의 경우 委·受託契約의 의무이행 요건을 보다 엄격히 적용하고, 受託業體의 이행정도를 주기적으로 진단하고 감독·평가하는 기능이 강화되어야 한다. 이를 위한 가장 합리적인 방법이 만족도평가를 포함한 경영실적평가를 실시하여 수탁자의 책임을 묻는 것이다.

2. 정책적 시사

본 연구의 공공서비스 '綜合的 成果評價 結果'가 조직의 관리운영에 정책적으로 시사하는 바는 다음과 같다. 우선 경영효율성 제고노력을 유도·촉진하기 위하여 경영평가제도를 효과적으로 활용할 필요가 있다. 이 제도는 수익성뿐만 아니라 공익성 제고 측면에서도 특히 중요한 역할을 할 것으로 기대된다. 경영 분야에 있어서는 특히 경영상의 健實性을 제고하기 위해 성과급제도의 시행을 통해 경쟁체제를 구축, 공고히 하여 '組織內部的 誘因裝置'로 기능케 하고, 조직운영형태를 막론하고 각 병원에 대해 경영실적평가제도와 고객만족도조사를 실시함으로써 자체 경영합리화를 誘導·助長하는 '組織外部的 誘導裝置'로써 기능하게 하는 것이 바람직하다.

특히 민간의료자원의 폭발적 증가와 상병발생 패턴의 변화 등 불확실한 상황아래 조직운영형태와 경영관리 어하에 따라 成뫄의 可變性의 偏差가 높게 나올 가능성이 많은 공공의료서비스의 경우, 병원의 성과향상을 기하기 위해서는 조직안팎으로 경영효율성을 제고하려는 장치를 개발하여 견고하게 정착시켜 유기적으로 작용하도록 해야 할 것이다. 여기에는 기본적으로 자발적 誘因裝置의 성격을 가지는 '組織體制內的 誘因裝置'와 공공의료 정책적 차원의 비자발적 의무부여(mandate)와 부분적인 誘因裝置가 뒤섞인 '組織體制外的 誘導裝置'가 있다. 여기서 체제내적 유인장치란 조직 내부 구성원들의 동기부여를 통해 자발적인 경영개선 효과를 거두는 제반 조치를 가리키는 바, 대표적으로 핵심적인 서비스제공자에 해당하는 의료진에 대해서 성과급제도의 도입이 반드시 이루어져야 한다. 이는 이미 지방공사강남병원이나 시립보라매병원의 경우 시행에 들어가고 있는 부분이나 동부병원은 현재까지 고려조차 하지 않고 있다. 현실적으로 이들 국공립병원에 근무하는 의사의 경우, 半日진료체제로 근무하고 있기 때문에 생산성 향상의 여지는 매우 크다. 이 제도의 도입여부에 따라 병원경영실적의 가장 큰 부분이 좌우될 것이며, 이러한 의미에서 이는 중요한 성공요인 가운데 하나이다(이혁주·이상수, 1996: 98).

특히 시직영병원으로 운영되고 있는 동부병원의 의료진들의 경우 현행 '서울시립병원 직제규칙'(1조-4조)에 따라 병원 경영에서 소외되어 실질적인 의사결정권한을 갖지 못하고 있을 뿐만 아니라 비현실적인 보수와 계약직으로 인한 신분불안 등으로 인해 근무의욕을 상실하고 있는 실정에서 성과급을 도입하기란 쉽지 않은 문제이다. 따라서 병원으로서의 기능수행에 지장을 주고 있는 직제규칙을 개정하여 부서 간 서열관계를 조정하고 각 과별 자율적 기능이 수행될 수 있도록 사무분장 및 기능 재배분을 함으로써 관료적 경직성을 다파함과 동시에 의료진들에게 병원경영주제로서의 주인의식과 책임감을 심어 주어 진료부서의 원활한 진료서비스 기능을 촉진하도록 할 필요가 있다. 이러한 현상은 비단 동부병원뿐만 아니라 기존 사업소형태를 띤 시산하병원의 경우 비슷하게 드러나고 있는 현상인 바, 서울특별시의 과도한 직간접적인 규제로 인하여 조직이 위축되고 조직의 관료화, 경직화, 조직구성원의 사기저하 및 관리능력의 저하가 발생하게 되었고, 그 결과 자율적인 책임경영이 이루어질 수 없었다고 평가된다.

따라서 직영병원의 경우 차제에 공사화 및 민간위탁으로 운영방식의 전환을 적극 고려할 필요가 있다. 이를 통해 조직의 비효율성을 털어내고 새로운 조직형태의 병원으로 거듭남으로써 운영주체에게 인사, 조직, 예산 등에 걸쳐 경영의 실질적인 권한을 부여하여 책임경영을 할 수 있도록 하여야 할 것이다. 즉, 병원의료서비스의 질적 개선을 위해 직영병원의 공사화 또는 위탁운영을 추진하고, 體制內的 誘因裝置와 體制外的 誘導裝置의 개발과 시행을 과감하게 시행함으로써 경영효율성과 이용시민들의 만족도를 향상시킬 것을 제안한다.

단, 이때 기업성 및 공익성 제고 차원의 각종 대책을 강구하여 공공병원으로서의 공익진료기능이 망각되지 않게 주기적으로 지도·점검할 필요가 있으며 경영합리화를 유도할 수 있는 제도적 장치를 강구해야 한다. 구체적인 공익성제고 방안으로 운영주체와 상관없이 공공의료기관에 대해 소유권자인 자치단체장이 경영실적평가 및 고객만족도 조사를 매년 실시하고, 이를 경영개선에 적극 반영할 수 있는 각종 제도적 장치를 구비하는 것이다. 동일 행정권역 내에서 동일한 공공서비스를 제공하고 있는 공공조직의 경우 조직운영형태와 상관없이 매년 경영실적평가를 실시하여 비교·평가함으로써 경쟁을 유도하는 것이, 결국 생산비용을 극소화시키고 양질의 서비스를 낮은 가격에 소비자인 시민들에게 공급함으로써 결과적으로 고객만족을 극대화하는 길이다.

특히 위탁경영으로 운영되고 있는 지방의료원의 경우 委·受託契約의 의무이행 요건을 보다 엄격히 적용하고, 受託業體의 이행정도를 주기적으로 진단(monitoring)하고 감독·평가하는 기능이 강화되어야 한다. 이를 위한 가장 합리적인 방법이 만족도평가를 포함한 경영성과평가를 실시하여 수탁자의 책임을 묻는 것이다. 이때 기대에 미치지 못하는 낮은 성과를 보인 경우 계약기간 중일 경우에는 권고와 독려를 통해 성과향상을 振作시키고, 그럼에도 불구하고 불량한 결과를 보인다면 계약만료와 함께 契約解止(cancellation)까지 불사하도록 한다. 계약기간 중이라 할지라도 계약상의 信義誠實義務를 懈怠(laziness)한 채 일정수준 이하의 낮은 성과나 의무이행 정도를 보인다면 과감히 契約撤回 또는 破棄까지 가능하도록 위탁계약에 관련 의무조항을 삽입토록 하는 것도 고려해야할 것이다.

예컨대, 「서울특별시립사회복지시설설치및위탁운영에관한조례(조례 제1846호)」를 보면 제8조와 10조에 걸쳐 수탁자의 의무와 감독, 위탁의 취소 등을 담고 있으나 계약기간 중의 계약취소 조항은 구체적으로 삽입되어 있지 않고, 시설파손이나 亡失시 배상책임이나 契約解止때 운영결손에 대한 책임에 대해서는 분명한 규정이 없어 사실상 운영위탁의 방만함을 제도적으로 조장하고 있다102). 이와 같은 현상은 보라매병원의 위탁운영계약에서도 예외가 아니다.

왜냐하면 대체로 受託機關의 경우 계속적인 계약을 유지하기 위해 계약기간내의 짧은 기간 안에 구체적인 성과를 委託者에게 과시하고자 비용절감 등 외형적으로 드러나는 성과만을 부풀리기 쉬워 자칫 서비스 질 저하나 서비스 공급상 公益性이 현저히 훼손될 가능성이 농후하기 때문이다. 이와 같은 사실은 보라매병원이 인건비 지출을 낮추기 위해 비정규직(시간직) 인력을 지나치게 과다하게 사용하고 있는 데서 발생되는 조직일체성 결여나 시간직 인력의 불만으로 귀결되고, 그 결과 이용고객인 환자들에 대한 낮은 친절성으로 드러나고 있는 바, 비교대상 市傘下 병원보다 공익진료기능이 대단히 취

---

102) 서울시의 경우 28개의 시립사회복지시설과 기타 복지시설의 위탁운영을 시행중에 있는 바, 제8조에 수탁자의 의무에서 신의성실의무를 담고 있고, 제9조에 감독관련 사항을, 그리고 제10조에 위탁취소에 대한 내용을 담고 있다. 제10조(위탁의 취소) 시장은 다음 각호의 1에 해당하는 사유가 발생하였을 때는 그 위탁을 취소할 수 있다. 1. 수탁자가 제8조의 의무를 위반하였을 때, 2. 수탁자가 운영능력이 없다고 판단될 때, 3. 수탁자가 위탁조건을 위반하였을 때, 4. 공익상 위탁 운영할 수 없는 사유가 발생하였을 때

약하게 나타나고 있는 것으로 경험적으로 입증되고 있다.

이와 더불어 제기되는 문제는 장기독점계약으로 인해 경쟁유발효과를 저해하고 受託者의 방만함을 助長하는 경향이 적지 않다는 것이고, 결과적으로 서비스 질을 저하시킬 뿐만 아니라 서비스 비용부담을 증가시켜 수탁자의 배만 불리는 현상을 낳는 것이다. 이에 대해 Smith(1996)는 계약을 통한 위탁경영의 장점은 委託者와 受託者 간의 장기적 관계가 발전되면서 거의 사라진다고 주장한다. 정부기관과 계약자 간에 장기적 관계가 유지되면 이들끼리 적용되는 특정규범과 기대가 생기고, 이것이 이들 간의 관계를 지배하게 되면서 계약의 정치(politics of contracting)가 나타나고, 이러한 것들은 서비스 공급의 질을 떨어뜨리고 비용을 증가시키게 될 수 있다는 것이다. Smith는 이를 계약레짐(contracting regime)이라고 부른다. 그에 따르면 정부와 사업자가 계약적 레짐을 구축하는 것은 정부담당부서의 정치적 불확실성 회피, 사업자의 안정적인 정치적 지지의 획득 등의 필요에 따른 것으로, 이렇게 되면 정부와 사업자 간에는 규범과 개인적 유대를 낳고, 이것은 둘 간의 거래비용을 낮춘다. 보다 구체적으로 정부공무원들은 질 좋은 서비스의 적시공급을 보장하기 위해 특정사업자와 장기적 관계를 발전시키고자 한다. 계약레짐은 정치적 세계로부터 오는 불확실성으로부터 이들 모두를 보호해 준다는 것이다. 그 결과는 서비스의 질과 공급비용 모두에 좋지 않은 영향을 미치고 나아가 공급자 부족의 문제를 야기한다(Smith, 1996: 117). 이는 앞서 살펴본 본인−대리인관계이론으로도 설명 가능하다.

이와 같은 사실은 서울시 쓰레기수거 민간위탁에 관한 사례조사를 통해서도 증명되는 데 우리나라 민간위탁의 문제점으로 ① 경쟁성의 결여 및 장기독점계약 경향, ② 사회적 형평성의 결여, ③ 민간위탁목적의 모호성, ④ 적절한 사후평가의 결여, ⑤ 규모경제와 민간업체의 채산성에 대한 배려부족 등이 지적되었다(박경효, 1992).

따라서 관리의 복잡성이 증대할수록 수탁자의 계약관리능력과 행정책임성이 보다 강조되어야 하고 이를 확보하기 위해 계약진단(contract monitoring)을 수시로 용이하게 하고 본인－대리인의 복잡성을 극소화시키는 관리능력이 요청된다(Johnston and Romzek, 1999: 394-395).

특히 의료서비스의 경우, 공익성 분야의 성과를 측정하기 위해 연인원이 아닌 실인원 개념으로 의료보호환자진료실적을 측정하는 것이 긴요하고 응급의료기능과 저소득층환자진료, 기타 각종 공익진료기능에 대한 계량적 평가가 가능하도록 기존 지표를 보완·적용할 필요가 있다.

이에 더하여 취약계층의 진료와 관련된 서울시의 재정지원의 확대와 비용부담의 원칙이 강화되어야 한다. 현재 공익진료로 인한 재정손실분을 구체적인 지급기준 없이 보전해주고 있는 원시적인 지급방식에서 성과평가 결과를 토대로 지급액을 차등화하고, 병원운영상 의료보호환자에 대한 진료비지급 기간을 현재의 삭감률을 고려해 현실적으로 재조정할 필요가 있다.

이 이외에 구사 가능한 체제내적 유인장치로는 직원들에 대한 정기적인 교육훈련 실시로 서비스 質제고를 기하고, 동기부여 및 자기발전의 기회(국내외연구 및 각종 세미나참석, 소모임활성화 등)를 부여함으로써 조직일체화와 동태적 효율성을 기할 수 있도록 해야 할 것이다. 간호사뿐만 아니라 병리기사, 방사선 기사 등 여타 기술 인력에 대해서도 질적 전문성을 확보하기 위해 현재 보건소와의 순환보직을 단절시키고 실질간호 인력으로 기능할 수 있도록 끊임없는 교육프로그램의 개발이 필요하다.

조직체제외적 유도장치로는 주기적인 경영실적평가와 이 결과에 따른 市정부의 각종 통제의 강도조절 및 인센티브 제공의 차등화를 도입하는 것을 들 수 있다. 각종 통제 및 유인장치로는 기존의 인사·예산상의 집행·승인에 있어 제재와 완화를 가하는 방법이 있을 수 있겠는데 구체적으로 위탁운영계약의 해지로 운영권 인수를 하거나 피평가기관 간의 효율성의 차이를 고려해 재정보조금을 差等지급함으로써 인센티브적 효과를 거둘 수 있으리라 예상된다. 아울러 경쟁적 분위기도 조성해 경쟁유발효과를 가져올 수 있을 것이다. 이때 차등폭은 매년 확대시켜 실질적인 誘因(incentive)

效果를 갖도록 한다.

　나아가 동일 지방자치단체 내의 공공의료기관 간의 경쟁유도에만 그칠 게 아니라 전국에 산재하고 있는 지방의료원의 경영효율성과 비교 평가하는 '경영효율성 벤치마킹(bench marking)'을 통해 차등적 인센티브를 제공할 수도 있을 것이다. 이는 모두 공공의료기관의 불완전한 시장노출을 보완하기 위한 방안이라 할 수 있다. 이 이외에도 경영실적 평가결과를 경영자의 인사 및 급여에 반영하는 방안을 강구하여 소기의 목적을 실현할 수도 있을 것이다. 하여간 어떤 방식을 취하든 간에 정기적으로 경영실적평가를 통한 환류장치가 지속적으로 이루어지는 것이 바람직하다.

　그러나 이러한 경쟁유도는 조직운영과 사업관리상의 경영자율성을 침해하지 않는 기반위에서 자율적 경영관리를 수행할 수 있는 제반 여건 조성하에 앞서 제시한 유도적 통제기능 발휘가 의미를 가질 수 있으며 명실상부한 경영합리화로 이어질 수 있을 것이다.

　특히 이 경영효율성의 제고는 서울시의 장기적 재정부담의 정도 및 불안과 밀접한 관련이 있다. 결국 이는 시민의 세금으로 경영손실분에 대한 적자보전이 이루어지므로 종국적으로 시민의 호주머니를 가볍게 하는 것이므로 시직영병원의 경우 조직운영형태의 전환을 고려한 과감한 변화가 필요하고, 지방공사와 위탁운영계약으로 운영되는 간접운영병원 또한 적극적인 경영효율성 제고방안을 수립해야 할 것이다.

　마지막으로 양질의 의료서비스를 보다 저렴한 비용으로 공급하면서도 공공의료기관의 경영성과를 제고시키기 위한 방안으로 통합의료서비스전달체계를 고려할 수 있다. 통합의료체제는 다수의 의료기관의 수직 및 수평 통합된 의료전달체제를 의미한다. 다수의 의료자원의 통합으로 얻을 수 있는 利點은 일괄서비스의 제공가능성, 자본시장에서의 접근용이성, 규모의 경제, 업종다양화, 인력 및 관리상의 이점, 시장에서의 독점적 지위 증대, 고가 의료장비와 관련 의료서비스의 구매력 증대, 전문의료 인력의 확보용이성 증대 등이 지적되고 있다(Shortell, Gillies & Anderson, 1994; Erman

& Gabel, 1984). 체제통합은 조직구성상 수직 · 수평통합을 의미하지만 서
비스통합 성공의 관건은 기능통합, 의료 인력－체제 간 통합 및 진료서비
스통합을 꼽고 있다(Shortell, Gillies, & Anderson, 1994; Conrad &
Dowling, 1990). 기능통합은 핵심지원기능과 활동(재무관리, 인력자원, 전략
계획, 정보체제 등)이 체제효율성의 극대화를 위해 각 기능단위에 걸쳐 통
합 · 조정되는 정도를 말한다. 의료 인력－체제통합은 의료 인력이 자신을
체제와 동일시하고, 체제를 활용하며, 체제발전을 위한 계획 및 관리과정에
참여하는 정도를 말한다(이혁주 · 이상수, 1996: 85–89). 이와 같은 통합의료
체제를 구축한다면 공공의료서비스의 공익성을 침해하지 않으면서도 의료
자원의 효율적 활용이 가능할 것이다.

3. 연구의 한계

본 연구는 연구결과의 신뢰성과 타당성을 극대화하기 위해 대차대조표
및 손익계산서와 각종 통계실적을 토대로 한 경영실적분석과 함께, 자료포
락분석기법을 이용하여 다시 효율성을 분석하였고, 서비스이용자의 서비스
질에 대한 주관적 만족도를 측정하기 위해 설문조사를 실시하였다. 그럼에
도 불구하고 본 연구가 갖는 한계는 서울시 산하 3개 병원만을 대상으로
실증분석을 통해 결론을 도출하고 있어, 이러한 연구결과를 전체 지방의료
원이나 서비스 공급유형으로 일반화시키는 데에는 어려움이 있다. 또한 고
객만족도조사에 있어서도 엄밀히 비교 평가를 위해서는 세 병원의 의료서
비스를 모두 경험한 환자를 대상으로 조사하는 것이 가장 정확하겠으나 현
실적으로 불가능한 문제이기에 이 점에서 각 병원을 來院하는 서비스 이용
자의 특성이 지나치게 부각된 점도 고객만족도 평가상의 한계로 남는다.
또한 객관적인 경영실적평가 결과와 주관적인 서비스만족도 평가결과를
통합한 종합적 성과평가를 제시하고 있으나 양적 평가와 질적 평가를 조화
롭게 접목시켜 특정 조직의 성과평가의 잣대로서 명실상부하게 기능케 하

286

는 소위 '종합적 성과평가모형'의 틀을 제시하지 못하고 후속 연구과제로
남겨 둔다. 이 문제는 주관적 평가와 객관적 평가의 비율을 어느 정도 반
영시켜 통일된 평가척도를 도출하는가 하는 문제로 귀결될 것이다. 나아가
주관적 만족도 평가결과를 피평가기관이 만족스럽게 수용할 수 있을 정도
의 평가모형과 평가방법으로 좀 더 세련되게 구축하는 것도 후속 과제로
남겨 두어야겠다.

參考文獻

1. 國內文獻

곽영진. (1992). 자료포괄분석(DEA)을 이용한 병원의 효율성평가에 관한 연구. 충남대학교 대학원 박사학위논문.

곽채기. (1995). 대리인 문제와 공기업의 경영혁신 방안, 한국공기업학회 제16회 학술대회 발표논문, 1995. 4. 28.

권경득. (1997). 지방정부의 행정서비스에 대한 지역주민의 평가에 관한 연구: 아산시를 중심으로. 한국행정학회하계학술대회발표논문. 1997. 6. 20.

김명환. (1987). 공공서비스 공급체제에 관한 연구. 「상지대논문집」 8: 105-126.

김상영. (1993). 행정서비스 공급체계 개선의 기본방향. 「대구직할시시정연구」. 13: 5-24.

김시영·김규덕. (1996). 지방정부 공공서비스의 성과평가모형에 관한 소고. 「지방자치연구」. 8(3).

김신복. (1996). 지방자치단체 평가의 대상과 접근방법 및 준거. 서울대학교 행정대학원 주최 「제49회 국가정책세미나」발표논문. 1996. 6. 13.

김영기. (1992). 공공서비스 성과에 대한 수혜자 평가의 결정요인: 교육서비스를 중심으로. 「한국행정학보」. 26(1): 165-181.

김영래. (1999). 국내은행의 효율성 측정을 위한 DEA의 적용. 서울시립대 경영학박사학위논문. 1999. 2.

김 원. (1985). 도시공공서비스의 민간공급이론과 그 적용가능성에 관한 연구. 「국토계획」. 20(1).

김일태. (1992). 도시공공서비스 전달체제 평가모형정립에 관한 연구: 서
　　　 비스 전달성과의 측정과 분석을 중심으로. 서울대 환경대학
　　　 원 박사논문.

김　인. (1986). 공공서비스 배분의 결정요인과 형평성에 관한 연구. 서
　　　 울대 박사논문.

_____. (1991). 공공서비스 성과평가의 의의와 성과의 측정방법. 「부산
　　　 직할시시정연구보고」. 3: 153-187.

_____. (1993). 미국 도시정부의 공공서비스 전달을 위한 제도적 장치.
　　　 「부산직할시시정연구보고」. 5: 139-199.

_____. (1994). 지방정부의 공공서비스 성과평가. 「고시계」. 444: 177-194.

_____. (1995). 지방정부의 공공서비스 성과향상 방안. 「계명대 사회과
　　　 학논총」. 14: 135-164.

김인·김영기·유기성. (1991). 지방정부의 공공서비스 성과측정 및 결정
　　　 요인. 「부산대 지방과행정연구」. 3(2): 155-224.

김인·김영기·유기성. (1991). 지방정부의 공공서비스 성과측정 및 결정
　　　 요인. 부산대학교. 「지방과 행정연구□□ 3(2).

김인·허용훈. (1995). 지방정부의 공공서비스 성과향상 방안. 「계명대
　　　 사회과학논총」. 14.

김인·허용훈·이희태. (1999). 지방의료원의 운영형태별 성과분석. 「한
　　　 국행정학보」. 33(3).

김재홍·조경호 (1995). 지방정부 행정서비스에 대한 시민의 의식과 평
　　　 가: 울산시를 중심으로. 「한국행정연구」 4(2), 133-54.

남궁근·박창제. (1993). 보건의료정책의 성과와 개선방안. 「한국행정연구」.

남상요. (1993). 의료기관에 있어서의 효율성평가에 관한 연구, 「대한병
　　　 원협회지」, 제22권12호, pp.4-12.

노춘희. (1988). 도시개발과 도시공공서비스 공급에 관한 연구. 「서울시

립대도시행정연구」. 3: 211-283.

문춘걸. (1998). 「자료포락분석 및 그 변형기법을 통한 공공부문의 생산성 측정: 한국 중소도시의 생산성 분석」. 한국조세연구원. 정책보고서98-02.

박경원. (1995). 21세기형 서비스행정의 구축방향. 「한국행정연구」. 4(2).

박경효. (1992). 공공서비스 생산의 민간화에 관한 평가－서울시 쓰레기 수거업무 사례분석. 「한국행정학보」, 제25권 제4호.

박상우. (1994). 21세기를 대비한 경기지역 개발방향. 한국정책학회 정책토론회 발표논문. 1994. 10. 29.

박재완. (1997). 정부성과 측정과 활용: 개념틀을 중심으로. 1997년 한국행정학회 하계학술대회 발표논문, 1997. 6. 20-21.

박재희. (1998). 행정서비스 제공방식의 다원화 방안. 한국행정연구원. KIPA연구보고 97-01.

박중훈. (1998). 「행정서비스 종합대책의 구상(Ⅱ): 행정서비스에 대한 고객만족도 평가」. KIPA 연구보고 97-16. 서울: 한국행정연구원.1212

박중훈·김판석. (1996). 「행정서비스 종합대책의 구상(Ⅰ): 공공기관의 고객만족도 평가지표 개발」. KIPA 연구보고 96-05. 서울: 한국행정연구원.

배용수. (1995). 지방공기업에의 민간참여 확대방안. 한국공기업학회 제16회 학술대회발표논문.

손희준. (1992). 한국 도시 공공서비스의 민영화 성과측정 연구: 쓰레기 수거서비스를 중심으로. 성균관대 박사학위논문.

_____ (1992). 도시 쓰레기 수거서비스의 공급유형에 따른 능률성 분석: 민영화 방안을 중심으로. 「한국행정학보」. 26(1).

양광수. (1994). 지방자치단체의 공공서비스 공급과 생산효율성. 「공주대 지역개발연구논총」. 2: 257-275.

290

양기용·김상묵. (1996). 「경기도정 평가지표 개발과 적용에 관한 연구」. 경기개발연구원. 연구보고서 96-06.

엄운섭. (1992). 도시공공서비스의 성과측정과 제도개선에 관한 연구: 서울시 상수도사업을 중심으로. 경희대 박사학위논문.

_____ (1995). 도시공공서비스의 성과측정모형정립에 관한 연구. 「삼척산업대논문집」. 28(2): 389-405.

오창택. (1998). 서비스 질 구성차원의 관리우선순위: 민원행정서비스를 중심으로. 「한국행정학보」. 32(2)

우동기. (1996). 지방자치단체 경영진단 모형개발을 위한 시론. 「지방자치연구」. 8(2).

윤경준. (1998). 공공부문 성과측정을 위한 DEA와 확률전선모형의 비교분석. 「한국행정학보」. 32(4).

이계식. (1996). 「중앙·지방정부 관계의 재정립: 영국 지방자치의 경험과 교훈」. 한구개발연구원. 정책연구시리즈 96-03.

이승종. (1990). 정책유형의 도시공공서비스 배분에 대한 효과: 통합이론모형의 제시. 「한국행정학보」. 24(2).

_____ (1993). 지방정부 공공서비스배분의 형평성: 주관적 및 객관적 평가. 「한국정책학회 학술대회 발표논문」

_____ (1993). 지방정부의 공공서비스 배분. 「한국지방행정연구원」.

이시경. (1990). 도시행정에 있어서 민간과 사회부문 조직의 역할. 「한국행정학보」. 24(3)

이영균. (1994). 공공영역의 생산성 측정모형에 관한 소고. 「한국행정학보」. 28(3).

이종수. (1994). 도시정부의 행정서비스 수요개념과 측정. 노정현 외. 「행정개혁론」: 331-

이주호. (1994). 주민만족 행정서비스 혁명. 서울: 도서출판 무한.

이혁주(1995). 지자체를 위한 인력산정기법. 「한국행정학보」. 제29권 제

3호. p.626.

이혁주·이상수. (1996). 「서울시 보건의료정책의 방향 재설정」. 시정연 96-R-25. 서울: 서울시정개발연구원.

이혁주·이상수. (1997). 地方自治時代의 保健醫療政策 – 서울시를 중심으로. 「한국행정학보」. 31 (1): 113-130.

임성일. (1997). 공공부문과 민간부문의 영역구분. 한국지방행정연구원 「지방행정정보」. 1997년 10월호. 통권 제161호.

정기선. (1992). 「현대병원경영분석과 진단」. 서울: 문휘도서.

정윤수·허만형. (1999). 시립병원 의료서비스의 공공성 분석, 정부정책 및 정부개혁의 평가. 「1999년도 한국행정학회 하계대회 발표논문집」.

조성한. (1998). 「사회복지행정서비스 전달체계연구」. 한국행정연구원 연구보고 97-02.

조은경. (1998). 공공서비스에 대한 주민평가에 관한 연구. 서울시립대 대학원 박사학위논문.

조임곤·이상수. (1997). 「서울시 상수도사업의 경영효율화 방안」. 서울시정개발연구원, 시정연 97-R-26.

진재구. (1998). 「정부생산성의 개념체계와 측정지표」. 한국행정연구원 연구보고 97-03.

최광·임주영편. (1996). 「공공부문의 생산성 제고를 위한 연구」. 서울: 한국조세연구원.

최병대외. (1995). 「자치구 구정진단을 위한 모형개발에 관한 연구」. 서울시정개발연구원. 시정연 95-R-27.

최종원. (1994). 회귀분석을 이용한 공기업민영화정책 효과분석. 「전환기의 정책과 재정관리」, 412-35. 서울: 법문사.

최준호. (1997). 공공서비스정책의 주민만족을 위한 행정대응성 연구. 한국행정학회 동계학술대회발표논문. 1997. 12. 13.

한인섭. (1999)「지방공공병원의 조직형태별 성과분석에 관한 연구」. 박사학위논문. 서울대행정대학원.

황아란. (1997). 외국지방자치단체의 성과측정 사례 – 미국과 영국의 기초자치단체를 중심으로. 서울: 한국지방행정연구원 연구자료집 96-10.

강남병원. 연보, 결산서. 1994-1999년

보라매병원. 진료통계, 결산서. 1994-1999년.

동부병원. 진료통계 및 업무보고서. 1995-1999년.

국토개발연구원. (1988). 「도시공공서비스 공급합리화 방안: 민간참여 확대가능성을 중심으로」.

서울시정개발연구원. (1994). 「구정경영 사례연구」. 서울: 서울시정개발연구원.

서울시정개발연구원. (1995). 「구정진단 모형개발에 관한 연구」.

서울시정개발연구원. (1999). 「시민평가제 도입방안 연구」.

자치단체평가단. (1996). 「민선지방자치 1년의 평가와 과제」. 서울대학교 행정대학원.

자치단체평가단. (1997). 「민선지방자치 2년의 평가와 과제」. 서울대학교 행정대학원.

한국능률협회. (1999). 「지방공사 강남병원 구조조정 및 경영개선방안 도출을 위한 경영진단」. 지방공사 강남병원.

한국보건산업진흥원. (2000). 「서울특별시립 보라매병원 장기발전계획 연구」.

한국의료관리연구원. (1995). 「병원경영분석지표 해설」.

한국행정연구원. (1996). 「행정서비스 종합대책의 구상(Ⅰ): 공공기관의 고객만족도 평가지표 개발」.

서울특별시립보라매병원위탁운영계약서

서울특별시립사회복지시설설치및위탁운영에관한조례

2. 國外文獻

Alter, Catherine., and Hage, Jerald. (1993). *Organizations Working Together*. SAGE Publications.

Ammons, David N. (1995). Overcoming the Inadequacies of Performance Measurement in Local Government: The Case of Libraries and Leisure Services. *Public Administration Review*, 55(1): 37-47.

Ammons, David N. (1996). *Municipal Benchmarks: Assessing Local Performance and Establishing Community Standards*. Thousand Oaks, CA: Sagge Publications.

Asher, Kate. (1987). *The Politics of Privatization: Contracting Out Public Services*. N.Y.: St. Martin's Press.

Banker, R. D. (1984). Estimating Most Productive Scale Size Using Data Envelopment Analysis. *European Journal of Operational Research, 17:* 35-44.

Banker, R., Charnes, A., & Cooper, W. (1984). Some Models for Estimating Technical and Scale Inefficiencies in Data Envelopment Analysis. *Management Science*, 30: 1078-1092.

Banker, R., Conrad, R., & Strauss, R. (1986). A Comparative Application of Data Envelopment Analysis and Translog Methods: An Illustrative Study of Hospital Production. *Management Science, 32(1):* 30-44.

Barkdoll, Gerald. (1992). scoping Versus Coping: Developing a Comprehensive Agency Vision. *Public Administration Review*, 52(4).

Beesley, M. E. (1992). *Privatization, Regulation and Deregulation*. London: Routledge.

Berry, Frances Stokes. (1994). Innovation in Public Management: The Adoption of Strategic Planning. *Public Adminis- tration Review.* July-August 1994.

Bovaird, Tony. (1997). *Excellent Organizations, Effective Service Systems and Successful Communities: An Evaluation Framework for the New Public Management.* U.K.: Public Services Management Research Centre in Aston Business School. Working Paper No. 9708.

Bozeman, Barry. (1979). *Public Management and Policy Analysis.* New York: St. Martin's Press, Inc.

Brown, Karin, and Philip B. Coulter. (1983), "Subjective Measures of Police Service Delivery", *Public Administration Review,* 43(1): 50-58.

Brudney, Jeffrey L. & England, Robert E. (1982). Urban Policy Making and Subjective Service Evaluations: Are They Compatible? *Public Administration Review,* 42(2): 127-134.

Bryson, John M., and Roering, William D. (1988). Initiation of Strategic Planning by Governments. *Public Adminis- tration Review,* 48(6).

Busson, Terry. (1983). The Need for Program and Performance in Local Government. *Policy Studies Journal,* 12(2): 279-286.

Busson, Terry., Coulter, Philip. (1987). *Policy Evaluation for Local Government.* Connecticut: Greenwood Press, Inc.

Callahan, Keith., and Holzer, Marc. (1999). Results-oriented Government: Citizen Involvement in Performance Measurement. In Arie Halachmi(ed.), *Performance and Quality Measurement in Government: Issues and Experiences,* 51-64. Burke, VA: Chatelaine Press.

Campbell, Michael. (1998). Outcome and Performance Measure- ment

Systems: An Overwiew. http://www.alliance.na- pawash.org.

Charnes, A., Cooper, W., Rhodes, E. (1978). Measuring the Efficiency of Decision Making Units. *European Journal of Operational Research, 2*: 429-444.

Charnes, A., Cooper, W., Lewin, A. Y., and Seiford, L. M. (1997). *Data Envelopment Analysis.* (3rd ed.), Netherlands: 23-61.

Chung, Kae H. (1987). *Management: Critical Success Factors.* Allyn and Bacon, Inc.

Clarke, Thomas., and Pitelis, Christos. (1993). *The Political Economy of Privatization*(ed.). London and New York: Routledge.

Clarke, Thomas. (1994). Reconstructing the Public Sector: Performance Measurement, Quality Assurance and Social Accountability in Thomas Clarke(ed.). *Inte- rnational Privatization Strategies and Practices.* Walter de Gruyter & Co.

Clutterbuck, David., Kernaghan, Susan., and Snow, Deborah. (1991). *Going Private: Privatizations Around the World.* U.K.: Mercury Books.

Common, Richard., Flynn, Norman., and Mellon, Elizabeth. (1993). *Managing Public Services: Competition and Decentralization.* Oxford: Butterworth-Heinemann Ltd.

Conrad, D. & Dowling, W. (1990). Vertical Integration in Health Services: Theory and Managerial Implications. *Health Care Management Review,* 15(4): 9-22.

Conrad, R., & Strauss, R. (1983). A Multiple-Output Multiple- Input Model of the Hospital Industry in North Carolina. *Applied Economics,* 15: 341-352.

Coulter, Philip B. (1981). Measuring Distributional Inequality. *Policy Studies Journal,* 10(2).

Cozzens, Susan E. and Julia E. Melkers. (1997). Use and usefulness of performance measurement in state science and technology programs. *Policy Studies Journal*, 25(3): 425-435.

Daily, John H. (1983). Overcoming Obstacles to Program Evalua- tion in Local Government. *Policy Studies Journal*, 12(2): 287-294.

David Osborne and Ted Gaebler. (1993). *Reinventing Govern- ment: How the Entrepreneurial Spirit is Trasfor- ming the Public Sector*.

Degrove, John M(ed.). (1991). *Balanced Growth: A Planning Guide for Local Government*. Washington: Interna- tional City Mana- gement Association.

Denhardt, Robert B. (1993). *The Pursuit of Significance: Strategies for Managerial Success in Public Organiza- tions*. California Belmont: Wadsworth Publishing Company.

Dilger, Robert Jay., Moffett, Randolph R., and Struyk, Linda. (1997). Privatization of Municipal Services in Ameri- ca's Largest Cities. *Public Administration Review*, 57(1): 21-26.

Donahue, John D. (1989). *The Privatization Decision: Public Ends, Private Means*. U.S.A, Basic Books. Inc., Publishers.

Duch, R. (1991). *Privatizing the Economy*. Ann Arbor, Michigan: The University of Michigan Press.

Duncan, I., Bollard, A. (1992). *Corporation and Privatization: Lesson from New Zealand*. Oxford University Press.

Dyson, R. G., Thanassoulis E., Boussofiane, A. (1990). *Data Envelopment Analysis in Tutorial Papers in Opera- tional Research*, L.C.Hendry and R.W. Eglcsc cds. UK: Opcrational Research Society.

Epstein, Paul D. (1992). Get Ready: The Time for Performance

Measurement Is Finally Coming. *Public Administra- tion Review*, 52(5).

Erman, D. and Gabel, J. (1984). Multihospital Systems: Issues and Empirical Findings. *Health Affairs*, 3(1): 51-64.

Farnham, David., Horton, Sylvia. (1996). *Managing the New Public Services(2nd ed.)*. London: Macmillan Press Ltd.

Farrel, M. J. (1957) The measurement of productive efficiency, *Jouranl of the Royal Statistical Society*. Series A 120: 253-281.

Fitzerald R. and Robert T. Durant(1980), Citizen Evalations and Urban Management: Service Delivery in an Era of Protest. *Public Administration Review*, 40(6): 584- 594.

Foreman-Peck, J. (1985). Competition and Performance of the United Kingdom Telecommunication Industry. *Teleco- mmunications Policy*, 9: 215-14.

Foster, C.D. (1992). *Privatization, Public Ownership and The Regulation of Natural Monopoly*. Oxford: Blackwell Publishers.

Fry, Geoffrey K. (1997). The Conservatives and the civil service: 'one step forward, two steps back?'. *Public Administra- tionan international quarterly*, 1997 Winter.

Gayle, Dennis A. and Goodrich, Jonathan N. (ed.). (1990). *Privatization and Deregulation in Global Perspec- tive*. U.S.A.: Quorum Books.

General Services Administration Office of Governmentwide Policy. (1998). *Performance-Based Management: Eight Steps To Develop and Use Inoformation Technology Performance Measures Effectivcly*. (1998). Washington D.C. http://www.itpolicy.gsa.gov/mkm/pathways

Gibson, Frank K. and Prather, James E. (1984). *Management of*

298

Program Evaluation. The University of Georgia: Carl Vinson Institute of Government.

Goetz, Edward G, Clarke Susan E. (eds.). (1993). *The New Localism: Comparative Urban Politics in a Global Era*. London: SAGE Publications.

Gore, Al(1993). *Creating A Government that Works Better & Costs Less*. New York: Random House.

Gore, Al(1997). *Businesslike Government: Lesson Learned from America's Best Companies*. www.npr.gov/library/ nprrpt/annrpt/ vp-rpt97/.

Gormley, William T. (ed.). (1991). *Privatization and Its Alternatives*. The University of Wisconsin Press.

Government Accounting Standards Board. (1997). *Service Efforts and Accomplishments Reporting: Its Time Has Come. An Overview*. Norwalk, CT: GASB.

Gray, John. (1993). *Beyond The New Right: Markets, Govern- ment and The Common Environment*. London and New York: Routledge.

Green, James A. (1991). *Standards for Effective Local Govern- ment: A Performance Assessment Workbook for Small Cities and Towns*. ICMA: Management Information Publications.

Harney, Donald F. (1992). *Service Contracting-A Local Govern- ment Guide*, Washington D. C.: ICMA.

Hatry, Harry P. (1992). *How Effective Are Your Community Services?: Procedures for Measuring Their Quality* (2nd).

Henkel, Mary. (1991). *Government, Evaluation and Change*. Lindon: Jessica Kingsley Publishers.

Henry, Nicholas. (1992). *Public Administration & Public Affairs*. Englewood

Cliff. NJ: Prentice-Hall.

Herrman, Margaret S. (1991). *Resolving Conflict: Strategies for Local Government*. Washington: International City Management Association.

Hill, Dilys M. (1994). *Citizens and Cities: Urban Policy in the 1990s*. London: Harvester Wheatsheaf Campous.

Holzer, Marc. (1996). *Alternative Approaches to Local Govenment Productivity Improvement*. 서울: 삼성경제연구소.

Hughes, Owen E. (1994). *Public Management and Administration: An Introduction*. London: The Macmillan Press Ltd.

Johnson, David. (1996). *The Growth of Project-based Manage- ment in Public Service Organizations: An Evalua- tion of Critical Success Factors*. U.K.: Public Services Management Research Centre in Aston Business School. Working Paper, No. 31.

Johnston, Jocelyn M., and Romzek, Barbara S. (1999). Contracting and Accountability in State Medicaid Reform: Rhetoric, Theories, and Reality. *Public Administration Review*, 59(5): 383-399.

Kandampully, Jay. (1998). Service Quality to Service Loyalty: A Relationship which goes beyond Customer Services. *Total Quality Management*, 9(6).

Kemp, E. V., Funk, R. J. and D. C. Eadie. (1993). Change in Chewable Bites: Applying Strategic Management at EEoc. *Public Administration Review*, 53(2).

Kerley, Richard. (1994). *Managing in Local Government*. London: The Macmillan Press Ltd.

King, Desmond S. and Pierre, Jon(eds.). (1990). *Challenges to Local Government*. London: SAGE Publications.

Kopczynski, Mark. and Lombardo, Michael(1999). Comparative Performance Measurement: Insights and Lessons Learned from a Consortium Effort. *Public Adminis- tration Review*, 59(2).

Libecap, Gary D. (ed.). (1996). *Advances in The Study of Entrepreneurship, Innovation, and Economics Growth: Reinventing Government and The Problem of Bureauc- racy*. London: JAI Press Inc.

Lichfield, Nathaniel. (1996). *Community Impact Evaluation*. London: University College London Press.

Lightbody, James. (1993). The Strategic Planning Component in the Policymaking Process for Municipalities in Canada. *Policy Studies Journal*, 21(1).

Matheson, Craig. (1996). Organizational Structures in the Australian Public Service. *Australian Journal of Public Administration*, 55(2). Australia: Royal Ins- titute of Public Administration Australia.

Melkers, Julia. (1998). The State of the States: Performance- Based Budgeting Requirements in 47 out of 50. *Public Administration Review*, 58(1).

Miller, Trudi C. (1984). *Public Sector Performance- a conce- ptual turning point*. Balti and London: The Johns Hopkins University press.

Miranda, Rowan., and Lerner, Allan. (1995). Bureaucracy, Organizational Redundancy, and the Privatization of Public Services. *Public Administration Review*, 55(2).

Moore, Barbara H(ed.). (1983). *The Entrepreneur in Local Government*, Washington. D. C.: International City Management Associa- tion.

Morgan, Gareth. (1993). *Imagination: The Art of Creative Management.* SAGE Publications.

Morphet, Janice. (1993). *The Role of Chief Executives in Local Government.* London: Longman Groub UK Ltd.

Myers, Ronald., Lacey, Robert. (1996). Consumer Satisfaction, Performance and Accountability in the Public Sector. *International Review of Administrative Sciences,* 62: 331-350.

Myrtle, Robert C. and Wilber, Kathleen H. (1994). Designing Service Delivery Systems: Lessons from the Devel- opment of Community-Based Systems of Care for the Elderly. *Public Administration Review,* 54(3).

Nikolas, Zahariadis. (1992). *The Political Economy of Privati- zation in Britain and France.* Ann Arbor: U · M · I.

Niskanen, William A. Jr. (1994). *Bureaucracy and Public Economics.* USA: Edward Elgar Publishing Company.

OECD Code 421996011P1. (1996). Responsive Government: Service Quality Initiatives. OECD Online Bookshop.

Oliver, Dawn., & Drewry, Gavin. (1996). *Public Service Reforms: Issues of Accountability and Public Law.* London: A Cassell Imprint.

Osborne, Stephen P., and Flynn, Norman. (1997). *The Innovative Role of Voluntary and Non-Profit Organizations in the Provision of Public Services for Local Communi- ties: The Managerial Implications.* U.K.: Public Services Management Research Centre in Aston Business School. Working Paper No. 9710.

Palmer, Anna J. (1993). Performance Measurement in Local Government. *Public Money and Management* 13.

Poister, Theodore. H. & Henry, Gary. T. (1994). Citizens Ratings of Public and Private Services Quality: A Comparative Perspective.

Public Administration Review, 54(2): 155-60.

Poister, Theodore. H. & Streib, Gregory. (1999). Performance Measurement in Municipal Government: Assessing the State of the Practice. *Public Administration Review*, 59(4): 325-335.

Pollitt, Christopher. (1986). Beyond Managerial Model: The Case for Broadening of Performance Assessment in Government and Public Services. *Financial Accoun- tability and Management* 2.

Pollitt, Christopher. (1990). Managerialism and the Public Services: The Anglo-American Experience. UK: Basil Blackwell Ltd.

Pollitt, Christopher., and Stephen Harrison. (1992). *Handbook of Public Service Management*. UK: Blackwell Pub- lishers.

Prager, Joans. (1994). Contracting Out Government Services: Lessons from the Private Sector. *Public Administration Review*, 54(2).

Rainey, Hal G. (1991). *Understanding and Managing Public Organizations*. San Francisco & Oxford: Jossey- Bass Publishers.

Ramamurti, Ravi., Vernon, Raymond. (ed.). (1991). *Privatization and Control of State-Owned Enterprises*. Washington D.C.: Economic Development Institute.

Ramanadham, V.V. (ed.). (1994). *Privatization and After: Monitoring and Regulation*. London and New York: Routledge.

Romzek, Barbara S. and Dubnick, Melvin J. (1998). Accoun- tability. *International Encyclopedia of Public Policy and Administration*. Jay Shafritz, Editor-in-Chirf. New York: Westview Press: 6-11.

Rondinelli, Dennis A. (1995). Privatization and Economic Transformation: The Management Challenge. in Joseph Prokopenko(ed.). (1995). *Management for Privatization: Lesson from Industry and Public Services*. Geneva: International Labour Office.

Rosentraub, Mark S. and Lyke Thompson. (1981). The Use of Surveys of Satisfaction for Evaluations. Policy Studies Journal, 9(2): 990-998.

Roth, Gabriel. (1987). *The Private Provision of Public Services in Developing Countries*. Oxford University Press.

Rowley, Jennifer. (1998). Quality Measurement in the Public Sector: Some Perspective from the Service Quality Literature. *Total Quality Management*, 9(2).

Savas, E. S. (1987). *Privatization: The Key to Better Government*. New Jersey: Chatham House Publishers.

Schall, Ellen. (1997). Public-Sector Succession: A Strategic Approach to Sustaining Innovation. *Public Adminis- tration Review*, 57(1).

Schiflett, Kathy., Zey, Mary. (1990). Comparison of Charac- teristics of Private Producing Organizations and Public Service Organizations. *Sociological Quarterly*, 31(4). University of California.

Shirley, Mary., Nellis, John. (1991). *Public Enterprise Reform: The Lessons of Experience*. Washington D.C.: The World Bank.

Shortell, S., Gillies, R., Anderson, D., Mitchell, J., & Morgan, K. (1993). Creating Organized Delivery Systems: The Barriers and Facilitators. *Hospital and Health Services Administration*, 38(4): 447-466.

Smith, S. R. (1996). Transforming Public Service: Contracting for Social and Health Services in the US. *Public Administration*, 74(Spring).

Stewart, John. and Stoker, Gerry. (eds.) (1989). *The Future of Local Government*. London: The Macmillan Press Ltd.

Stewart, John. and Stoker, Gerry. (eds.). (1995). *Local Gove- rnment in the 1990s.*. London: The Macmillan Press Ltd.

Stipak, Brian (1979). Citizen Satisfaction with Urban Services: Potential Misuses as a Performance Indicator. *Public Administration Review*, 39(1): 46-52.

Stipak, Brian (1983). Interpreting Subjective Data for Program Evaluation. *Policy Studies Journal*, 12(2): 305-314.

Stoker, Gerry. (eds.). (1991). *The Politics of Local Government (2nd.)*. London: The Macmillan Press Ltd.

Thanassoulis E. and Dyson R. G. (1988) Setting Target Input-Output Levels for Relative Efficiency under Different Priorities over Individual Input-Output Improvements. *Warwick Papers in Management*, No. 25, University of Warwick.

Thanassoulis, E., Dyson R. G., Foster, M. J. (1987). Relative Efficiency Assessments Using Data Enveloprnent Anal- ysis: An Application to Data on Rates Departments, Journal. *Journal of the Operational Research Society*, 38(5): 397-412.

Thanassoulis E. and Dyson R. G. (1992). Estimating Preferred Target Input-Output Lrevels Using Data Envelopment Analysis. *European Journal of Operational Research*, 56(1): 80-97.

Thompson, Frank J. (ed.). (1993). *Revitalizing State and Local Public Service: Strengthening Performance, Accoun- tability, and Citizen Confidence*. San Francisco: Jossey- Bass Publishers.

Walker, Michael A. (ed.). (1988). *Privatization: Tactics and Techniques*. Vancouver: The Fraser Institute.

Wallin, Bruce A. (1997). The Need for a Privatization Process: Lessons from Development and Implementation. *Public Administration Review*, 57(1): 11-20.

Welch, Eric. and Wong, Wilson. (1998). Public Administration in a Global Context: Bridging the Gaps of Theory and Practice between Western and Non-Western Nations. *Public Administration Review*, 58(1).

Walsh, Kieron. (1995). *Public Services and Market Mechani- sms: Competition, Contracting and the New Public Management*. London: Macmillan Press.

Waterman, Richard W., Meier, Kenneth J. (1998). Principal- agent models: an expansion?. *Journal of Public Administration Research and Theory*, 8(2): 173.

Wechsler, Barton and Backoff, Robert W. (1986). Policy Making and Administration in State Agencies: Strategic Management Approches. *Public Adminis- tration Review*, 46(4).

Wheeland, Craig M. (1993). Citywide Strategic Planning: An Evaluation of Rock Hill's Empowering the Vision. *Public Adminis- tration Review*, 53(1).

Wholey, Joseph S. and Harry. P. Hatry (1992). The Case for Performance Monitoring. *Public Administration Review*, 52(6): 604-610.

Wholey, Joseph S. and Kathryn E. Newcomer (1989). *Im- proving Government Performance*. San Francisco, CA: Jossey-Bass.

Willcoks, Leslie P., Currie, Wendy., and Jackson, Sylvie. (1997). In pursuit of there-engineerimg agenda in public administration. *Public Administration-an interna- tional quarterly*. 1997 Winter.

Wisniewski, Milk., Donnelly, Mike. (1996). Measueing Service Quality in the Public Sector: The Potential for SERVQUAL. *Total Quality Management*, 7(4).

Wright, Alex. (1997). Public Service Quality: Lessons not learned. *Total Quality Management*, 8(5).

3. 其他文獻

City of Berkeley. (1990). *Performance Management System Manual*. Washington, D.C.: International City Manage- ment Association (ICMA).

Multnomah County, Oregon. (1990). *Administering Professional Service Contracts* Washington, D.C.: ICMA.

Performance-Based Management: Eight Steps To Develop and Use Inoformation Technology Performance Measures Effectively. (1998). Washington D.C.: General Services Administration Office of Governmentwide Policy. http ://www.itpolicy.gsa.gov/mkm/pathways

Ramaswamy, Rohit. (1996). *Design and Management of Service Processes: Keeping Customers for Life*. Massachusetts: Addison-Wesley Publishing Company.

Southwestern Pennsylvania Regional Planning Commission. (1991). *Standards for Effective Local Government: A Performance Assessment Workbook for Small Cities and Counties*. Harrisburg, Pennsylvania ; Washington, D.C.: Southwestern Pennsylvania Regio- nal Plannning Commission: distributed by Manage- ment Information Publications, ICMA.

US Dept. of Health and Human Services(1986). *Social Security Handbook*, 9th ed.

○ ○ 병원	일련번호			

고객만족도 평가조사표

안녕하십니까?

귀하의 소중한 시간을 내어주셔서 대단히 감사합니다.

본 설문지는 병원이용과 관련한 고객만족도를 조사하기 위한 기초 자료로 활용하기 위한 것입니다. 본 조사과정에서 습득된 정보는 통계법상의 보호를 받게 되므로 비밀이 절대 보장되며, 통계목적 이외의 다른 용도로는 사용하지 않을 것을 약속드리오니 성의 있는 응답을 부탁드립니다.

2000. 3.

연구책임자: 이상수

Tel. (02)443-7742

병원 의료서비스의 효과에 대한 신뢰도 평가

1. 선생님께서는 병원의 의료서비스의 신뢰성(믿음이 가는 정도)과 요금수준, 병원의 의료서비스의 결과들에 대하여 어느 정도나 만족하십니까?

구분	의료서비스 효과에 대한 만족 정도					해당 없음
	매우 불만족	불만족	보통	만족	매우 만족	
(1) 병원 의료서비스의 신뢰성	①	②	③	④	⑤	⑧
(2) 의료서비스 요금수준	①	②	③	④	⑤	⑧
(3) 진료나 의료서비스 결과	①	②	③	④	⑤	⑧

2. 선생님께서는 병원의료서비스의 결과나 효과가 이용환자들에게 신뢰성을 주기 위해서는 무엇이 가장 중요하다고 생각하십니까? <u>1가지만</u> 응답해 주십시오.

(1) (상기 1번) 병원 의료서비스에 대한 신뢰도

(2) (상기 2번) 의료서비스 요금수준(진료비나 약값 등)

(3) (상기 3번) 진료나 의료서비스 결과와 효과

병원 근무 직원(의사, 간호사, 사무직 등)의 업무태도 만족도 평가

3. 병원에 근무하는 직원(의사, 간호사, 사무직 등)들의 업무태도에 관한 만족도를 묻는 질문입니다. 선생님께서는 직원들의 업무태도에 어느 정도나 만족하십니까?

구분	병원 직원들의 업무태도에 관한 만족 정도					해당 없음
	매우 불만족	불만족	보통	만족	매우 만족	
(1) 병원 직원의 친절한 태도	①	②	③	④	⑤	⑧
(2) 궁금한 사항에 대한 성실한 답변태도 (의료진의 자세한 설명정도, 직원들의 친절한 설명과 안내정도, 환자에 대한 관심정도 등)	①	②	③	④	⑤	⑧

4. 불만사항이나 불편한 사항이 있을 때, 이를 받아들이는 창구를 보신 적이 있습니까?

1) 본 적이 있다   2) 본 적이 없다   3) 모름

5. 불만사항에 대하여 병원 측에 이야기 해보신 적이 있습니까?

1) 예 → (5-1번으로)

2) 아니오→ (5-2번으로)

3) 해당 없음→ (6번으로)

5-1) 병원이용 중에 발생한 불만사항이나 불편사항에 대하여 직원들에게
   이야기했을 때 선생님께서는 직원들의 태도에 대해서 어느 정도 만
   족하셨습니까?

매우 불만족	불만족	보통	만족	매우 만족
(1)	(2)	(3)	(4)	(5)

5-2) 병원 이용 중 생긴 불만사항을 직원들에게 이야기하지 않은 이유는
   무엇입니까? 간략하게 응답해 주십시오.
  1) 그럴 수도 있다고 생각했기 때문
  2) 이야기 해 봐야 개선되거나 고쳐질 것 같지 않아
  3) 귀찮아서
  4) 이야기했을 경우 어떤 피해가 있을지도 몰라서
  5) 기타 (   )

6. 병원 의료서비스의 질을 향상시키기 위해서는 근무 직원의 어떤 태도가 가
   장 중요하다고 생각하십니까? 1가지만 선택해 주십시오.
  1) 이용자나 환자에 대한 친절한 응대성
  2) 궁금한 사항이나 질문사항에 대한 성실한 답변태도
  3) 이용자의 불만이나 불편사항을 잘 듣고 이를 개선하려는 태도

병원의료서비스의 이용편리성에 대한 만족도 평가

7. 다음은 병원의 이용과 관련한 편리성에 관한 만족도를 묻는 질문입니다. 선생님께서는 병원을 이용하시면서 아래와 같은 사항에 어느 정도 만족하십니까?

구분	병원의 이용편리성에 대한 만족 정도					해당 없음
	매우 불만족	불만족	보통	만족	매우 만족	
(1) 이용방법과 절차 안내 정도	①	②	③	④	⑤	⑧
(2) 서비스 제공시간(시작, 점심, 마감)을 이용자 중심으로 준수	①	②	③	④	⑤	⑧
(3) 진료받기 위해 기다리는 시간	①	②	③	④	⑤	⑧
(4) 실제로 의료서비스(진료)를 충분히 받는 시간	①	②	③	④	⑤	⑧
(5) 의료서비스를 받는 절차의 간소성(복잡하지 않은 정도)	①	②	③	④	⑤	⑧
(6) 의료서비스를 받기 위해 찾고자 하는 방을 쉽게 찾는 정도	①	②	③	④	⑤	⑧

8. 선생님께서는 병원을 보다 이용하기 편리하도록 만들기 위해서는 다음 중 어떤 것이 가장 중요한 것이라고 생각하십니까?

<u>1가지만 선택해 주십시오.</u>

1) 이용방법과 절차에 대한 정확하고도 자세한 안내

2) 의료서비스 시작시간이나 점심시간, 마감시간을 철저하게 지키는 것

3) 의료서비스를 받을 때까지 너무 오래 기다리지 않는 것

4) 실제로 의료서비스를 받는 시간이 충분해야 하는 것

5) 의료서비스를 받는 절차가 너무 까다롭거나 복잡하지 않은 것

6) 진료실이나 검사실, 상담실 등을 찾기 좋게 배치하는 것

병원시설이나 환경의 쾌적성에 대한 만족도 평가

9. 다음은 병원의 시설이나 환경의 쾌적성 등을 평가하는 문항입니다. 선생님께서는 병원의 시설이나 환경의 쾌적성 등에 대해 어느 정도 만족하십니까?

구분	병원의 시설이나 환경에 대한 만족 정도					해당 없음
	매우 불만족	불만족	보통	만족	매우 만족	
(1) 기다리는 동안 앉아 있을 수 있는 시설이나 편의시설이 설치되어 있는 정도	①	②	③	④	⑤	⑧
(2) 병원내외부가 깨끗하게 정리되어 쾌적한 정도	①	②	③	④	⑤	⑧
(3) 조명 및 실내온도의 적정성	①	②	③	④	⑤	⑧
(4) 침구 및 환자복의 청결성	①	②	③	④	⑤	⑧

9-1. 선생님께서는 병원을 보다 시민위주의 쾌적한 환경의 의료서비스 공간으로 만들기 위하여 다음 중 어떤 것이 가장 중요하다고 생각하십니까?
<u>1가지만 응답해 주십시오.</u>
 1) 자동판매기나 공중전화, 의자 등의 편의시설이 충분한 것
 2) 병원내외부가 깨끗하게 정리되어 쾌적하게 유지하는 것
 3) 조명이나 실내온도가 적정한 것
 4) 침구나 환자복이 청결한 것

병원의료서비스에 대한 기타 관련사항

10. 병원 의료서비스의 내용 중 다음과 같은 사항에 대해서는 어느 정도나 만족하고 계십니까?

구분	기타 의료서비스 관련사항에 대한 만족 정도					해당 없음
	매우 불만족	불만족	보통	만족	매우 만족	
(1) 과거 진료기록을 정확하게 보존하고, 이를 다음 진료에 활용하는 정도(병력관리)	①	②	③	④	⑤	⑧
(2) 병원을 안심하고 이용할 수 있는 정도	①	②	③	④	⑤	⑧
(3) 병원 직원들의 이용자에 대한 관심 정도	①	②	③	④	⑤	⑧
(4) 다른 민간병원과 비교할 때의 의료서비스 결과의 수준	①	②	③	④	⑤	⑧

11. 선생님께서는 향후에도 지속적으로 이 병원을 이용하실 생각이 있으십니까?

　　1) 있다 → (12번으로)

　　2) 없다 → (11-1번으로)

　　3) 모르겠다→ (12번으로)

11-1. 선생님께서 앞으로 이 병원을 이용하지 않으려고 생각하시는 이유는 무엇입니까?

　　1) 병원의 시설이나 환경이 좋지 않아서

　　2) 병원의 의료서비스 질(결과)이 낮아서

　　3) 병원의 직원들이 불친절해서

　　4) 병원의 이용절차가 너무 까다로워서

　　5) 기타 (　　)

12. 선생님께서는 병원의료서비스에 대하여 종합적으로 평가할 때 다음
    항 중 어떤 요소가 가장 중요하다고 생각되십니까?
    <u>1가지만 선택해 주십시오.</u>
    1) 병원의 개별적인 의료서비스의 내용(진료, 상담, 건강검진 등)이
       만족스러운 것
    2) 의료서비스의 비용이 저렴하고 결과(효과)가 좋은 것
    3) 직원들이 친절하고 이용자의 불만이나 불편사항을 잘 들어주는 것
    4) 병원 이용절차가 간소하고 이용하기가 편리한 것
    5) 병원시설이 쾌적하고 환경이 청결한 것

병원의료서비스의 차원 평가

13. 병원의 의료서비스는 다음의 5가지 영역으로 구분될 수 있습니다. 이
    들 각각의 영역들이 어느 정도 중요한지를 평가해 주십시오.

구분	의료서비스의 차원에 대한 중요도					해당 없음
	전혀 중요하지 않음	중요 하지 않음	보통	중요	매우 중요	
(1) 병원 시설(기기)이나 환경의 청결 성과 쾌적성	①	②	③	④	⑤	⑧
(2) 양질의 서비스를 제공하고자 하는 직 원들의 노력과 신뢰성 있는 태도	①	②	③	④	⑤	⑧
(3) 이용자나 환자의 문의에 대한 성실 한 답변과 응대자세	①	②	③	④	⑤	⑧
(4) 의료서비스 결과에 대해 확신할 수 있는 분위기나 관심	①	②	③	④	⑤	⑧
(5) 이용자나 환자에 대해 관심을 갖고 진료하고자 하는 공감대의 형성	①	②	③	④	⑤	⑧

14. 선생님께서는 위에서 평가하신 의료서비스 차원의 중요도에 비추어 각각 어느 정도나 만족하셨는지 평가해 주십시오.

구분	의료서비스의 차원별 만족도 평가					해당 없음
	매우 불만족	불만족	보통	만족	매우 만족	
(1) 병원 시설(기기)이나 환경의 청결성과 쾌적성	①	②	③	④	⑤	⑧
(2) 양질의 서비스를 제공하고자 하는 직원들의 노력과 신뢰성 있는 태도	①	②	③	④	⑤	⑧
(3) 이용자나 환자의 문의에 대한 성실한 답변과 응대자세	①	②	③	④	⑤	⑧
(4) 의료서비스 결과에 대해 확신할 수 있는 분위기나 관심	①	②	③	④	⑤	⑧
(5) 이용자나 환자에 대해 관심을 갖고 진료하고자 하는 공감대의 형성	①	②	③	④	⑤	⑧

병원 의료서비스의 종합만족도 평가

15. 선생님께서 처음 이 병원을 이용하신 것은 몇 년경인가요? (년)

15-1. 그럼, 선생님께서 현재까지 이 병원을 대략 몇 번 정도나 이용하셨습니까?
(번)

16. 선생님께서 이 병원에 오게 된 이유는 다음 중 어느 것입니까?

1) 집에서 가까워서　　　　　2) 공공병원이므로
3) 진료를 빨리 받을 수 있어서　4) 친절하기 때문에
5) 특정진료에 유명해서　　　6) 주위의 권유로
7) 아는 사람이 근무해서　　　8) 진료비가 저렴해서
9) 타 의료기관 소개로　　　　10) 갑작스런 질병, 사고
11) 기타(　　　　　)

17. (전반적인 만족도)선생님께서 지금까지 평가하신 병원의료서비스에 대하여 이 병원의 종합적인 만족도의 수준은 어떠하다고 생각하십니까?

매우 불만족	불만족	보통	만족	매우 만족
(1)	(2)	(3)	(4)	(5)

18. 병원 의료서비스의 전반적인 개선을 위해 좋은 의견이나 건의하고 싶은 사항 또는 기존의 병원이용과정에서 느끼신 점이 있으면 말씀하여 주십시오.

통계분석을 위한 기초 자료로서 일반적 특성

성별	나이	교육정도	현 거주지	진료비 유형	환자종류
1) 남자 2) 여자	1) 19세 이하 2) 20세 이상 　~29세 이하 3) 30세 이상 　~39세 이하 4) 40세 이상 　~49세 이하 5) 50세 이상 　~59세 이하 6) 60세 이상	1) 중고생 2) 대재 3) 중졸 이하 4) 고졸 5) 대졸 6) 대학원 이상	1) 강남, 송파 2) 강동, 성동, 광진 3) 관악, 서초 4) 기타(서울) 5) 경기 6) 기타지방	1) 의료보험 2) 의료보호 3) 일반 4) 산업재해보험 5) 자동차보험	1) 외래환자 2) 입원환자

□ 선생님의 직업은?

   1) 농림어업·광업　　2) 자영업·사업　　3) 회사원

   4) 공무원　　5) 전문직　　6) 가정주부

   7) 학생　　8) 무직　　9) 기타(　　)

□ 선생님 댁의 한달 총수입은 어느 정도입니까?

    1) 100만 원 이하   2) 101-150만 원 정도

    3) 151-200만 원 정도   4) 201-300만 원 정도

    5) 301만 원 이상

> **바쁘신 가운데 끝까지 응답해 주셔서 대단히 감사합니다.**
> **거듭 감사드리며 선생님 댁에 건강과 행운이 함께 하시길**
> **기원합니다.**

면접원 기록사항

1) 응답자 성명: _____   2) 응답자 전화번호나 연락처: _____

3) 면접원 성명: _____(서명)

설문문항의 신뢰성 검토

1. 병원의료서비스의 효과에 대한 신뢰도평가 항목의 신뢰성 검토

R E L I A B I L I T Y A N A L Y S I S - S C A L E (A L P H A)

		Mean	Std Dev	
		333333333		
		Cases		
1.	R1	60.8378	20.1799	376.0
2.	R2	56.3830	24.2724	376.0
3.	R3	61.1702	21.8684	376.0

R1=병원의료서비스의 신뢰성 R2=의료서비스 요금수준
R3=진료나 의료서비스 결과

Correlation Matrix

	R1	R2	R3
R1	1.0000		
R2	.53211	.0000	
R3	.6616	.4776	1.0000

N of Cases=   376.0

Statistics for	Mean	Variance	Std Dev	N of Variables
Scale	178.3910	3086.8041	55.5590	3

Item-total Statistics

	Scale Mean if Item Deleted	Scale Variance if Item Deleted	Corrected Item- Total Correlation	Squared Multiple Correlation	Alpha if Item Deleted
R1	117.5532	1574.3972	.6901	.4982	.6441
R2	122.0080	1469.3573	.5526	.3112	.7948
R3	117.2207	1517.6551	.6403	.4597	.6869

Reliability   Coefficients   3 items
Alpha= .7834   Standardized item alpha= .7905

2. 병원직원의 업무태도(친절성)에 대한 만족도 항목의 신뢰성 검토

R E L I A B I L I T Y A N A L Y S I S - S C A L E(A L P H A)

		Mean	Std Dev	Cases
1.	A1	60.8959	23.9953	413.0
2.	A2	60.0484	24.0499	413.0

N of Cases=   413.0

A1=병원직원의 친절도
A2=궁금한 사항에 대한 답변태도

Statistics for Scale	Mean	Variance	Std Dev	N of Variables
	120.9443	1957.1158	44.2393	2

Item-total Statistics

	Scale Mean if Item Deleted	Scale Variance if Item Deleted	Corrected Item- Total Correlation	Squared Multiple Correlation	Alpha if Item Deleted
A1	60.0484	578.3957	.6957	.4840	.
A2	60.8959	575.7731	.6957	.4840	.

Reliability Coefficients   2 items

Alpha=   .8205   Standardized item alpha=   .8205

3. 병원이용의 편리성에 대한 만족도 항목의 신뢰성 검토

RELIABILITY ANALYSIS - SCALE (ALPHA)

		Mean	Std Dev	Cases
1.	C1	57.1891	19.7829	386.0
2.	C2	55.3756	21.8151	386.0
3.	C3	45.4663	26.8868	386.0
4.	C4	52.0078	22.9522	386.0
5.	C5	55.6995	21.5449	386.0
6.	C6	61.3990	19.6459	386.0

C1=이용방법과 절차안내정도
C2=서비스제공시간을 이용자중심으로 준수
C3=서비스 대기시간의 적정성
C4=서비스 제공시간의 충분성
C5=서비스 질차의 간소싱
C6=공간적 배치의 편리성

Correlation Matrix

	C1	C2	C3	C4	C5	C6
C1	1.0000					
C2	.4594	1.0000				
C3	.4429	.50111	.0000			
C4	.3614	.4355	.5988	1.0000		
C5	.5168	.4320	.5632	.5382	1.0000	
C6	.3859	.3226	.4300	.4531	.5672	1.0000

N of Cases= 386.0

Statistics for	Mean	Variance	Std Dev	N of Variables
Scale	327.1373	9876.9136	99.3827	6

Item-total   Statistics

	Scale Mean if Item Deleted	Scale Variance if Item Deleted	Corrected Item-Total Correlation	Squared Multiple Correlation	Alpha if Item Deleted
C1	269.9482	7549.0882	.5633	.3512	.8235
C2	271.7617	7297.9275	.5642	.3427	.8233
C3	281.6710	6249.2135	.6833	.4889	.8011
C4	275.1295	6905.8273	.6408	.4435	.8083
C5	271.4378	6901.2390	.7016	.5168	.7967
C6	265.7383	7571.4664	.5614	.3629	.8239

Reliability Coefficients   6 items

Alpha =   .8395   Standardized item alpha=   .8403

4. 병원이용의 쾌적성에 대한 만족도 항목의 신뢰성 검토

RELIABILITY ANALYSIS - SCALE (ALPHA)

		Mean	Std Dev	Cases
1.	E1	53.3553	21.8744	380.0
2.	E2	57.5658	21.5723	380.0
3.	E3	58.4868	20.1907	380.0
4.	E4	57.8289	21.6310	380.0

E1=편의시설 E2=병원내외부가 깨끗하게 정리되어 있어 쾌적한 정도
E3=조명 및 실내온도의 적정성 E4=침구 및 환자복의 청결성

Correlation Matrix

	E1	E2	E3	E4
E1	1.0000			
E2	.5052	1.0000		
E3	.4208	.6435	1.0000	
E4	.3033	.6149	.4931	1.0000

N of Cases= 380.0

Statistics for	Mean	Variance	Std Dev	N of Variables
Scale	227.2368	4520.0493	67.2313	4

Item-total   Statistics

	Scale Mean if Item Deleted	Scale Variance if Item Deleted	Corrected Item-Total Correlation	Squared Multiple Correlation	Alpha if Item Deleted
E1	173.8816	2906.0677	.4815	.2717	.8079
E2	169.6711	2443.4931	.7555	.5788	.6688
E3	168.7500	2749.4228	.6437	.4419	.7298
E4	169.4079	2760.5324	.5682	.3950	.7656

Reliability Coefficients 4 items
Alpha= .7966   Standardized item alpha=   .7979

5. 쾌적성차원의 항목별 가중치 산정방법

Model Summary

Model	R	R Square	Adjusted R Square	Std. Error of the Estimate
1	.458(a)	.210	.202	17.34
a Predictors: (Constant), 침구 및 환자복의 청결성, 편의시설, 조명 및 실내온도의 적정성, 병원내외부 쾌적성				

ANOVA(b)

	Model	Sum of Squares	df	Mean Square	F	Sig.
1	Regression	30004.695	4	7501.174	24.947	.000(a)
	Residual	112758.463	375	300.689		
	Total	142763.158	379			
a Predictors: (Constant), 침구 및 환자복의 청결성, 편의시설, 조명 및 실내온도의 적정성, 병원내외부 쾌적성						
b Dependent Variable: 종합만족도						

Coefficients(a)

		Unstandardized Coefficients		Standardized Coefficients	t	Sig.	95% Confidence Interval for B	
	(Constant)	30.064	3.191		9.421	.000	23.789	36.339
1	편의시설	8.453E-02	.048	.095	1.772	.077	-.009	.178
	병원내외부 쾌적성	8.040E-02	.064	.089	1.264	.207	-.045	.206
	조명 및 실내온도의 적정성	7.902E-02	.059	.082	1.338	.182	-.037	.195
	침구 및 환자복의 청결성	.266	.053	.297	5.026	.000	.162	.370
a Dependent Variable: 종합만족도								

Coefficient Correlations(a)

Model			침구 및 환자복의 청결성	편의시설	조명 및 실내온도의 적정성	병원내외부 쾌적성
1	Correlations	침구 및 환자복의 청결성	1.000	.035	-.165	-.434
		편의시설	.035	1.000	-.148	-.319
		조명 및 실내온도의 적정성	-.165	-.148	1.000	-.417
		병원내외부 쾌적성	-.434	-.319	-.417	1.000
	Covariances	침구 및 환자복의 청결성	2.803E-03	8.833E-05	-5.151E-04	-1.463E-03
		편의시설	8.833E-05	2.277E-03	-4.184E-04	-9.688E-04
		조명 및 실내온도의 적정성	-5.151E-04	-4.184E-04	3.487E-03	-1.568E-03
		병원내외부 쾌적성	-1.463E-03	-9.688E-04	-1.568E-03	4.048E-03

a Dependent Variable: 종합만족도

324

DEA를 이용한 각 병원의
연도별 투입물최소화·산출물최대화를 지향한 효율성 분석결과

주: 람다(λ)값은 실제 관찰된 효율치와 목표치 간의 차이인 슬랙(slack)
으로 비효율성 정도(비효율치)를 의미

1) 강남병원 1995년

변수유형(단위: %)		실제치	목표치	슬랙(λ)	효율치
투입요소	의료보호환자비율	24.9	22.8	8.6	91.4
	인건비투자효율	123.0	112.4	8.6	91.4
	의업수지비율	77.9	63.8	18.1	81.9
산출요소	의료수익순이익률	−20.5	−22.3		
	의료미수금회전율	3.9	4.2	8.6	92.1
	의료수익의료이익률	−28.3	−29.6		
준거집단 (peer group): 람다(λ)값	보라매병원 1998년	0.559			
	동부병원 1995년	0.151			
	동부병원 1999년	0.086			
효율치=84.2					

2) 강남병원 1996년

변수유형(단위: %)		실제치	목표치	슬랙(λ)	효율치
투입요소	의료보호환자비율	27.2	23.7	12.6	87.4
	인건비투자효율	121.8	106.5	12.6	87.4
	의업수지비율	81.9	59.8	27.0	73.0
산출요소	의료수익순이익률	−16.2	−12.9		
	의료미수금회전율	3.6	4.1	12.6	88.8
	의료수익의료이익률	−22.1	−24.9		
준거집단 (peer group): 람다(λ)값	보라매병원 1998년	0.512			
	동부병원 1995년	0.026			
	동부병원 1999년	0.203			
효율치=77.66					

3) 강남병원 1997년

변수유형(단위: %)		실제치	목표치	슬랙(λ)	효율치
투입요소	의료보호환자비율	25.1	25.1	0.0	100.0
	인건비투자효율	131.6	131.6	0.0	100.0
	의업수지비율	85.1	85.1	0.0	100.0
산출요소	의료수익순이익률	8.9	8.9	0.0	100.0
	의료미수금회전율	3.8	3.8	0.0	100.0
	의료수익의료이익률	-17.4	-17.4	0.0	
준거집단	강남병원 1997년	1.0			
효율치=100.0					

4) 강남병원 1998년

변수유형(단위: %)		실제치	목표치	슬랙(λ)	효율치
투입요소	의료보호환자비율	28.0	28.0	0.0	100.0
	인건비투자효율	168.8	168.8	0.0	100.0
	의업수지비율	98.2	98.2	0.0	100.0
산출요소	의료수익순이익률	13.1	13.1	0.0	100.0
	의료미수금회전율	4.7	4.7	0.0	100.0
	의료수익의료이익률	-1.8	-1.8	0.0	
준거집단	강남병원 1998년	1.0			
효율치=100.0					

5) 강남병원 1999년

변수유형(단위: %)		실제치	목표치	슬랙(λ)	효율치
투입요소	의료보호환자비율	34.8	19.9	42.7	57.3
	인건비투자효율	177.3	164.7	7.1	92.9
	의업수지비율	91.2	89.4	1.9	98.1
산출요소	의료수익순이익률	-4.6	-2.0		
	의료미수금회전율	5.0	5.0	0.0	100.0
	의료수익의료이익률	-9.6	-9.6		
준거집단	강남병원 1998년	0.944			
	동부병원 1999년	0.036			
효율치=98.06					

326

6) 보라매병원 1995년

변수유형(단위: %)		실제치	목표치	슬랙(λ)	효율치
투입요소	의료보호환자비율	16.0	15.6	2.7	97.3
	인건비투자효율	147.8	142.8	3.4	96.6
	의업수지비율	92.8	77.3	16.7	83.3
산출요소	의료수익순이익률	-5.3	-0.2		
	의료미수금회전율	4.1	4.2	2.7	97.4
	의료수익의료이익률	-7.8	-5.6		
준거집단 (peer group): 람다(λ)값	보라매병원 1998년	0.826			
효율치＝94.74					

7) 보라매병원 1996년

변수유형(단위: %)		실제치	목표치	슬랙(λ)	효율치
투입요소	의료보호환자비율	15.7	14.9	4.9	95.1
	인건비투자효율	141.1	134.2	4.9	95.1
	의업수지비율	91.2	72.7	20.3	79.7
산출요소	의료수익순이익률	-6.1	-1.2		
	의료미수금회전율	3.8	4.0	4.9	95.3
	의료수익의료이익률	-9.6	-6.2		
준거집단 (peer group): 람다(λ)값	보라매병원 1998년	0.773			
	동부병원 1995년	0.008			
효율치＝90.68					

8) 보라매병원 1997년

변수유형(단위: %)		실제치	목표치	슬랙(λ)	효율치
투입요소	의료보호환자비율	18.2	17.4	4.5	95.5
	인건비투자효율	144.7	138.2	4.5	95.5
	의업수지비율	91.1	75.5	17.1	82.9
산출요소	의료수익순이익률	-0.8	-0.8		
	의료미수금회전율	4.0	4.2	4.5	95.7
	의료수익의료이익률	-9.7	-7.8		
준거집단 (peer group): 람다(λ)값	강남병원 1998년	0.066			
	보라매병원 1998년	0.720			
	동부병원 1999년	0.031			
효율치＝91.37					

9) 보라매병원 1998년

변수유형(단위: %)		실제치	목표치	슬랙(λ)	효율치
투입요소	의료보호환자비율	18.9	18.9	0.0	100.0
	인건비투자효율	173.0	173.0	0.0	100.0
	의업수지비율	93.6	93.6	0.0	100.0
산출요소	의료수익순이익률	-0.3	-0.3	0.0	
	의료미수금회전율	5.1	5.1	0.0	100.0
	의료수익의료이익률	-6.8	-6.8	0.0	
준거집단	보라매병원 1998년	1.0			
효율치＝100.0					

10) 보라매병원 1999년

변수유형(단위: %)		실제치	목표치	슬랙(λ)	효율치
투입요소	의료보호환자비율	20.8	16.3	21.7	78.3
	인건비투자효율	170.4	133.4	21.7	78.3
	의업수지비율	93.8	72.7	22.5	77.5
산출요소	의료수익순이익률	-0.6	-0.7		
	의료미수금회전율	3.3	4.0	21.7	82.2
	의료수익의료이익률	-6.9	-7.1		
준거집단 (peer group): 람다(λ)값	강남병원 1998년	0.047			
	보라매병원 1998년	0.715			
	동부병원 1999년	0.024			
효율치＝64.34					

11) 동부병원 1995년

변수유형(단위: %)		실제치	목표치	슬랙(λ)	효율치
투입요소	의료보호환자비율	44.6	44.6	0.0	100
	인건비투자효율	57.6	57.6	0.0	100
	의업수지비율	45.6	45.6	0.0	100
산출요소	의료수익순이익률	-119.1	-119.1	0.0	
	의료미수금회전율	5.5	5.5	0.0	100
	의료수익의료이익률	-119.1	-119.1	0.0	
준거집단	동부병원 1995년	1.0			
효율치＝100.0					

12) 동부병원 1996년

변수유형(단위: %)		실제치	목표치	슬랙(λ)	효율치
투입요소	의료보호환자비율	42.4	37.4	11.9	88.1
	인건비투자효율	67.0	63.6	5.1	94.9
	의업수지비율	35.9	34.1	5.1	94.9
산출요소	의료수익순이익률	-178.7	-77.9		
	의료미수금회전율	4.1	4.3	5.1	95.2
	의료수익의료이익률	-178.7	-112.2		
준거집단	동부병원 1995년	0.485			
	동부병원 1997년	0.322			
효율치＝90.35					

13) 동부병원 1997년

변수유형(단위: %)		실제치	목표치	슬랙(λ)	효율치
투입요소	의료보호환자비율	49.0	49.0	0.0	100.0
	인건비투자효율	110.8	110.8	0.0	100.0
	의업수지비율	37.2	37.2	0.0	100.0
산출요소	의료수익순이익률	-62.8	-62.8	0.0	
	의료미수금회전율	5.1	5.1	0.0	100.0
	의료수익의료이익률	-169.0	-169.0	0.0	
준거집단	동부병원 1997년	1.0			
효율치＝100.0					

14) 동부병원 1998년

변수유형(단위: %)		실제치	목표치	슬랙(λ)	효율치
투입요소	의료보호환자비율	57.8	46.2	20.1	79.9
	인건비투자효율	95.7	84.3	11.9	88.1
	의업수지비율	43.2	38.1	11.9	88.1
산출요소	의료수익순이익률	-56.8	-63.5		
	의료미수금회전율	4.4	4.9	11.9	88.4
	의료수익의료이익률	-131.3	-127.5		
준거집단 (peer group): 람다(λ)값	동부병원 1995년	0.179			
	동부병원 1997년	0.522			
	동부병원 1999년	0.199			
효율치＝78.76					

15) 동부병원 1999년

변수유형(단위: %)		실제치	목표치	슬랙(λ)	효율치
투입요소	의료보호환자비율	63.5	63.5	0.0	100.0
	인건비투자효율	81.1	81.1	0.0	100.0
	의업수지비율	52.6	52.6	0.0	100.0
산출요소	의료수익순이익률	-47.4	-47.4	0.0	
	의료미수금회전율	6.4	6.4	0.0	100.0
	의료수익의료이익률	-90.1	-90.1	0.0	
준거집단	동부병원 1999년				
효율치=100.0					

· 저자 ·

　이상수(李相受)

· 약력 ·
　한국외국어대학교 행정학박사
　現 서울산업대학교 행정학과 겸임교수
　　서울시립대학교 반부패행정시스템연구소 선임연구원
　　국가청렴위원회 전문위원
　　경찰청 치안정책연구소 연구위원
　　관세청 『청렴연구포럼』 회장
　　중앙공무원교육원 강사
　前 자치정보화지원재단 수석연구원
　　서울시정개발연구원 연구원

· 주요논저 ·
　『부패방지전략의 새로운 패러다임: 한국행정부문』
　『행정부패측정모형의 설계와 평가-행정부패 수준의 시계열적 평가 및 부패
　　통제 전략』
　『선진 각국의 경찰부패방지제도에 대한 연구』
　『각국의 부패행위 신고자 보호보상제도에 관한 비교연구』
　행정부패측정모형의 설계와 실증조사를 통한 평가, 『지방정부연구』
　내부공익신고자보호법의 국제적 비교를 통한 법제도 개선 연구, 『한국정책학보』
　지방자치단체간 사무의 공동처리를 위한 협력방안 연구, 『지방정부연구』
　공공부문 성과관리체계의 점검과 실효성 제고방안 연구, 『한국자치행정연구』
　신제도주의적 관점에서 본 부패방지법의 한계와 제도적 개선방안 연구, 『한국부패학회보』
　지방자치시대의 보건의료정책, 『한국행정학보』
　외 다수

지방공공서비스의 성과평가

· 초판 인쇄	2005년 10월 30일
· 초판 발행	2005년 10월 30일
· 지 은 이	이상수
· 펴 낸 이	채종준
· 펴 낸 곳	한국학술정보㈜
	경기도 파주시 교하읍 문발리 526-2
	파주출판문화정보산업단지
	전화 031) 908-3181(대표) · 팩스 031) 908-3189
	홈페이지 http://www.kstudy.com
	e-mail(e-Book사업부) ebook@kstudy.com
· 등 록	제일산-115호(2000. 6. 19)
· 가 격	21,000원

ISBN　89-534-3975-2 93350　(Paper Book)
　　　　89-534-3976-0 98350　(e-Book)